国家社会科学基金教育学重大招标课题『高校培育和践行社会主义核心价值观长效机制研究』（VEA150005）研究成果

立德树人

高校培育和践行社会主义核心价值观长效机制研究

徐晓飒 ◎ 著

科学出版社

北京

内 容 简 介

　　社会主义核心价值观是强国之基、兴国之魂。培育和践行社会主义核心价值观事关国家的前途命运，对于大学生的成长至关重要。高校培育与践行社会主义核心价值观是一项系统性工程，因此其机制的构建需要从多个层面和维度展开。本书着力高校践行社会主义核心价值观的长效机制研究，旨在从实践层面解决困扰高校培育和践行社会主义核心价值观教育的具体机制的建构问题，试图从文化形成与践行、课程体系建构、高校与社会的良性互动、学生心理认同、师生激励与惩处以及推进理论研究等六大机制构建高校培育和践行社会主义核心价值观的长效机制。

　　本书可供高等教育管理者、学生管理工作者、一线高等教育研究者、高校专业教师和学习者参阅。

图书在版编目（CIP）数据

立德树人：高校培育和践行社会主义核心价值观长效机制研究 / 徐晓飒著.
—北京：科学出版社，2022.3
ISBN 978-7-03-071877-8

Ⅰ. ①立… Ⅱ. ①徐… Ⅲ. ①高等学校—德育工作—研究—中国 Ⅳ. ①G641

中国版本图书馆 CIP 数据核字（2022）第 044821 号

责任编辑：崔文燕 / 责任校对：杨　然
责任印制：徐晓晨 / 封面设计：润一文化

科 学 出 版 社 出版
北京东黄城根北街16号
邮政编码：100717
http://www.sciencep.com

北京建宏印刷有限公司 印刷
科学出版社发行　各地新华书店经销
*
2022年3月第 一 版　开本：720×1000　1/16
2022年3月第一次印刷　印张：13 3/4
字数：260 000
定价：89.00元
（如有印装质量问题，我社负责调换）

前　言

　　马克思曾经指出，从本质上看，人不是抽象的，就其现实性而言，是所有社会关系的总和。[①]一个人的德与才总是与社会发展紧密联系的，没有绝对孤立于社会的德与才，更没有纯粹抽象的德与才。高校作为培养宝贵人才资源的重要机构，以人才培养为第一要务，同时肩负着社会主义核心价值观学习、宣传、教育的等关键职能，培养什么人、怎样培养人、为谁培养人不仅是一切教育的出发点，更是高校教育的根本使命所在，因此，抓好人生关键时期的社会主义核心价值观教育具有特殊意义。

　　学校文化的形成对高校践行社会主义核心价值观具有深刻意义。一所学校的办学精神和环境氛围是学校文化的集中体现，其中大学精神是其实质性体现，校园的传统精神文化是其主体。经过长期的社会事件活动积累，最终学校文化发展成为大学特有的本质精神。大学精神是宝贵的精神财富，是我国一流大学走向国际舞台的关键。在校园文化建设中，应发挥大学精神的引领作用，深刻理解大学精神的实质内涵，打造体现大学精神的校园文化，发扬具有时代特征的大学精神；应制订优良的校训，培养具备特色的学风，发挥大学精神的价值引导作用、群体凝聚作用、教育感化作用和激励作用，构建充分发挥大学精神引领性功效的有效机制；同时，应重视大学精神的德育价值，创建与时代精神契合的育人环境，秉承大学历史传统，构建学校与学生、与社会和谐发展的育人平台，结合办学特色，通过树立校史中典型人物形象为学生提供成长动力，继承和发扬优良的

[①]　中共中央马克思恩格斯列宁斯大林著作编译局. 马克思恩格斯选集（第1卷）. 北京：人民出版社，1972: 18.

文化传统，塑造独特的大学精神。在大学精神的引领作用下，还应该加强高校当前校园文化建设，充分挖掘校园精神文化资源，以思想教育为主线，用马克思主义中国化最新理论成果武装学生的头脑，立足校园培育和践行本职，加强校园文化渗透；创新校园网络文化建设内容，正确认识新媒体网络文化，拓展校园网络传播新渠道，促进培育效果，利用手机传播新渠道，提升培育质量。加强校园文化建设还应支持和鼓励大学生开展校园实践活动，将社会主义核心价值观外化于党团和社团活动，对大学生日常生活中的行为进行合理规范，构建"大思想政治"协同教育格局，并注重将课外实践活动付诸实际行动。

大学生的价值观念对于整个社会精神文明的发展方向具有决定作用，如何正确引导大学生深入学习贯彻社会主义核心价值观应成为高校教育工作的核心要务之一。为此，应高举以德育人的教育理念，将社会主义核心价值观有效地融入高等教育的实施过程，由基础理论迈向实践活动。"博雅专精"课程体系的构建是践行社会主义核心价值观教育的重要渠道和环节。在这一课程体系的设置上应遵循导向性与自觉性、情感性与情景性、理论性与针对性、人本性与人文性原则的协调与统一，并继续确保专业课程的核心地位。专业教育教学是高等教育的基本组成内容，是大学生专业知识和职业技能完整训练的主阵地，不同的专业学科中都蕴含着社会主义核心价值观教育资源，教育者要大力挖掘各类专业课程的价值潜能，在专业教学的各个环节进行社会主义核心价值观教育，使大学生在专业课程学习中，自觉地加强思想道德修养，增强对社会主义核心价值观的理解和认知。同时，建立协同机制，实现专业课程与思想政治课程合力育人，将社会主义核心价值观纳入思想政治基础课、专业课和通识课课堂教学中。为此，一是应增强通识课程的全面辐射。从立德树人的维度看，高校进行通识教育是培育大学生全面成才不可缺少的组成部分，通识教育对于"立"社会主义的道德和"树"社会主义的人才具有双重指向意义。二是应推进中华民族优秀传统文化的专门教育。中华优秀传统文化为社会主义核心价值观的培育和践行提供了丰富的文化滋养，是社会主义核心价值观的根基所在。社会主义核心价值观的培育和践行必须立足于中华优秀传统文化，因为坚实的核心价值观必然有坚实的文化根基，若抛弃本民族的传统文化、斩断文化的传承脉络，核心价值观就是无根之木、无源之水。高校践行社会主义核心价值观应以对中华优秀传统文化的深刻理解为前提，建立优秀传统文化融入机制，定时开展优秀传统文化主体研讨活动，鼓励高校师生参与其中。三是应提升红色文化教育教学价值。红色文化教育能促进大学生社会主义核心价值观的实现，其中的感人事迹与社会主义核心价值观所倡导的道德理念相吻合，能直观地引起青年学生的情感共鸣。高校社会主义核心价值观的践行应充分重视红色文化教育资源的挖掘与推广。四是应注重吸收国外优秀文化，理性认知国外优秀文化对当代大学生的影响，采取批判性的开放与包容态度对待国外优秀文化。

高校践行社会主义核心价值观还应立足高等教育的社会服务功能，加强高校与社会的良性互动，建立互动机制，营造良好的育人环境。可以通过媒体宣扬，向大学生传递健康的价值观导向，同时借助政府机构宣传，为大学生营造正向的社会氛围。应以社会主义核心价值观引领社会各媒体、信息和文化机构的价值导向，规范信息传播内容、提升文化产品质量，进而引领包括家庭、社区、单位和社会文化团体等的价值导向，为高校践行社会主义核心价值观营造良好的社会氛围。同时，高校应建立健全榜样文化育人机制，有效利用社会资源，邀请道德楷模等先进模范走进高校，推动高校榜样文化育人功能的实现，例如定期举办先进事迹报告会、组织观看道德模范先进事迹电视节目、聘请当地模范人物为道德讲师以及在学校内部评选身边的道德模范等。此外，应建立社会宣扬与服务实体，利用自身的智库优势与社会有关部门合作成立联合体，通过服务实体的运行实现社会服务的正常化和规范化，注重社区实践活动，使核心价值的概念体现在社会效果中。

大学生对社会主义核心价值观理论的内化和心理认同是高校践行社会主义核心价值观的关键环节。为此，应通过多渠道对大学生进行积极引导，以课堂理论解析、启迪核心价值观的心理认同，以特色实践活动增强核心价值观的心理认同，以先进学生为榜样，激发核心价值观的心理认同，以个体生活亲历强化核心价值观的心理认同，以社会发展需要深化社会主义核心价值观的心理认同。在进行上述活动的同时，对可能出现的负面情绪进行干预和疏导。

高校培育和践行社会主义核心价值观离不开广大的教师。高校教师作为大学生的"第二家长"，在大学生的日常学习和生活中除了起到组织、规范、管理和引导作用外，其本身就是"行走的价值观榜样范本"，具有极强的价值观感染力。为此，应建立与完善高校教师队伍培育保障机制，加强教师队伍的责任意识、专业技能与道德素养；应高度重视并切实发挥教师队伍在大学生价值观引导中的关键作用，通过规划、确立与提升高校教师队伍的培育保障机制，以高校辅导员、思想政治理论课教师为重点对象，不断加强教师队伍的责任意识、专业水准与道德素养，为大学生价值取向引导工程打造一支数量充足、业务过硬、作风扎实、素质优良的专业服务团队。要建立激励教师内在自觉性的奖惩机制，可以探寻加强师资队伍建设的有效措施，探索建立教师道德行为评价机制，建立科学和公正的教师考核制度，健全和完善现行监督机制，并改善当前师德引领机制。与此同时，还应建立提升学生综合素质的奖惩机制，以科学理念为先导，完善大学生成长成才评价机制，丰富奖惩内容，促使学生全面而富有个性地发展。在高校教师队伍中，高校辅导员是高校思想政治工作的中坚力量。在高校培育和践行社会主义核心价值观的过程中，应进一步加强高校辅导员队伍建设，不断加强高校辅导员对社会主义核心价值观内涵的深刻理解，助力大学生树立正确世界观、人生观和价值观。这就对高校辅导员树立社会主义核心价值观提出了更高的要求，因此，必须建立起高校辅导员树立社会主义核心价值观的多重路径，完善辅导员队伍选聘机制，科学地制定选聘标准，完善辅导员队伍管理机制，将物质奖励和精神激励相结合。

高校践行社会主义核心价值观应作为一项重要教育研究工作进行深入推广，为此，应推进理论研究机制，建立实体化的研究组织。高校可以利用自身优势，深入挖掘社会主义核心价值观的理论要义，组建研究中心，形成实体化的组织建制，依托学术组织，开展相关主题教研活动，形成校际研究协会，广泛开展学术交流。在此基础上，深化理论体系研究，从多学科视角进行分析和解读，依托实体化研究组织，开展多种形式的研究，构建学科化形态理论体系，为教育工作提供丰富的理论资源。

习近平总书记强调："高校立身之本在于立德树人，办好高等教育，办出世界一流大学，必须牢牢抓住全面提高人才培养能力这个核心点。"① 这为我们揭示

① 习近平：把思想政治工作贯穿教育教学全过程 开创我国高等教育事业发展新局面. http://jhsjk.people.cn/article/28936173.（2016-12-09）［2020-12-30］.

了立德树人作为教育的本质规律，指明了高等教育改革的方向。我们"要把立德树人融入思想道德教育、文化知识教育、社会实践教育各环节……要深化教育体制改革，健全立德树人落实机制"[①]。本书主要侧重于对高校践行社会主义核心价值观的长效机制进行研究，在课题组通过第一手调查问卷和访谈资料所获取的数据以及既有成果的基础上，借助于对相关理论文献的较深刻钻研，力图全面、系统且具有针对性地探寻我国高校培育和践行社会主义核心价值观的长效机制，从而为全国高校社会主义核心价值观的培育和践行工作做出我们应有的贡献。

在本书写作过程中，笔者除参考并引用了一些古典文献及原著外，还参考、借鉴、引述了不少当代学者论著中的资料与观点，在此表示诚挚的谢意。教育部思想政治工作司编著的《培育践行社会主义核心价值观（高校案例）》为本书提供了丰富的素材，在此表示特别感谢。同时，在本书付梓之际，还要对科学出版社教育与心理分社付艳分社长、崔文燕编辑表示诚恳的感谢，正是在她们的大力支持与帮助下，本书才得以顺利出版。此外，还要感谢河南大学马克思主义学院博士研究生徐萌萌在本书文献资料查阅以及校对方面给予的大力帮助与支持。感谢我的学生张浩承担了本书的部分校对工作。

有关高校培育和践行社会主义核心价值观长效机制的研究，是一个严密的系统性课题，需进行更为深入和全面地探讨，有关青年学生"立德树人"的问题，更涉及多学科知识的交叉融合，这实在非本书作者一人之力所能完成的。笔者虽竭尽全力试图在本书中呈现关于高校培育和践行社会主义核心价值观的长效机制的设计，但是深知由于能力和水平所限，本书难免有疏漏之处，从内容到文字也难免有不当之处，在此恳请各位专家、学者不吝赐教。敬请广大读者批评指正。

徐晓飒

2021 年 10 月于郑州

---

① 习近平：坚持中国特色社会主义教育发展道路 培养德智体美劳全面发展的社会主义建设者和接班人. http://jhsjk.people.cn/article/28936173.（2018-09-10）[2020-12-30].

◀ 目　　录

第一章
学校文化形成与践行机制

社会主义核心价值观是中国特色社会主义文化体系中的重要一环，中国共产党第十八次全国代表大会进一步强调了其意义："社会主义核心价值体系是兴国之魂，决定着中国特色社会主义发展方向。要深入开展社会主义核心价值体系学习教育，用社会主义核心价值体系引领社会思潮、凝聚社会共识。"[1]与此同时，大会又进一步对"社会主义核心价值观"的主体内容从内部逻辑层面，做出了"国家、社会、公民"三位一体的精炼表述，即富强、民主、文明、和谐、自由、平等、公正、法治、爱国、敬业、诚信、友善。这24个字，紧密相依、环环相扣，共同将社会主义核心价值体系的精髓呈现出来；这24个字，将国家当前及未来的发展蓝图、社会整体的价值方向、个人的道德规范囊括其中；这24个字，为当代中国国民教育应该立什么样的"德"、树什么样的"人"这一根本教育问题指明了方向。因此，深刻领会"社会主义核心价值观"的重要内涵，对增强当代教育工作者、新时代的大学生的"四个自信"具有重要的指导作用。

高校是中国特色社会主义文化产生、发展、传承的重要阵地，具有先天的、独特的传播优势。一所学校不仅有普遍意义上应当存在并践行的社会文化体系，在此基础上，还具有各种特色的学校文化。一所学校在其个体式独特的发展历程中，经过时间的变迁、经济的发展、观念的嬗变等，长期积淀而形成的特色价值体系，即价值观念、办学思想、群体意识、行为规范等，集中体现了其办学精神与环境氛围。如何充分发挥高校价值体系对弘扬、传承中国特色社会主义文化的引领作用，对新时代讲好中国故事、传递中国声音、增强我国在世界舞台上的文化话语权具有重要意义。

一、发挥大学精神的引领性作用

大学精神是学校文化主体的实质性体现，体现了大学的历史、传统、声誉、学风及其特点。学校文化的主体是校园的传统精神文化，它是基于长期社会实践活动的积累，进而发展成为大学特有的本质精神。大学精神是大学在自身存在和发展中形成的具有独特气质的精神形式的文明成果，是科学精神的时代标志和具

---

[1]　胡锦涛在中国共产党第十八次全国代表大会上的报告. http://news.china.com.cn/18da/2012-11/17/content_27145396_5.htm（2012-11-17）[2020-05-21].

体凝聚，是整个人类社会文明的高级形式。对于大学的整体教育功能而言，它是宝贵的精神财富，同时也反映了不同高校大学生所具有的独特的文化、心理及精神面貌。大学精神的实质是学校文化的深层次结构性因素综合作用的产物，它充分体现了全体成员在大学的长期课堂教学实践活动中所培养和认可的文化价值指向。大学精神的实质包括大学的办学特色、文化和艺术氛围、自然环境、道德标准、精神面貌和学生的人格特征等，它可以充分地反映大学整体团队的凝聚力、吸引力和活力。文化创新不仅推动着大学的不断改革，更决定着学校的创新和发展趋势，在大学精神的推动和大学师生的参与下，校园文化将在一定的文化活动和建设标志物的基础上，逐步将大学的办学特色转变为个人的具体主题活动。

从符合时代发展要求的角度来看，大学精神在本质上是我国一流大学走向国际教育竞争舞台的关键所在。作为现代化教育发展过程中的重要基础配置之一，大学精神将成为其发展进程中的灵魂所在。习近平总书记在北京大学考察时明确指出："办好中国的世界一流大学，必须有中国特色。"①"特色"的关键是要体现独特的大学精神。当今世界政治经济形势风云变幻，对高校教育也提出了更高、更全面的要求。新时代中国的一流大学应当紧紧围绕中国特色社会主义伟大实践和"两个一百年"奋斗目标，深入挖掘具有中国特色社会主义文化符号的大学精神，积极、正确地引导师生牢固树立"四个意识"和"四个自信"，确保"两个维护"，在价值引领、群体凝聚、教育感化、精神激励上发挥作用，为实现中华民族伟大复兴的中国梦发挥应有的作用。改革开放以来，中国高等教育呈现跨越发展的趋势，同时，大学精神的形成和文化基础设施建设与世界一流大学之间的差异也不容忽视，应从以下几个方面发挥大学精神的引领性作用。

（一）深刻理解大学精神的实质内涵

中国创建一流大学精神的逻辑起点是要清楚地认识一流大学的精神实质。新时代中国一流大学的精神实质与形成于现代化时期的西方大学精神不同。我国现代大学是在国家生死存亡的危难时刻诞生的，许多大学的精神和文化标志仍然保留着那个时期的烙印。进入新时代，中国高校的历史使命已经完成从救国到复兴

---

① 办好中国特色一流大学. http://theory.people.com.cn/n/2015/0910/c40531-27565329.html.（2015-09-10）[2021-02-21].

的里程碑式的转变，这必将赋予高校精神新的实质内涵。只有用马克思主义历史唯物主义的方法把握新时代大学精神实质的演变，才能深刻回答我们从过去继承了什么的问题，并立足现在，展望未来。新时代中国一流大学精神的实质就是中华民族的精神，同时更应当具备"不忘本来，面向未来"的基本特征和对外开放的时代特征，努力体现"四个服务"的政治意识与世界一流的发展趋势相融合的元素，反映了理想主义与艰苦奋斗相统一的精神，始终如一地迈向人类发展历史和社会道德的最高点，以增强高校不断前进的信心和发展驱动力。

从实践上讲，新时代中国一流大学的精神实质上是在继承以往大学精神的前提下进行创新和发展的结果。最根本的传承是我国大学创立的初衷，即振兴中国、培养人才，用科研成果报效祖国，这可以更好地体现教育教学和科学研究的两个最基本的功能；当今高校建设最关键的是要在新时代继续创新，创新的主题是关爱人类、包容互鉴、勇攀高峰，这体现了改革、创新和开放的时期需求，体现了建立人类命运共同体的广阔胸怀。总的来说，主要从以下六个层次体现大学精神继承与自主创新的特征。

1. 扎根：爱国主义是高校文化建设的根基，是促进一流大学成为中华民族伟大复兴梦的引擎

爱国主义精神是我国高校文化建设的根基所在。根基不稳，何谈枝叶？从扎根的角度来看，奉献精神可以更好地反映中国大学的精神实质。如上海交通大学的校训"饮水思源、爱国荣校"就突出了对爱国主义精神的继承。从自主创新的角度来看，新时代中国一流大学对"四项服务"的承诺最能体现其精神实质，即面向教育现代化并按照新时代社会主义建设的要求，培育忠诚、责任与担当的典范。在知识和行动方面，中国一流大学要从创新精神出发，为党为国家培养具有奉献精神的新时代人才，积极服务于我国的重大发展战略，正确引导师生投身一线调研，输送大量优秀学生扎根基层，致力于中西部地区建设，在国家需要的广阔天地中有所作为。

2. 铸魂：尊重生活的艺术和教育的规律，一流大学应成为培育人才的摇篮

立德树人是高校的立身之本，德育是大学的基本教育方针。从传承角度来

看，铸魂体现了"成德""教化""博雅"的育人传统。如清华大学"又红又专，全面发展"等传统政策；浙江大学"勤学、修德、明辨、笃实"的特色价值观教育，把对大学生的灵魂铸造作为其教育工作的重要指标；香港中文大学的"博文约礼"办学精神也体现了对德育的重视。从自主创新的角度来看，铸魂体现了新时代中国一流大学对心怀梦想、努力拼搏的大学生的需求，因而新时代中国一流大学的主要任务就是用心育人，培养大批有远大目标、洞察力、扎实的工作能力、健全的人格和使命感的师生队伍，高度重视思想政治素质的建设和师生奋斗精神的培育，培养大批具有政治鉴别力、积极捍卫公平正义和参与全球市场竞争的人才。这就需要加快现代教育信息化进程，为高校智慧校园建设及各高校之间协作创新平台的构建提供支持。

3. 启真：追求真理的学术研究定位，一流大学应成为重大自主创新的源头

大学始终是"海上灯塔""社会之光"。从传承的角度来看，启真即坚持对真理的追求，坚持从事实中寻求真理，延展和丰富真理，这正是大学的根本魅力所在。例如，哈佛大学的校训"真理"和剑桥大学的校训"此地乃启蒙之所和智慧之源"以及浙江大学的校训"求是创新"等，都表达了对真理的追求。从自主创新的角度来看，启真是新时代中国一流大学全面崛起的关键，即必须在自主创新方面下足功夫。新时代中国一流的大学体现了启真的精神所在，即回归知识本源，不仅要重视文化，更要牢固打造尊重知识的社会风尚，树立脚踏实地、务实求真的精神追求，要有克服培育重大创新项目困难的决心，着力解决影响创新攻关的关键问题，为在未来占据自主创新的有利地位奠定坚实的基础。这就要求促进科研探索层面自由风格的形成，并根据自身的研究资源、研究专长，合理开展自我创新实践活动，建立民主化的科学研究治理体系，以激发高校各研究部门自主创新的活力。

4. 崇善：一流大学应该关注人的价值和理性，成为社会公德的义地

创新精神和人文理想一直都是大学精神的发展进程中重要的两个方面。崇善精神的传承最能体现高校对社会发展的独特关怀，它不仅具有对人本的关怀，更有仁爱情怀和以天下为己任的终极价值。浙江大学校歌中的"天下来同"表达了

"全世界人民和谐相处"的理想。从自主创新的角度来看，崇善最能体现新时代中国一流大学主动倡导科学研究与历史和人文学科紧密结合的需要。在新时代，中国一流大学体现崇善精神的精髓，是将学术研究的伦理性和人类社会的持续发展趋势置于更加关键位置的必然要求，并将对人类社会的关怀作为高校大学生的主要学习动机之一，促进大学生完成形式和价值合理性的统一；也就是说，大学生要积极参与为人们建立共同的命运，以谋求全人类的福祉作为办学的关键目标，并引导人们在此基础上构建高尚的价值观体系，进而规范人们的行为。

5. 开源：一流大学必须有包容互鉴的胸怀，必须成为思想交汇的最前沿阵地

开源是大学成为创新型学术研究机构的基本要求。从继承的角度来看，开源有力地反映出无奈于宗的传统学术研究风格。例如，北京大学在学术研究上提倡"思想自由、兼容并包"，浙江大学的校歌则以"海纳江河"作为开篇。从自主创新的角度来看，开源反映了新时代全球竞争与合作、分众传媒自主创新、全方位对外开放传递特色文化价值的特点，体现了不同参与者共同创造、共同治理、共同发展的趋势。在新时代，中国顶尖大学体现了开源的精神实质，即进一步建设开放的学术研究生态体系，打破文化壁垒，将科研成果向外界开放，在思想竞争中促进学术研究的繁荣，积极讲好中国的故事，促进中西方的交流和相互学习。

6. 奋斗：一流大学必须以奋斗不止的姿态勇攀求真和创新的顶峰

从传承的角度来看，奋斗是对知识无止境追求的最完美体现。例如，清华大学"行胜于言"的学风和浙江大学"开物前民"的大学精神都对艰苦奋斗做出了生动的诠释。从自主创新的角度来看，奋进不止最能体现新时代中国一流大学的不断追求。在新时代，中国一流大学的精神内核是要始终保持一种时不我待的危机感，在努力书写学科研究新篇章的基础上，勇于攀登，加快打造学科课程高峰，召集大师和优秀的教师，打破阻碍自主创新的壁垒，助力除教育行业之外的其他行业的快速、高质量发展。

（二）打造体现大学精神的校园文化

在新时代，高校的文化基础建设作为社会文明建设的关键内容，在充分考虑相互影响的各个方面的同时，必须与精神文化建设紧密结合，并在此基础上，构建具有特色的校园文化精神，为大学校园建设的不断发展奠定基础。新时代的到来使高校文化在校园中的作用越来越重要，并逐渐成为社会主义精神文明建设中不可忽视的重要组成部分。在学校文化工程建设中，高校不仅要坚持不懈地关注精神文化建设的重要影响，还必须关心与其相关的各个领域，全方位、多层次地助力校园文化建设的延展和深化，塑造和彰显大学精神的校园文化。

1. 打造具有时代特征的大学精神

大学精神，从根本上讲，是大学全体师生在教学及各类学校文化活动中凝结而成的思想观念及心理活动的缩影。当今高校人才培养的重中之重便是培养具备时代特点的大学生，依据我国高等教育的改革创新与发展趋势，大学精神的培养务必有益于党的教育政策的贯彻执行，有益于高校人才培养计划的完成。一所大学的精神还要反映在政治信仰和政治方向上的准确性和民主性，以期为大学生构建符合时代要求、充满正能量的价值观体系，起到方向性的引领作用。随着全面深化改革的持续推进和全球信息化规模的进一步扩展，各学科的专业知识以及信息内容之间的交流与沟通趋向主体渠道无障碍、频率无障碍，尤其是科技进步使得专业知识在社会经济发展和老百姓日常生活中的影响力越来越大。在大学精神的培养中，除集中体现科学研究精神和自主创新精神外，还应全力培养大学生的合作观念和精英团队精神，并积极开展爱国主义文化教育和国际和平教育等。只有强化大学精神的时代特点，才能顺应我国教育事业的发展趋势，保证高校培养出国家需要、人民需要的创新型人才。

2. 制定优良的校训

一所高校特色精神的体现不仅贯穿于整个高校的教育实践环节，更可以直接凝练成其校训。校训是高校精神外在化的重要内容之一，可以说是一所高校的名牌，直接对外彰显其特色理念。高校在制定校训时应始终坚持以人为本的办学宗旨，并以此制定和展现自身的办学特色。

在校训的推动和建设层面应着力做到：第一，树立榜样。在树立优秀楷模的同时，下大力气策划宣传典型事迹，着力提高校训的感染力。第二，积极开展有特色的课程和多种形式的课程主题活动。特色课程内容就是指依据院校本身的优点打造出具备竞争能力的课程门类或课程体系。课程主题活动实际指依据特色学科进行的科学研究和社会实践活动，以此为依托，可以从课程建设和科学研究两个层面丰富校训的内涵。第三，加强自身的特色性。各高校可以依据建校历史、办学特色及办校总体目标乃至高校所在地区的政治、经济、人文发展状况，设置不同的课程内容、专业方向以及培养方法等，因此制定校训不但要依据院校本身的具体情况反映出自身的特色性，也要体现院校的精神面貌和独有的地域、文化和艺术特色。比如，"自强不息、厚德载物"这八个字是清华大学的校训，强调的是对大学生自身的品德修养和顽强意志的培养，引导大学生为人处世要修身修德，有远大的胸襟；北京大学的校训——"思想自由、兼容并包"，则体现了北京大学激励学生对解放思想、海纳百川等品德素养的追求。

3. 培养具备特色的学风

学风是一所高校全体师生和管理人员在学校长期的文化教育、管理过程中沉淀下来的学习状态和思想状态的集中体现。学风一经产生，就变成具有影响力的学习氛围，并对学生及教师的品德修养、观念信念、精神面貌和个人行为模式的规范产生耳濡目染的功效。

学校文化基础建设的重要任务及长期任务就是培养优质学风。塑造优质学风应着重从以下几个层面着手。

第一，用榜样的力量引领高校文化的构建与发展。高校领导干部及德才兼备的学术名人，应充分利用其自身在文化传播方面所具有的独特优势，承担起高校文化建设的积极引导作用。对于高校文化基础建设而言，优质学风塑造的关键是领导干部不仅要以身作则、秉承公平合理的工作理念、言传身教，而且要怀有真诚待人、开放包容的胸怀。

第二，用优良教风、学风筑实高校文化建设的根基，为充分发挥全体师生的主观能动性和创造性提供平台。一是要建设德才兼备的教师队伍；二是要给予教师充分的重视和信赖，依据其个人魅力和教学特色，让教师以问题为导向进行课堂教学和科学研究工作；三是要重视对教师和辅导员的学习培训，以提高其综合素养及专业水平。高校在制定院校管理制度的全过程中应考虑教师的岗位特性，不仅要培养学生成才，也要促进教师进步。教师不仅要不断吸收专业知识，还要结合教书育人工作中的需要，将文化艺术德育教育融入课程，形成各专业独具特色的教学文化。例如，数学课程的文化就是指数学课的教学观念、数学本身所独具的见解、语言及其产生和发展趋势，其中包含数学课发展趋势中的历史人文成分、数学课与社会发展的联络、数学课与各种各样文化艺术的关联等。教师应在遵循数学课程教学的基础上，充分展示与数学课程相关的课程文化，运用文化艺术的多样化打造特色课程，创造性地改变原有的线性教学模式，探寻不同课程文化教育的新理念。

第三，培养以学生为管理中心的校风。清华大学在培养校风方面就有很多成功的经验值得学习并推广。清华大学遵照学校文化构建的要求，精准掌控文化教育的各个点，从大学生走入校园内的第一天起，就积极、主动、正确地引导学生从实际学起，从身边的小事学起，切实塑造大学生优良的品德修养和文明礼仪，为传承优秀的传统文化、营造良好的校风贡献力量。清华大学将学校文化的培育方针应用于学生的日常生活和学习培训中，并且适时地把握每一个突破口。即使在学生即将毕业之时，清华大学也仍然继续坚持采取有针对性的措施引导学生就业，高度重视对学生就业的正确引导，积极主动鼓励大学生到中西部、到我国核心领域和行业中去，服务社会。如今，在一些经济发展较为落后的地区，越来越多的大学生走出家乡，到大城市接受文化教育，毕业后他们更倾向回到自己的家乡去奋斗，为家乡的发展和优秀人才的培养贡献自己的力量。基于此，清华大学为构建科学发展、成才报国志的学习氛围，在每届学生毕业前，规定每一位毕业生写一篇毕业总结，从思想道德、专业知识、工作能力、思维方法、纪律作风、身心培训、社区实践活动以及主题活动等方面系统地总结自身的发展转变，从而认识到自己进入大学后的收获和不足之处。学校还举行其他类似的活动，让每一位毕业生在纸上写下对十年后的自己想说的话，在毕业晚会当日将这些纸放到一起，贴上封口，由系院储存，承诺十年后他们返回母校时拆开，以鼓励毕业生努力朝着自己所定的目标奋斗，能够遇见期望的自己。除此之外，为推动毕业生的情感交流，系院积极主动构建各种主题活动，如毕业舞会、毕业宴会等。部分系院还统一制作毕业留念光碟，设计纪念册等纪念物。毕业时，学校还鼓励全体学生捐助衣物和图书、举办义卖活动等，这些捐助的衣物和图书一部分赠送给一些贫困山区，一部分捐助给中国妇女儿童发展基金会等，另外学校图书馆也接纳学生的图书捐赠。

这种做法让我们受到启发：在塑造校风的全过程中，院校不仅要给予学生积极、主动、恰当的政策引导，还要重视培养学生的爱国情怀和爱校精神。通过举行一些献爱心活动和实践活动锻炼，培养学生任劳任怨的精神，教育学生踏踏实实地服务社会，肩负责任，对处于困境的人心怀怜悯，根据院校的专业结构，激励学生进行自立自强社会实践活动，让学风切实地贯彻落实到学生的日常生活中。

（三）发挥大学精神的功能与作用

美国教育学家赫钦斯在调查了西方国家大学发展趋势的历史脉络后，依据自身对大学精神的了解指出，"长期以来，大学都是在统一的精神或原则引导下运行的。古希腊的大学以柏拉图和亚里士多德的形而上学的理念作为统摄能量，而欧洲中世纪基督教神学是古典风格大学的精神根基。也正是由于这种不同时期不同大学精神的统摄功效，才促使大学能够发展成为一个社会发展的重要组织，乃至成为一个社会发展架构中的关键一环，才可以得到正常运行"[①]。赫钦斯强调，"今天大学愈来愈缺乏那样一种统一精神，因而要想把大学向现代化大学构建与发展，就务必要寻找一种精神或标准作为统摄当代大学的内在能量"[②]。因而，一所高校的正常运行与不断发展离不开大学精神所具备的与众不同的功能与作用。

1. 充分发挥大学精神的价值引导作用

社会主义核心价值观不但是社会主义思想道德建设的产物，也是高校文化建设与发展需求等的时代要求。用其推动高校文化的塑造，就是要充分运用其价值导向作用、传播作用和渗透作用。

---

① 赫钦斯. 美国高等教育. 汪利兵译. 杭州：浙江教育出版社，2001：87.
② 赫钦斯. 美国高等教育. 汪利兵译. 杭州：浙江教育出版社，2001：92.

（1）充分运用社会主义核心价值观的价值导向作用

对公民进行行为规范，给予价值导向，不仅是社会主义核心价值观的应有功能，同样也从侧面反映了中国特色社会主义的主流意识形态，在学校文化建设与发展过程中推动着对大学生坚定理想信念、树立长远目标和规范个人行为等功能的发挥。坚定理想信念导向应当以社会主义核心价值观作为学校文化建设的引擎，进而引导大学生树立正确的价值思想，规范指引大学生的具体行为，使其逐渐树立远大目标和形成高尚人格，凝聚力量，激发创新驱动力。这既是社会主义核心价值观教育的预设功能，也是学校文化建设的应有之义，因为在一定意义上讲，树立远大目标和培育高尚人格的过程必定是长期的、曲折的，它并不是历经一两次文化教育就可以完成的，必须经过众多师生长期、持续的共同努力才能完成。校园文化即使早已产生，也必须根据时代的不断进步与发展而持续向前推进，并在实践活动的持续开展中进一步加强，否则就可能由于西方国家文化霸权的影响和历史虚无主义的渗透，致使个别师生对社会主义意识形态产生怀疑和动摇。因而，在学校文化建设的过程中，要始终坚定社会主义核心价值观的文化引领地位，积极构建契合时代发展的大学生价值观体系，坚定共产主义信念，树立为人民服务的高尚理想，为社会主义新时期建设、为中国梦的实现贡献力量；对于高校人才培养来讲，就是要塑造德才兼备的人才，使他们能够在国家和社会经济发展中更好地服务人民，成为勇于担当的社会主义建设者。

把社会主义核心价值观的"国家、社会、公民"三位一体的追求目标充分转换为大学生的理想追求，既是新时代党和国家对高校文化建设提出的基本要求，也是高校培养高等人才、贯彻社会主义核心价值观的应有之义。在贯彻过程中，应当充分尊重大学生的个性特征、大学生思想发展的规律，因材施教，内外融合，使该目标的形成与发展呈现周期性、多样性和特别性等特征；同时应依据大学生自身对未来的憧憬与追求，使目标具有超越现实性，进而使大学生朝着高层次的目标逐步迈入。社会主义核心价值观作为大学生的根本行为准则，要以社会道德、法律法规为导向，既反映出道德导向，又反映出法纪导向，做到以法治校和以德治学的统一。道德规范导向作用的发挥方法有很多，可以通过校园舆论、自教自律的方式开展，也可以通过专门的教育课堂进行。道德导向作用无处不在，这种导向是普遍且广泛存在的行为导向。其中，法纪导向便是道德规范导向作用的具体体现，院校根据制定的各种管理制度，加强对学生的监督管理，进而为个人行为提供方向，并致力于培养大学生主动遵纪守法的观念、优良的习惯，合理地预防大学生的违法违纪行为。

（2）充分发挥社会主义核心价值观的传播作用

社会主义核心价值观的教育是高校弘扬、传播中国特色社会主义文化的重要阵地。高校应担负起以下两个教育责任：第一，院校的每一个成员通过多样化的方式建立以社会主义核心价值观为导向的政治态度、政治信仰、政治知识和政治感情；第二，院校通过多种途径传播社会主义核心价值观所蕴含的信息内容和意识形态，使大学生接纳社会主义核心价值观所传递的逻辑思维和个人行为的准则。前者主要通过院校教职工的党组织生活会发挥作用，后者主要通过院校的政治文化传媒发挥作用。以社会主义核心价值观为核心推动校园文化建设的传播全过程，应是一种双方信息内容沟通交流和感情互动交流的过程。社会主义核心价值观针对的是所有公民，要在校内提倡社会主义核心价值观，就务必充分发挥社会主义核心价值观的传播作用，依据大学生的实际需求及大学生群体的特性，提炼出当今大学生的核心价值观。大学生的实际要求具备多样性、发展性等特征，因而不同地域的高校还应明确合乎地域特点的当代大学生核心价值观。例如，云南一高校就明确提出，当今大学生核心价值观是爱党、爱国，立身做人，勤学善思、立志成才，历练本领、立业为民。

（3）充分运用社会主义核心价值观的渗透作用

大学校园文化构建和发展要在与社会发展相适应的宏观文化艺术的背景下开展，它所传播的应是中国特色社会主义发展主流文化。当今，我国社会发展的基调就是在培养和贯彻社会主义核心价值观中坚定不移地走社会主义道路。因此，应全力发扬爱国主义精神、集体主义观念，充分利用社会主义核心价值观的渗透作用，根据高校的不同特点采用多种途径，将主流意识形态贯穿于校园文化建设中。应正确引导大学生规划自身的发展前景，调整学校环境建设中的文化冲击，建立优良的文化交往、文化艺术传承和融合的氛围。要善于把握机会和宣传场所，将培养和发扬社会主义核心价值观全方位地融入日常生活场，使其无处不在、无时不有。社会主义核心价值观的渗透作用取决于其为校园文化的持续发展铸就很多具有魅力的人。在经济全球化的阶段，科技进步日新月异，各个国家的沟通交流日益频繁，文化市场的竞争也日益凸显，特别是以某些西方发达国家为首的一些国家，一直企图对社会主义国家进行文化霸权的渗透，因此我们必须以社会主义核心价值观为推动力，塑造一批具有创新精神、杰出工作能力和坚定社会主义立场的高质量优秀人才，进而紧紧把握文化主导权。

2. 深度挖掘大学精神的群体凝聚作用

大学是一个特殊的社会组织，它是莘莘学子探寻更深层次知识奥秘的专业场所，这里开设多种学科的专业教程，师生共同致力于对专业知识的探索，以助力学生梦想的实现。这就决定了大学里的专业教师具有两种信念力量，一是自己专业知识的储备与持续发展，二是自己所任教的大学在与其专业相关的领域所处的探索高度。虽然专业课程之间有较大差别，但学科之间也会协作、交流及互相竞争，同时在大学中相互协调流转专家和权威学者。维持大学办学理念的正是大学精神，它在课堂教学和科学研究中凝聚着学科之间形成的合力，并从本质上规范着大学各科课程的具体设置及运行，以共同保证在合作与竞争的文化生态环境中促使大学最大化地实现总体办学目标。价值导向是高校政治思想文化教育的精神之魂，正确引导大学生政治思想文化教育的价值导向趋于科学合理是高校该项工作的关键所在，要将社会主义核心价值观融入高等院校的特色校园文化建设中，从而增强社会主义核心价值观传播的普遍性及向心力。具体做法如下。

（1）将社会主义核心价值观融入高校办学理念中

办学理念在一定层面上担负着校园文化精神统领的重要职能，充分彰显了院校的办学特色、办学层次以及办学目标追求等重要特征。办学理念不仅直接影响高校校园文化的形成，同时也悄无声息地引导着高校的组织建设、校园实践活动的开展。因此，高校的办学理念应当也必须以社会主义核心价值观为依托，才能从源头上推动校园文化的正确发展。因此，高校要加强民主管理和民主监督，加强领导班子建设和领导队伍建设，不断提高教育工作者的积极性与主动性，深入分析社会主义核心价值观融进院校发展规划和育人总体目标的具体方法，搞好办学理念的统筹规划。首先，将"富强、民主、文明、和谐"作为校园文化发展趋势的总体目标，推动积极向上、蕴含自主创新的文化发展规划，积极促进社会主义文化的繁荣发展，全面满足高校师生的精神文化需要。其次，营造"自由、平等、公正、法治"的学习环境，以马克思主义为根本导向，激励、包容文化的多样性。最后，以"爱国、敬业、诚信、友善"为校园文化铸魂，积极引导师生坚定共产主义信仰，追求崇高理想，形成高尚的道德情操，坚定理想信念，以"爱国、敬业、诚信、友善"作为学习、工作、生活的座右铭，培养大学生的社会责任意识。

（2）将社会主义核心价值观融入高等院校校风建设中

校风实乃一所高校的风骨所在，对全体师生世界观、人生观、价值观的形成都会产生直接或潜移默化的影响。校风主要包括院校领导干部及行政工作人员的政风、教风以及大学生和全体教职工的学风等，而且在校训、校徽和校旗上得到更加精炼的体现。政风是院校领导集体在领导管理工作中与生活等层面的风格；教风是院校全体教师在实践过程中逐步形成的独特的教学特色，其中包含教师的专业知识水准、课题研究水准、教书育人水准、品德修养和思想境界等；学风是在学习过程中展示出来的学习心态和学习方式，是一代代学员在长时期磨合中产生的较为牢固的学习气氛。高校要将社会主义核心价值观融入校风建设中应做到以下三个方面。第一，应提升管理能力，提升民主决策，产生优良政风。高校要健全行政部门管理方案、科学研究管理方案、课堂教学管理方案，形成管理要规范、工作要规范的良好作风，并在管理过程中注重各方的协作性，不断加强教育工作者的主动性。第二，应着重提升教育质量，产生优良的教风。创建和健全公平、公正的课堂教学、学术研究点评体制和奖励制度，为教师严谨治学和师德师风水准的提升营造优良的竞争生态环境；构建学术研究思想自由的整体研究氛围，打造出有特点、有品位的校园文化。第三，采取措施对策，培养优质学风。引导大学生制定职业生涯规划，明确学习目标，激发大学生学习的内在动力；严格要求大学生，加强对大学生学习的必要约束和对课堂纪律的管理；激发大学生对知识的热爱，引导大学生广泛阅读；严肃考风考纪，打造诚信考场，建立诚信档案，对违纪大学生严肃处理。

3. 高度重视大学精神的教育感化作用

高校是集中塑造高级复合型人才的场所，在高校学习期间所接受专业知识的给养及校园文化精神的熏陶，将会伴随学子走出校门，走向社会。在其日后从事的各行各业中，他们将这种具备耳濡目染功效的精神文化所产生的能量散播到社会发展的每一个角落，感染身旁的人，进而推动社会文化沿着主流时代精神不断发展。近现代大学重视传播教育民主化精神和科学研究精神，并以此作为大学精神的主导。时至今日，以民主化的科学研究精神为基础的科研理念已被大家普遍接受并受到高度重视。这一点强有力地表明了大学精神与社会文化之间相互影响，并共同促进了社会的发展，成为推动社会经济发展的主导动力。

（1）大学精神的感化功能

大学精神是院校历史人文的积累和传承，它通常外显在校园文化的自然环境中，使大学生在社会道德感情、审美情趣、个人行为规范等层面受到潜移默化的感染、陶冶。大学精神作为一种观念形态和一种精神能量，是无形的；作为一种正确引导能量和标准能量，却是有形的，可以在体会中获得的。在大学中，教师根据自身精深的专业知识和崇高的品性来打动学生、影响学生，并且以身作则，将感情、社会道德和聪慧深植于学生内心，培养他们的道德情操。大学校园内的雕塑作品、水彩画、名人警句等都能激发学生对美的憧憬，增强学生的审美观念，培养学生的审美情趣。学风、校风也是校园文化的关键内容，正确引导着学生的个人行为趋向。优良的学风和校风可以推动学员身心的快乐成长，推动融合的校园人际交往氛围的形成，鼓舞大学生的士气，振作大学生的精神，还可以从深层次规范大学生的个人行为。大学精神根据校园文化自然环境，对大学生的发展有长远、深刻的影响，它可以推动大学生不断完善自己的性格，根据对社会道德感情、审美情趣和个人行为趋向的陶冶和感染，开展修身养性，标准个人行为，指导人生道路。

（2）大学精神的规范作用

大学精神时刻引导着大学发展趋势的定位，并随着不同时期的政策变化来调整着大学的整体发展轨迹，使大学自始至终在办学理念和办学特色的推动下持续向着明确的总体目标前行。只有当一所大学的大学精神深深地根植于大学领导者、老师、学生的心中时，才能凝聚出一种能量，让身在其中的人都主动守护并遵循大学精神，并主动地以此为标准规范个人行为，以促使大学的每一项决策都遵照着同一个标准，促使每个大学人都探索真知并创造美好生活。大学精神是高等院校存在、发展的精神支撑，大学应通过心理健康教育、德育教育、社会道德与生活的正确引导唤起人的内心和生命，从审美和理想的高度培养高尚的人。大学精神同时对学风、校风、教风的形成具有导向作用，塑造与发扬大学精神，依托校园内的自然环境、主题活动、学术研究气氛，让大学生把自己的精神追求融入与中国梦、社会发展实际意义相关的主题活动，引导他们用审美的眼光理性地看待社会发展、看待别人、看待自身，更让他们在社会背景中思索人生的价值和总体目标。

大学精神是经过长时间积淀而形成的，它一旦形成，便会创建其独有的关键价值取向。当大学生的个人价值取向和行为取向与大学精神有悖时，大学精神就发挥功能，正确引导大学生的心理和行为，使其返回到恰当的方位，培养大学生正确的人生观、价值观。但是，在一些负面影响下，有的大学精神逐渐被遮蔽，导致一些大学更重视对专业技能的塑造和与社会发展的融入，而忽略了大学文化教育对健全大学生人格、指引大学生顺利步入社会、提升大学生心理抗压能力等功能。功利主义思想使原本应当"宁静而致远"的大学精神在喧闹和心浮气躁的环境中面临挑战，部分大学生只图技能而忽略了人文素养的培养，只图"脚踏实地"却没有时间"仰望星空"。温家宝在《仰望星空》中这样写道："一个民族有一些关注天空的人，他们才有希望；一个民族只关心脚下的事情，那是没有未来的。"[1] 因此，大学精神务必自始至终处于前端，要跨越现实，正确引导大学生追求精神上的真谛，追求健全完善的人格特质。

---

4. 充分运用大学精神的激励作用

大学精神原本是一种相互遵照的价值观和行为规范，接着慢慢被内化为一种大学师生为人处世的心态和社会道德的标准，进而成为一种原动力鼓励着一代又一代的学子不断探索真知，纵向深化专业知识，并为了坚守探索学术真知的道路不断创新与奉献，留下了许多感人肺腑的故事。大学精神在这些创新、奉献的故事中逐渐转化为高校的一面独特旗帜，指引着莘莘学子前进的方向，让自主创新、敢于奉献的精神代代传承、发扬光大。民主与自由开放的研究氛围加之科研工作者一以贯之的勤奋努力，使得科研之路上的先行者广为流传的精神能量被后代继承和弘扬，自始至终鼓励和鞭策着大学生勇于开拓真知。大学精神鼓励作用的着力点便是持续提升学生的思想境界，协助其树立高远的理想。大学生只有拥有高远的理想和长远的目标，才能坚定信念，在社会主义现代化建设中不断做出贡献。所以，大学精神的激励作用是政治思想文化教育最根本、最实际、最迅速的作用之一，以主流思想意识形态为学习的基本指导，最能体现政治思想文化教育的本质目的，能够促进大学生积极主动按照主流意识形态规范个人行为。

大学精神是高校文化价值取向的充分体现，是一所高校前行发展趋势的潜在力量，具有强大的激励作用。大学精神不仅给予大学生信心的支撑点，更会成为其追求梦想的动力源，成为促进大学全体成员不断进取、克服困难、开拓进取的力量源泉。大学精神本身即具备价值观构建和规范行为的功能，当这种功能被充分发挥并与人达到内外融合时，其功能将出现能量的叠加，最终形成稳定、巨大的力量，激励人前进、追寻真理。因而，在激发大学生的学习主动性和自觉性时，除进行政治思想文化教育以外，还应充分运用大学精神的鼓励作用，从人的精神方面下手，正确引导高校师生在社会背景下去思索自己的人生价值和总体发展目标，将生命融入有梦想、有社会发展意义的主题活动中，在这种社会实践活动中体现自身的人格精神和人生价值，进而主动将其融入个人行为，完成由内向外的自我规制。

（四）构建充分发挥大学精神引领性功效的有效机制

高校作为育人启智的重要场所，承载着培养专业知识过硬、坚决传承中华优秀传统文化、立志服务社会的接班人的艰巨任务，注定要以培养时代新人为基本方针。对当今大学精神的育人作用进行深入分析思考后发现，在一些高校中还存在学生对大学精神的认知能力不足、缺乏全方位认知，大学精神育人作用欠缺合理媒介，大学精神的育人自然环境尚需改进等难题，根本原因在于这些高校对大学精神发展趋势的关键定位不清，对大学精神的系统培养方案和认真阐释工作不够重视。大学精神是深深地融入大学文化艺术中的，高校应以大学文化艺术为传输媒介，从内到外、循序渐进地发挥其育人作用。

1. 重视大学精神的德育价值，创建与时代精神契合的育人环境

大学精神要充分发挥其应有之功效，需要相应的平台和媒介予以辅助。新时代，要充分发挥大学精神的育人功效，第一，要充分利用教学课堂平台，着重强化学生对大学精神的认知能力；第二，要有效运用新媒体技术的联动作用，切实用好新媒体技术，积极开展线上线下活动之间的联动，让新技术能够转换为持之以恒地发扬和传承大学精神的主推力量；第三，要紧跟时代发展，构建全方位的网络平台，进行有规模、有计划的高校文化宣传工作，善于改变原有宣传工作思路，创新工作方法，不断丰富新大学精神育人的新媒介。

（1）大学精神教育进课堂

大学精神育人功能要在凝练和提高大学精神的基本理念上，针对当今育人工作上存在的认知能力不够、作用充分发挥水平不足等难题，要积极推动大学精神文化教育的改革创新。大学课堂教学是发扬大学精神的关键阵营，应积极推进将大学精神的内涵融入政治思想基础课、通识素养课、专业课等科目，构建大学精神文化教育的全课程设置。现阶段，有的院校有关于校史校情的课程内容，以协助学生掌握院校发展的历史及文化传统，但有的学生觉得尽管院校开设了这门课程，却仿佛没什么作用，认为上完课取得学分就万事大吉了。因此，教学单位应深刻认识这类大学精神教育课程针对性不强的问题，提升课程设计水平，深入思考课堂教学中出现的难题，邀请机构权威专家、相关学者以及在校大学生代表对院校发展历史进行小结和回望，重温高校发展历史，高度重视对大学精神的学术专著和通识读本的撰写、讲解及宣传工作，协助学生对校史校情进行全面深刻的掌握，把握大学精神传送的真实使用价值蕴意，增强学生对大学精神的理解和认可。此外，除设立专业的校史校情课程内容外，高校还可以将大学精神文化教育与政治思想基础课、素养课程、专业课程紧密结合，在理解隶属于本专业的基础理论知识、提高本专业学科学习深度的过程中，逐渐培养学生独立、自由、平等、理性、创新、批判等价值理念，将大学精神充分内化于心。

与传统式基础理论填鸭式课堂教学方式不同的是，大学精神进课堂教学更注重"化育式"、潜在性渗入式课堂教学，按照"润物无声，点点滴滴深入人心"的育人理念，将具有办学特色和时代特点的大学精神传递给学生。隐性思想政治文化教育注重以潜隐的方法感化人、影响人，学习者自发、主动地消化吸收教育思想，根据自身感受、自我批判、自身提升的心理状态，将教育思想真实地内化于心，集中体现于行，因此隐性教育的教学效果通常比显性教育情况下存留的印痕更加长久和深刻。所以说，院校的办校历史也是培育人才的历史，其自身便是最直接的思想品德教育资源。在课堂上进行大学精神文化教育，不仅要开设有关大学精神的基础理论课程，更要依靠一个个鲜活的实例，将一段段办校、为学、上学历史融入教学课堂，对提高学生的逻辑思维能力、增强品性塑造带来长远、耳濡目染的影响，从而达到"化育"学生的思想观念和价值理念的教育目标。

（2）契合时代发展需求

大学精神育人作用的充分发挥，必须遵循新时代中国特色社会主义道路发展的政治、经济、文化要求，以时代发展作为其发展的客观依据。实践是检验真理的唯一标准，大学精神的育人功能不应该仅仅停留在规章制度、文件要求的层面，而应该将理论成果放到时代发展中，接受实践的检验，并及时进行修正。这意味着大学精神的育人功能应当具有服务社会发展、引领社会发展的姿态，只有如此，才符合事物发展的客观规律。新时代大学精神的育人作用的充分发挥，其本质上必然与社会主义精神文明建设要求塑造全面的发展的时代新人的要求相一致，高校有责任提高学生对院校的信任感、荣誉感，这不仅是时代发展对高校提出的要求，更是高校师生对其有归属感的根本条件。

一是要以服务学生为目标，正确引导大学精神重归实际。习近平总书记强调："思想政治工作从根本上说是做人的工作，必须围绕学生、关照学生、服务学生，不断提高学生思想水平、政治觉悟、道德品质、文化素养，让学生成为德才兼备、全面发展的人才。"① 大学精神第一位的功能理应是以学生为管理中心、重视学生自由全面发展、可以唤起学生主动求知欲、激励学生努力完成人生目标的终极体现。大学精神文明建设理应塑造以生为本、服务学生的核心理念，在了解学生、关爱学生、服务学生的全过程中，重视人才培养，将科学研究精神和历史人文精神渗透到人才培养的重要环节，塑造具有大爱无疆情怀、全面发展的新时代优秀人才。应掌握学生的发展目标要求，重视学生对大学精神的认知能力，重视挖掘日常生活的关键点，创造贴近学生日常生活、能碰触学生内心的艺术品。开发设计的艺术品应真实体现大学精神、传送主流思想意识，进而切实考虑到学生的心理状态、逻辑思维，以完善其人格、陶冶其情操。精神越能体现和切合行为主体的需求，越有利于完成行为主体所需要达到的目标，就越有使用价值，也就越容易成为促进行为主体主题活动的驱动力。大学精神服务于学生的精神发展，促使学生将大学精神内化于心，这是从认知能力接受、感情相融到价值观的渗入而慢慢、深层次发挥作用的过程，是主客观认知相互启发、结合统一的过程。

二是要以发展的眼光和方法看待与展现大学精神的价值定位。当前，我国社会的主要矛盾已经发生变化，人民日益增长的美好生活需要和不平衡不充分的发展之间的矛盾成为新时代我国社会的主要矛盾。由此，高校的思想政治教育也必然要进行相应的改革，改革的火车头应当转向助力解决当前我国社会的主要矛盾。无论是高校育人课程的设置还是育人平台、新媒体媒介等，都应进行相应的调整。人民群众对幸福生活的憧憬，是我国政治、经济、文化发展程度的客观条件和人民群众主观性体会的统一。人们不仅有对物质生活方面的要求，更有对高品位精神文化活动的需求。人的物质需求是所有需求的基础，追求完美、幸福的精神生活是高层次的体验。这类精神需求不但存在，而且在不同环节会出现不一样的感受和要求。新时代大学精神的凝练要凸显幸福生活的愿景，将幸福生活的指标融入历史人文精神、学术研究精神、科学研究精神、社会发展关爱精神的培养中，为学生的发展提供丰富多彩又有益于身心健康的精神养分。大学精神所传

---

① 习近平：把思想政治工作贯穿教育教学全过程. http://www.xinhuanet.com/politics/2016-12/08/c_112008 2577.htm.（2016-12-08）[2021-03-31].

递的积极思想和道德情操，能够让大学生在调节心理状态、塑造人格特质、树立远大理想、在崇真和善行等层面不断进行思考和探索，有个性、有追求、有崇高的社会道德品行，树立高尚、坚定的信念，关爱生命，关心社会，从而发展成为既重视物质生活又追求高层次精神生活的人。

2. 秉持大学历史传统，搭建院校、学生、教师和谐发展的育人平台

凝练大学精神必须以传统的优秀中华民族精神为基石。习近平总书记曾指出："中华民族在几千年历史中创造和延续的中华优秀传统文化，是中华民族的根和魂。"①大学精神是大学文化的生命，吸收了中华传统文化观念的精华，传承着中华民族精神的优质红色基因，反映着中华文化最延绵、最富有活力的价值观念。中华民族优秀传统文化是大学精神的发展热土和生命来源，中华民族精神是凝练大学精神的关键基石。中华五千多年的文明行为发展历程，产生了讲仁德、重民本、尚合和、求大同等中华优秀传统文化基因，创造了以爱国主义精神为核心的民族精神，深深地影响着一代又一代学子。

中华民族的精神是与社会发展高度一致、有强烈归属感的文化艺术精粹。新时代，高校要培育大学精神，筑牢文明建设的优质基石，将中华传统文化创造力融入大学精神的营造和凝练过程，渗入广大学子的血脉，持续凸显社会主义民主和中国元素，发挥好优质社会道德观念和伦理道德意识的凝聚力作用、聚集内心的极大精神能量。大学精神的凝练不是一蹴而就的短期工程，需要历经长久的历史文化实践沉淀，方能凝结成稳定、具有传承意义的大学精神。当前，对大学精神认知方面还存在一些问题，如一些高校存在对大学精神的认知能力不足、认知准确性不够，对大学精神的理解大而化之、浮于表面等，更有甚者，有的高校对其自身办学特色、文化定位还存在似明非明、模糊不定的状况。

大学精神是一所大学发展战略的总结和历史人文的积累，并依靠一定的文化艺术媒介传承和传播。因而，凝练大学精神必须善于从校史、校训、校歌、校徽、学风、教风、校风等文化艺术媒介中深入挖掘和凝练，特别是要以大学的办学特色和知名专家学者的学术研究实践活动为渠道，研究、梳理具有自身特色并

---

① 习近平. 习近平谈治国理政（第2卷）. 北京：外文出版社，2017：349.

获得师生普遍认可的大学精神。具体可以从以下四个方面展开：①在培养特色专业学科、开设特色课程、建立健全特色管理机制中注重院校独特的背景色，正确对待大学的特性，并围绕办学理念和总体目标对其进行精准定位。当今双一流大学的申报要求更是新时代大学发展趋势的具体体现，确立大学的办校总体目标不仅有利于大学精神的提炼和培养，更有利于将大学精神更深入地凝练为优质的学风、教风、校风。②在院校的历史传承精神内核和办校特色中强化凝聚力，充分体现其办学的价值追求，推进大学校风校训内涵的具体化。③将大学精神的内涵融入大学校徽的构造和对其含义的讲解中，以图文等方式更为形象地传达一所大学的办校特色和价值导向，凸显校徽的精神蕴意和潜在性品德教育价值，增强广大学子对院校的归属感和深厚的信任感。④在院校的重特大改革创新实践活动和课堂教学、科学研究、管理、服务项目等其他实践活动中，整理并讲解院校的办校历史，进行大学校史科学研究，深层发掘校史的含义，撰写有关校史的系列作品读本，定期开展校史展览会，传唱校歌，加大校史的讲解和传扬力度，充分发挥校史文化艺术的强大穿透力和渗透性。

大学精神实质上是一种精神文化，大学精神育人是一种精神观念的动态变革及前进的过程。大学精神的育人作用要通过一定的精神生产、精神商品并辅之以主题活动来传输和表现。大学精神集中体现于大学师生的人格特质、逻辑思维观念、个人行为面貌等方面。新时代，高校应当及时地将与时代步伐契合的育人目标融入高校育人方案的制定、育人工作的具体开展、效果反馈、监督修正全过程中，同时，应当根据育人目标的设置要求，创新工作方法，充分与相关政府部门及兄弟院校联动，以榜样的力量为外部驱动力，以学生自我管理为内部驱动力，形成多主体多层面的高校育人的新格局。

（1）充分发挥院校领导的引领推动作用

院校领导干部作为大学规章制度的高层设计师，要在管理方法的设计统筹等工作及相关实践活动中贯彻学校办学特色，主动恪守大学的价值观念和办校理想。行政机关要通过各种制度和程序，积极、主动、充分地发挥自身的引领和推动作用，依据不同时期的要求和院校的发展趋势及特色，制定校风校训，讲解大学精神，提高管理者自身的品德修养和思想觉悟，主动以大学精神的标准约束自己，根据传递大学精神的实际需要，言传身教，用管理者的个人行为感染学生，促进大学精神育人功效的顺利、深入推进。高校领导干部对大学精神的发扬和宣传推广，能在无形中提高大学精神的知名度和增强团队精神，进而推动高校管理的规范化，提高教学研究的积极性和深入性。

回顾中国名校发展历史，提及北京大学、清华大学、浙江大学，我们时常会想到其曾经的校领导蔡元培、梅贻琦、竺可桢，他们不仅在演说或个人经典著作中讲解大学精神，更注重在平时课堂教学和管理过程中贯彻大学精神，促使大学精神在耳濡目染中指引更多的师生，并在历届大学生群体中流转和传承，对发扬大学精神、发挥大学精神的育人功能做出了巨大贡献。

（2）充分发挥一线教师的示范带头作用

教师是大学的行为主体之一，对大学办校历程和办学特色的了解更加全面、系统和深刻，是大学精神内在和外在表现的直接代表。一线教师在为学生传送大学精神时，首先要坚定自身对大学精神的恪守，深刻理解大学精神的多层次内涵。一线教师是与学生接触亲密的高校工作群体，其政治信仰、爱国精神及敬业精神都将对学生产生耳濡目染的影响。无论是专业课教师还是通识课教师，都应以身作则，塑造令人尊敬、信任的教师形象，将大学精神融入课堂教学实践活动与日常相处过程中，让学生置身于持续的精神文化陶冶中，进而受到感染、鼓励、启发。

一方面，要提升教师团队的师德师风的持续性建设，促进教师在课堂教学和科学研究中深层次、广泛地吸收与践行大学精神。习近平总书记强调，"要加强师德师风建设，坚持教书和育人相统一，坚持言传和身教相统一，坚持潜心问道和关注社会相统一，坚持学术自由和学术规范相统一，引导广大教师以德立身、以德立学、以德施教"[①]。这就要求教师首先要提高自身思想政治素养，坚定共产主义的理想信念，坚持以马克思主义武装头脑，高校应将结合院校特色和新时代内涵的大学精神列入岗位培训的重要课程；其次要提升自身品德修养和提高自

---

① 习近平：把思想政治工作贯穿教育教学全过程. http://www.xinhuanet.com/politics/2016-12/08/c_1120082577. htm.（2016-12-08）[2020-10-15].

己的思想境界，培养人文精神，为学生提供人性化服务和心理指导，还要持续提高科学知识水平，树立科学研究精神，在教学课堂中进行探究性学习，具体指导学生的科研活动，积极引导学生崇尚科学、坚持真理；最后要根据自己对教育的喜爱和恪守、对科学研究真知的追求，增强对社会经济发展、文化发展的责任感和使命感，要以崇高的人格感染学生、获得学生的信任，当好学生的精神导师。

另一方面，教师要进行"感人心者，事关于情"的育人工作。教师对学生的发展能产生深刻影响，作为学生的传道者，教师不但要将科学研究的基础知识教授给学生，更应以高尚的人格特质、不凡的气场涵养、高层次的人生观，影响和启发学生，鼓励学生进步与发展。在师生交往过程中，公平、和睦的感情纽带的产生可以缩短彼此间的心灵距离，构建一种独特的文化教育情境，以提高学生的自学能力，促进其对文化教育内容引起情感共鸣，协助其更好地享受文化艺术的沁润。据统计，大部分学生认为教师的见识、风采和思想境界对学生的发展有非常大的影响。有学生在采访中谈道："我印象较为刻骨铭心的是学校的王老师，经常会跟大家一起参与一些院校的文艺活动，而不是直接讲某种大学精神，只是通过对各种现象的沟通交流来逐渐渗入大学精神的内容，我认为那样对大家的指导还是很大的。"[1]在这类影响式育人过程中，大学精神的蕴意结合教师的言谈举止、人格涵养，从而产生一种长久的作用力。学生的德行发展趋势与大学精神文化艺术的发展趋势是一致的，大学精神的文化艺术精粹也会慢慢融入学生的道德修养，影响和改变他们的人生观、世界观。

高校辅导员在高校日常教育管理工作中发挥着不可替代的作用，因为他们与大学生接触更为频繁和深入，因此对大学精神的讲解、理解和传播更具优势。辅导员应将大学精神融入日常对学生的管理和服务中。不但自身就应成为大学精神的坚定信仰者、积极主动宣传者、榜样实践者，还应将大学精神通过与大学生日常的交流、各种主题实践活动的开展等方式传递给广大学子，增强他们的主人翁意识，引导他们关心大学精神、理解大学精神。

---

[1]　教育部思想政治工作组. 培育践行社会主义核心价值观高校案例（第 2 辑）. 北京：中国书籍出版社，2015：261.

（3）充分发挥学生群体的内驱作用

马克思曾经说过："他的行动的一切动力都一定要通过他的头脑，一定要转变为他的意识动机，才能使他行动起来。"① 大学精神育人作用的合理充分发挥，不仅要依靠党政干部和教师团队的同心协力，更离不开大学生自身主观能动性的充分发挥。马克思强调："动物只是按照它所属的那个种的尺度和需要来构造，而人却懂得按照任何一个种的尺度来进行生产。"② 人是在发展过程中不断完善的，而不是停滞不前的，人是有观念、有感情、有需求的，可以开展自身修复完善之道的有机体。大学精神育人是以文化人、以文育人的过程，学生对大学精神文化本身的了解构成了精神育人、文化化人作用充分发挥的前提条件。要使大学精神的育人作用得到充分发挥，就必须推动学生自我认同、自我完善意识的觉醒，充分发挥自我管理的积极主动功效。

一是要增强大学生的主人翁意识，充分调动大学生的主观能动性。衡量大学精神育人成果的关键是高度关注学生的主观感受。大学生在内心深处对大学精神的认可是进行育人工作的基本和前提条件，学生的自我管理是其认可大学精神的重要表现之一。为了充分发挥大学精神的育人功效，必须让大学生积极接受文化教育内容，积极将大学精神内化于心，并将价值作为衡量自身行为及思想规范的标尺。一方面要唤起学生的自我认同，使学生意识到自身的行为主体影响力，激发学习和理解大学精神的主动性及创造性；另一方面要重视学生自我管理的要求，将大学精神的核心价值理念与学生发展的规划与要求进行整合，做到互通互融，促使学生在学习、理解、践行大学精神的过程中，主动自查、醒悟、见贤思齐，进行专业知识与个性的自我完善，达到高水准社会道德标准确立的目标，将对大学精神的感情认可与社会发展的需求相结合。

二是以大学精神为指导，提升大学生自我内化教育的能力。大学生对大学精神的内化不仅是接受文化教育的重要路径，也是对自己身心的洗礼。大学生在接受文化教育的过程中，并不是处于被动接纳教育工作者传递的价值观的角色定

---

① 马克思，恩格斯. 马克思恩格斯选集（第4卷）. 中共中央马克思恩格斯列宁斯大林著作编译局，编译. 北京：人民出版社，1995：247.

② 马克思，恩格斯. 马克思恩格斯全集（第3卷）. 中共中央马克思恩格斯列宁斯大林著作编译局，编译. 北京：人民出版社，2002：274.

位，他们不仅对传送的核心道德理念、政治见解、社会道德感情进行优选，更将其与自身原有的价值观进行全方位、多层次的对比，吸收最合乎自身的意识观念。因此可以说，"文化艺术育人是一种自在的教育"[①]。这也就要求高校不断正确引导学生，让他们在与大学精神交融的基础上，了解、思索和认可大学精神，将大学精神传递的观念感情、信心支撑、价值观纳入自己的观念管理体系，与这种观念使用价值开展深层会话与沟通交流，不断进行自我理解、自我反省和自我升级，形成一种长久的精神驱动力，以产生"绵延不绝，务实创新"的悟化式育人作用。

3. 传承和弘扬优秀的文化艺术传统，营造独立的大学及大学精神

马克思认为，"人创造环境，同样，环境也创造人"[②]。大学精神根据造就、改进具备一定文化教育目的的自然环境，根据大学生对所见、所触的固有环境的融合，促进学生将文化教育内容内化为自身日常生活、学习、工作的道德标准、价值观念和个人行为规范。因此，应从改善大学校园内固有的自然环境、规章制度、网络空间着手，结合审美观元素及具有浓厚的历史人文痕迹的物态园林景观等对大学精神进行感官展示，用合理的规章制度和管理机制来提高大学精神的育人效力，规范管理网络环境和打造优良的社会舆论绿色生态，以确保大学精神育人作用的充分发挥。

（1）挖掘物质环境的精神熏陶作用

校园绿色生态环境能够沁润学生的品性，塑造学生的道德标准和价值观，对学生有独特的陶冶作用。校园的优雅生态环境对学生的精神发展和人之本性的健全拥有独特的作用。我们踏入知名大学校园时，常常有一种碰撞内心、颇具活力的感情，那就是一种精神的交流和打动，它超越了语言的力量，这就是大学无形的精神文化与有形的自然环境结合而产生的力量。因此，要结合学校特点，提高自然环境对大学生教育的助力作用。

大学的生态环境与精神文化本源上同构并互相支持。通过构建自然环境，具

---

① 彭志越. 文化素质教育与校园文化建设. 高等教育研究，1999（1）：59-62.

② 马克思，恩格斯. 马克思恩格斯选集（第 1 卷）. 中共中央马克思恩格斯列宁斯大林著作编译局，编译. 北京：人民出版社，1995：92.

有主导性的教育内容与自然环境的作用力、感染力互促相通，可以减少学生对大学精神教育的排斥。自然环境对人的影响是多方位的，自然环境教育具有身临其境和潜在性教育的特点。

高校既要传承校园文化，又要根据时代要求不断丰富和发展校园文化，校园内的建筑和景观都能对学生的精神发展具有教育功效，让校园的墙说话，让校园里的石头、植物给予人美的启发。一方面，高校要重视校园内历史建筑的维护。因为这些建筑都承载着大学历史文化传承与发展的意义，存留着多少代大学师生的记忆和故事，它们不但是宝贵的历史文化遗产，而且是一代代师生传承下来的文化艺术媒介。高校要有效整修已经损坏的历史建筑，使其变成校园里不可替代的风景，以充分发挥其育人启智的作用。另一方面，高校要高度重视校园内的整体建设规划，以及物质建筑与园林景观布局的合理性。可以建造凸显大学精神与大学核心理念的文化活动中心、木栈道、雕塑作品等人文景观，注重校园内生态环境保护。健全课堂教学基础设施的基本建设，加强公共图书馆、档案室、历史博物馆、学生文化活动中心等公共文化服务场地基础建设，为进行科学研究和校园文化主题活动提供保障，使校园体现育人自然环境的个性化、系统化，使布局合理、统一，又不失艺术之美。校园内的历史建筑、物质园林景观和历史人文设施已不是冰凉的工程建筑，而是大学的历史与人文的见证者，以无声的方式传送着大学精神的深刻内涵。弥漫着科学研究精神的物质设备、颇具服务师生的人性化且合理的总体布局，呈现着一所高校与众不同的文化艺术特点和精神气场，在无形中给予师生启迪。

（2）构建彰显人文关怀的制度环境

中国共产党第十九次全国代表大会报告指出，"实现中华民族伟大复兴，必须合乎时代潮流、顺应人民意愿"[①]。这也是以人为本的人文精神的时代表达。大学规章制度将抽象的大学精神细化，正确引导学生感受真实的精神生活并主动地开启精神成长历程。此外，认真细致的制度化管理也是大学精神育人的保障。高校要积极探寻并建立与大学生的沟通机制，思考办校过程中的不足之处，积

---

① 习近平在中国共产党第十九次全国代表大会上的报告. http://cpc.people.com.cn/n1/2017/1028/c64094-296 13660-3.html.（2017-10-28）[2020-05-01].

极并及时地回应时代与社会发展的召唤，寻找优秀办学传统与新时代精神的完美契合。

一是要在人才培养目标上下功夫。新时代的大学精神要以塑造德智体美全面发展的时代新人为整体目标，要从上到下深刻理解人才的培养规定，将大学特点与时代要求紧密相连，制定合乎学生发展规律和社会经济发展要求的人才培养计划方案。高校不仅要将大学精神的本质内涵沁入人才培养的重要环节，而且各类管理制度也必须紧紧围绕以德育人的目标来制定。二是各类管理制度基本建设要体现人性化服务。要将大学精神传送的博雅、自由、公平、民主等历史人文精神融入大学制度化管理的构建过程，重视师生共同参与构建过程，尊重师生提出的合理建议，充分回应和体现师生的相关呼吁和要求，以此推动管理决策的民主建设。高校的课堂教学管理方案和学生管理方案不但是规制日常课堂教学个人行为和学生主题活动的重要标尺，而且在一定程度上体现着价值导向，促使大学精神持续发挥作用。三是要建立健全大学精神育人体制。将大学精神育人列入教师评定激励机制，激发和增强教师进行大学精神育人工作的热情和信心。将大学精神育人列入组织建设中，创建以民为本的组织协调体制，加之教学研究单位和学生管理方法单位的协作，确保大学精神育人工作持续地向前推进。健全学生的综合素质测评管理体系，高度重视学生思想道德素质的发展状况，以此作为大学精神育人作用充分发挥的检验指标值。

大学的管理制度设计需要充分发扬民主的原则，做到以人为本，只有这样才能将一所大学构建成具有统一、坚定的育人信念的现代大学，逐步形成大爱无声的大学精神氛围，由内到外约束大学生的个人行为，助其解放思想、坚定共产主义信念，同时促使学生主动地省悟自身行为、完善自身性格，进而正确引导其提升思想道德素质，帮助其迈向更高层次的精神、文明、行为境界，增强其归属感和对院校的信任感，进而逐步衍生出一脉相承的制度化管理传统，潜移默化地引导大学生的精神发展。

（3）开发设计传承性品牌活动

大学精神育人工作须从理论和实践两个层面入手。在理论层面，要对大学精神进行充分、深入的挖掘和凝练，并在此基础上采用多种途径对大学阶段性的研究成果开展广泛的宣传教育工作；在实践层面，要结合实际不断强化和加深学生对大学精神的认知和认可。校园文化主题活动是富有形象性、感染力、便捷性的校园文化方式，是与专业课程教学、思想政治教育课堂教学紧密联系的"第二课堂"，也是重要的文化艺术媒介，是大学精神展现育人作用的应用和传播媒介。

一是要将大学精神对大学生的教育价值充分贯穿于校园文化主题活动的设计方案中，高度重视校园文化活动主题的思想性和可接受性的融合、统一，使得学生在参加主题活动的过程中，并不是滞留于感观上的愉悦，更是在潜移默化中理解校风、校训、校徽、校歌、校史等传送的精神蕴意和当代价值内涵，并进行深层次思考，达到在观念上坚定共产主义信仰、在行动上正确引导个人实践活动的目的。

二是要着力开展形式多样的高质量校园文化活动。对于校园文化活动的开展不能采取"一揽子"的策略，要有所侧重，重点在于活动开展的目标效果要明确，目标群体要具体且有针对性。首先，要精心安排多种类型的学术研究专题讲座、大会、社区论坛，开启学生的逻辑思维之门，启迪其思辨或质疑的精神；其次，要在大学新生中开展校史校情知识竞赛，创建有关大学精神的专业知识试题库，增强学生对院校发展历史的了解，建立学生与高校之间的信任感；再次，要融合政治思想工作中的时期规定，进行坚定理想信念教育、社会主义核心价值观教育，丰富大学精神的内涵，提升对学生价值观引导的实际效果；最后，根据学校领导、教师对院校发展历史时间以及办学特色的诠释，充分运用新生开学、五四青年节等重要时间点，对学生进行爱校荣校教育。总之，高校要根据办学特色和不同班级、不同专业学生的特点，大力开展自主创新节、文化艺术节、竞技体育比赛、志愿者服务主题活动等，促使大学精神培育效果普及到在校师生。

三是要重视打造校园文化主题活动知名品牌，提高大学精神的社会影响力。大学是大学师生共同创造的家园，为此，校园文化知名品牌应具有院校设计风格，被师生认可，能塑造师生的人文精神和校园文化经典，提高大学精神的社会发展知名度。校园文化主题活动的设计方案应能够起始于一段段饱含情深的校园历史，从历史名人中发掘设计灵感。正如陈平原所说："有关大学历史发展的叙述，不一定非板着脸孔不可，完全可以讲得生动有趣。从'小故事'开始来讨论

'大学'，既怀恋先辈，又充满生活乐趣。"① 比如，华中师范大学大力贯彻习近平总书记"讲好中国故事，传播好中国声音"②的要求，进行"讲好华师小故事"主题活动，唤起学子的集体记忆，呈现了新时代大学精神育人的新特点。

（4）构建凸显社会主义核心价值观的网络舆论绿色生态

大众传播媒介早已成为大学生学习及日常生活的重要部分。伴随着互联网技术尤其是移动互联技术的迅猛发展，QQ、微博、微信等移动 APP 客户增加，传统媒体与新媒体迅速融合，进而越来越多的人由传统的信息接收者转变为互联网新兴媒体的信息接收者和创造者，信息内容的传播方式和传播效果都发生了重大改变。大学生逻辑思维活跃性、对新鲜事物拥有明显的求知欲，当大众传播媒介与思想政治教育的信息内容一致或相辅相成时，思想政治教育的实际效果能够得到增强；相反，则有可能减弱思想政治教育的实际效果。因此，教育者要把握大众传播媒介的特点，充分利用其传播速度快、及时性强等优势，使新媒体成为思想政治教育的重要载体。

新媒体的快速发展不仅加快了文化产品传播途径的更新速度，而且对信息的认知能力和数据量产生了重要影响，更在一定程度上影响着大学精神的传播和大学生正确价值观的形成。为此，高校网络环境监督与管理人员要积极主动地应对纷繁复杂的发展局面，充分运用新媒体进行大学精神教育，与时俱进地弘扬主流意识形态，消除反面甚至反动的舆论，将大学精神的价值蕴意由大学校园辐射至整个社会，提高大学精神的知名度和影响力，增强教育的感染力。马克思主义注重人的社会实践活动，同时重视人的主观能动性的充分发挥，认为自然环境可以塑造人，人也可以改造制约人存在和发展的环境要素，进而构建有益的教育生态环境。此外，高校还要管控和监督校园网的环境构建，加强教育信息内容的过滤与洁净。习近平总书记强调，"要依法加强网络社会管理，加强网络新技术新应用的管理，确保互联网可管可控，使我们的网络空间清朗起来"③。这就要求高

---

① 陈平原. 大学新语. 北京：北京大学出版社，2016：69.

② 习近平：讲好中国故事，传播好中国声音. http://news.china.com.cn/2021-06-03/content_77545126.htm. （2021-06-03）[2021-08-31].

③ 中共中央文献研究室. 习近平关于社会主义文化建设论述摘编. 北京：中央文献出版社，2017：30.

校健全互联网发布信息管理方案，增强互联网舆情机制建设，搞好信息网络的管控，以积极的态度主动占领网络舆论的堡垒，利用互联网唱好红色主旋律，向社会传播正能量，为大学精神育人作用的充分发挥构建良好的社会舆论绿色生态环境。

二、加强高校当前校园文化建设

道德实践是道德品质形成的关键一环，需要师生在各种活动中获取与道德知识相符的道德经验，践履道德规范，进而形成和稳固优秀道德品质及习惯。高校是师生进行道德实践的第一阵地，是学校道德环境、教师道德素养及道德行为引导、学生道德习惯养成等多主体行为相互影响、相互融合、共同发展的有机结合。高校要在充分认识新时代历史背景下道德教育和实践的内容指向和目标要求的基础上，结合自身优势，积极发挥高校的主体能动性和创造性，全面落实立德树人工作的要求。教师作为对高校学生实施直接道德教育的关键主体，不仅应当重视自身道德水平的提高，更应当在深刻认识大学生群体性特质的基础上，顺应其成长规律，采取显性和隐性相结合的教育和引导方法，保证道德教育和道德实践的实效性，使大学生在研学过程中亲身体会、主动对标、反思提升自身的道德成长。要构建长效机制，通过激励引导、有效对接等手段，不断加深道德实践活动的深度并拓展其广度，促进社会、高校、家庭等道德教育工作形成有效的衔接，进而建构三者协同共育的有机教育格局。

从导向上看，应引入多元主体参与、多层次奖励的机制。通过构建多元主体参与的分类多元评价机制，拓展激励机制的覆盖面和增强其层次性。依托实施成效显著的学校、部门和个人进行表彰以及经验介绍与推广，发挥典型示范作用。同时，将立德树人工作要求纳入学校教师岗位聘任、绩效考核，并将其作为重要内容予以强调，最终评价结果与个人业绩等直接相关，重点奖励那些在立德树人工作中大胆创新、取得突出成效的教师，在全校、全社会营造立德树人的氛围。

（一）充分挖掘校园精神文化资源

对学生来说，求学期间的大部分时间是在校园中度过的，所以校园人文环境也就成为影响价值观培育的重要因素，对大学生社会主义核心价值观的培育具有潜移默化的影响。为此，学校要根据大学生的思想及心理特点，组织一些既能突出社会主义核心价值观的主题又生动有趣的文化活动，积极搭建践行平台。比如，高校可以充分发挥校史文化的教育功能，挖掘校园历史文化，宣扬校训精神，引导学生继承和发扬学校一贯的优良传统，使其成为大学生健康成长的精神动力；可以定期聘请社会先进模范进校园，通过生动的报告，弘扬社会主旋律，强化社会主义核心价值观的感召力；还可以通过举办"爱国家、爱社会、爱校园"的主题活动，大力宣传社会主义核心价值观，充分利用校园广播站、校报校刊、校园门户网站、学院橱窗板报等宣传载体，拓宽学生受教渠道。不断完善和强化学校秩序环境，树立良好的校风、学风，形成良好的校园文化精神，增强学生的凝聚力，给予学生积极的影响，例如开展文明礼貌月活动、校园清洁运动、大学生创业活动、青年志愿者活动等，从而积极营造蓬勃向上的校园舆论环境。

《淮南子·精神注》载"精者神之气，神者人之守也"，精神即灵魂。大学精神是高校文化特征的核心体现，是高校整体建设思想导向、情感沉淀以及工作作风的综合表现，是一所高校的根之所在，魂之所系。在高校发展过程中，应积极主动培育和弘扬符合新时代发展要求的大学精神，这是高校校园文化建设的首要任务，具体应着力做到以下几点。

1. 坚持正确的指导思想，唱响主旋律

既然大学精神的构建过程实质上是一个教育价值观的构建过程，就必须用正确的价值观来指导校园文化建设。也就是说，高校校园文化建设必须坚持正确的主导思想，唱响主旋律，因为任何校园文化建设都离不开社会主流文化，否则就会失去生命力。大学生被视为祖国的未来和民族的希望，优秀的校园文化能营造民主、科学、人文、开放的育人环境，关系到民族文化的现在和未来，因此必须用主流价值观来指导校园文化建设。高校校园文化建设是由社会主义核心价值体系引领的，马克思主义思想又是其中最重要的组成部分，因此，应当用社会主

核心价值体系来引领高校校园文化建设，就是要用马克思主义中国化最新理论成果科学地武装学生的头脑，把马克思主义指导思想自觉地统一于建设中国特色社会主义的实践中，在坚持中发展，在发展中坚持，确保高校校园文化建设能够站在社会主义文化建设的前沿。

大学核心价值体系是高校精神文化建设的核心，是社会主义核心价值体系在大学建设中的运用和发展，体现了大学发展的根本价值取向和大学精神，是根本的思想道德基础。所以，在具体实践中，培养和弘扬大学精神就是要求高校坚持主旋律，唱响主旋律，加强大学生的爱国主义、集体主义、社会主义教育，增强学生爱国之心、报国之志；要始终以思想教育为主线，突出思想性和教育性。为此，要充分发挥思想政治理论课教育主渠道作用，利用思想政治理论课的宣传导向功能，巩固马克思主义在意识形态领域的指导地位，让社会主义核心价值体系真正进课堂、进教材、进头脑，使学生学会用马克思主义理论指导自己的学习实践活动，帮助大学生明辨是非，深刻理解马克思主义和中国特色社会主义理论精髓，从而构筑大学生坚定而牢固的马克思主义信仰。

2. 营造良好的校风、教风和学风，突出人文精神的培育

俄罗斯思想家别尔嘉耶夫认为，"精神的标志是自由。在自由之外，精神的东西没有任何意义"[①]。这就是说，自由是大学精神存在的前提，只有远离功利主义、庸俗主义等，大学精神才能真正得以体现。所以，高校校园精神文化建设理应蕴含丰富的人文精神。大学精神集中外显于校训等大学独具特色的形象标识体系，这些标识体系具有权威性，是激励全校师生团结奋进的教导和戒条，是全校师生必须遵守的法则。大学精神的核心内容则具体表现在校风、教风和学风上，也是社会考察、评价一所高校的主要着眼点。其中，校风是高校的校魂，是大学精神文化将之归整为自身文化的重要组成部分而产生的大学的精神自觉。它既是历史积淀的结果，又在历史发展中不断生成。大学精神是高校总体精神风貌和行为趋向，是高校办学状态和发展趋势的直接反映，表现在校训、校歌等这些形象标识体系上。优良的校风是提高育人质量、促进学校发展的长久之计和基础

---

① 别尔嘉耶夫. 论人的奴役与自由. 张百春译. 上海：上海人民出版社，2019：108.

性工作，因此，建设良好的校风，不仅是社会主义精神文明建设的需要，更是高校的立校之本。教风是教师在长期教育实践中形成的教育教学特点和风格，也是教师道德品质、知识水平、工作作风等素质的综合表现。教师作为学生成长成才的领路人和先进文化的创造者、体现者和宣传者，是学风和校风形成的关键。优良的教风对于良好学风的形成、教育教学质量的提高起着至关重要的作用。学风广义上是指学习风气、治学风气和学术风气，狭义上是指学生的学习风气。它是高校生存发展的基础，是校风建设的核心，是高校创品牌、树形象、谋发展的关键。反过来，教风和学风又是校风形成的保证。

总之，"三风"建设既是校园文化建设的精华部分，又对校园文化的形成和发展具有铺垫和推动作用。所以，培育大学精神，必须努力内练素质，外塑形象，凝练出体现大学精神的校训，营造良好的校风、教风和学风，从而引领广大师生去寻求生命的意义，去实现人生的价值。为此，在大学精神培育中，要注重人文性，突出人文精神的培育，努力追求"定要精于科学，更要精于人学；定要精于电脑，更要精于人脑；定要精于网情，更要精于人情；定要精于商品，更要精于人品；定要精于灵性，更要精于人性"[①]的境界。高校要按照人文精神的要求，开展文化素质教育，坚持科学教育与人文教育相结合，努力实现高等教育培养有理想、有道德、有文化、具有独立思考能力和独立人格、对社会负责任的人的终极目标。

3. 继承和发扬优良的传统文化，塑造独特的大学精神

大学精神不是人为设定的，也不是人们头脑中的理念产物，其生成和培育也不是一朝一夕能够完成的，是高校师生在特定的时代背景下，将民族优秀传统文化与高校长期发展中形成的特色文化融于一体而逐步形成和发展起来的。它不仅具有鲜明的时代特征和个性特征，还具有面向未来的进行性和创造性。所以，在大学精神的培育和弘扬过程中，要继承和发扬优良的传统文化，就要做到既要继承和弘扬中华文化，注重民族精神的培育，又要重视学校的历史底蕴，充分挖掘本校积淀的、特有的文化历史和元素，塑造具有鲜明个性和特色的大学精神。

---

① 杨叔子. 校园文化与时代精神. 中国高教研究，2007（3）：3-7.

第一，要继承和弘扬中华文化，注重民族精神的培育。中国共产党第十七次全国代表大会报告指出，"中华文化是中华民族生生不息、团结奋进的不竭动力。要全面认识祖国传统文化，取其精华，去其糟粕，使之与当代社会相适应、与现代文明相协调，保持民族性，体现时代性"①。中华优秀传统文化既是中华民族得以生存和发展的血脉来源，也是新时代中国高校文化建设的重要智慧来源。中华民族五千多年的历史中，民族精神是民族文化的核心，民族文化承载着传承、培育和发展民族精神的庄严使命。无论是借鉴传统文化合理成分还是培养大学生的民族精神，高等教育都责无旁贷。对此，潘懋元和张应强精辟地指出，"它（指文化）之所以能连续不断地流传下来，在很大程度上是因为有教育特别是高等教育这一特殊而重要的载体。高等教育对文化的传承，集中表现为对学生进行民族传统文化教育，用优秀的民族传统来培养人、塑造人。因而高等教育的培养目标、教学内容、教学方式方法都带有民族传统文化的特色……每一个民族国家的高等教育莫不担负着弘扬民族传统文化的职责，以传承民族传统文化为己任"②。作为高等教育之魂的大学精神，在继承和弘扬中华文化、培育民族精神上，更是责无旁贷。近代以来，西方国家以各种手段向后发展国家传播和灌输自己的文化及产品，使这些国家的社会成员产生对民族文化的认同危机，进而接受资本逻辑所塑造的价值观念。在此背景下，大学生理所当然地成为西方国家对其他国家进行"文化霸权"的主要对象，其隐蔽的宣传手段使得在一段时期内部分大学生对西方的文化采取全盘接受的态度，在潜移默化中盲目地崇拜西方文化，对于中华民族悠久灿烂的传统文化的认识反而愈加淡化，长此以往，必将产生巨大危害。因此，高校应当将继承和弘扬优良的传统文化作为大学文化建设的重要内容。《中共中央关于进一步加强和改进学校德育工作的若干意见》强调，建设以社会主义文化和优秀的民族文化为主体的健康生动的校园文化。

第二，重视学校历史底蕴，充分挖掘本校积淀的特有文化历史和元素。对于具有一定办学历史的各大学而言，它们都有各自的传统。传统可以是有形、可量

---

① 胡锦涛在中国共产党第十七次全国代表大会上的报告. http://cpc.people.com.cn/GB/64162/64168/106155/106156/6430009.html.（2007-10-15）［2021-03-31］.

② 潘懋元，张应强. 华文教育与中华优秀传统文化现代价值的彰显. 高等教育研究，1998（3）：16-19.

化的，如有多少院士，在历史书中记载着多少名人等，也可以是无形的。尽管高校文化的形成和发展并非由一个或数个知名学者决定，但曾经有无数先辈走过的足迹却是高校文化独特组成部分，具有其特有的情绪感染力、历史穿透力，在一定程度上，甚至是大学生产生文化认同的"金钥匙"。因此，高校在弘扬和培育大学精神时，在把握时代脉搏的基础上，更要从自身入手：一方面要深入、全面挖掘高校发展过程中沉淀下来的优秀文化元素，并将这些资源进行系统、有效的整合，从而将其教育功效发挥到最大化；另一方面，在依托以上整合的教育资源的基础上，采取多种教育、宣传方法，充分调动学校历史文化资源的人文教育功能，将学校的人文底蕴转化为学校发展的精神动力。

4. 立足高校培育和践行本职，加强校园文化渗透

加强校园文化渗透，就要以切实有效的实践活动为载体，为高校社会主义核心价值观培育营造良好的教育氛围，具体有以下几个方面。

（1）树立大学生先进典型

每年的"全国道德模范人物""感动中国十大人物"评选活动都会从社会的各行各业评选出一大批先进典型人物，这些先进人物事迹的实质就是对社会主义核心价值观的践行，通过对此进行挖掘、褒奖和宣传，在全社会形成弘扬社会主义核心价值观的良好风气，对积极培育和践行社会主义核心价值观具有重要意义。高校在校园精神文化建设的过程中，应当重视这种先进典型的示范作用。当前是我国经济转型和社会转型的关键时期，大学也成为各种意识形态、价值观交汇、激荡的场所，面对多元价值观念给大学生带来的冲击，高校要重视先进人物的道德示范作用，在校园中树立大学生先进典型，发挥榜样的示范作用，在全校范围内营造学习社会主义核心价值观的良好氛围，引导广大师生树立正确的价值观，自觉抵制不良文化和价值观念的影响，例如举办高校年度人物评选活动，在全校范围内，推举先进人物，由全校师生共同投票选举年度人物。在评选的过程中，要注重对人物内在精神品质的挖掘和对先进人物先进事例的全面宣传，使大学生能够借身边人物的感人事迹加深对社会主义核心价值观和公民道德规范的理解，并以此为标杆约束自己的行为，自觉遵循社会主义核心价值观的价值要求，内在认同并践行社会主义核心价值观。

（2）开展丰富多彩的校园文化活动

校园文化活动是校园文化建设过程中的重要组成部分，高校要精心组织开展内容丰富、形式多样的校园文化活动，例如开展知名学者学术访谈、学术论坛、学术沙龙等活动。高校应通过学术交流，对学生产生的思想困惑进行正面引导，形成浓厚的学术氛围，培养大学生崇尚科学、追求真理的精神；组织大学生课外科技计划、大学生科技节、"挑战杯"等多种校园科技文化活动，以讲座、论坛、报告会等方式，营造浓厚的科技文化氛围；组织专业实习、社会调查、青年志愿者服务等。

任何高校，无论其建校时间的长短，都有自己的发展史和特色文化。这些特色文化，比如办学指导思想、办学理念、教育哲学等，与优秀传统文化一起在潜移默化中影响着大学生群体的品德与个性。高校要积极吸收中华优秀传统文化的精华，深入、全面地挖掘其丰富的教育内涵，充分将其融入校园精神文化建设中，形成独特的办学特色，比如哈佛大学在长期办学当中形成的"永远改革、永远创新、永远追求"的精神，蔡元培先生在北京大学提出的"兼容并包、思想自由"的教育理念，清华大学"自强不息，厚德载物"的教育理念等。

在高校校园文化建构中，除了要重视历史继承性，将中国文化传统中的正确价值观与高校办学过程中形成的优秀传统相结合，还要与时俱进，及时吸取社会主义精神文明建设和中国特色社会主义文化建设过程中的优秀文化成果，以社会主义核心价值观为指导，建构大学生价值观参照体系，通过文化熏陶、精神传递等多种方式，使大学生认同价值观参照体系，并以此为标准，约束自己的思想、态度、行为，改变原有的错误价值观念，从而有效地促进大学生对社会主义核心价值观的认同和践行。

（二）创新校园网络文化建设内容

近年来，随着互联网技术的迅猛发展，网络已经成为人们社会生活的一部分，特别是对大学生群体，互联网信息技术正逐渐改变着他们的生活方式和习惯，也成为影响大学生价值观形成的一个重要因素，其影响正日益凸显。加强和完善高校网络文化建设，进一步巩固、弘扬和培育社会主义核心价值观的网络阵地，成为高校培育大学生核心价值观的关键环节。为此，要充分发挥校园无线网络、校园手机报、校园公共服务微信号等信息平台的宣传和服务作用，通过开通专栏特刊、专家学者解读、典型事迹专访等方式，坚持弘扬主旋律，传递正能量，真正使社会主义核心价值观渗透到学生的学习和生活中，提升其对社会主义核心价值观的认同度。同时，要通过加强校园公共网络服务建设，整合校园网、网上数字图书馆、校园微博等网络资源，增强教育宣传服务的针对性和实效性。此外，还可以通过整合高校网络资源、人才资源、信息资源等方式，推出一批具有学校特色和时代特征的品牌网络文化产品，充分利用网络文化产品的影响力，让学生自觉地参与到校园文化建设中，增强对社会主义核心价值观的认识和理解以及践行社会主义核心价值观的自觉性。

此外，互联网模式的生存境遇使得更多的文化思想突破了地域界限，实现了无障碍的深度融合。然而，应当注意的是大学生轻松享受信息全球化带来的福祉的同时，也会面临文化霸权主义的侵蚀，因此，如何营造风清气正的校园网络环境，充分发挥中国优秀传统文化的影响力，是当前校园文化建设应当优先考虑的问题之一。一方面，应当从理念维度上进行统筹布局，着力增进校园网络文化的价值认同。通过加强对校园文化组织建设的制度构建，积极把握文化育人的主动权，进而巩固、壮大主流思想，帮助大学生拨开思想的迷雾，提高大学生对各类信息的辨别能力。另一方面，要探寻网络文化与中华优秀传统文化以及红色文化相结合的宣传渠道，打造校园网络文化品牌工程。校园网络文化品牌具有鲜明特色，并且具备易在校内推广的天然优势，是宣传优秀传统文化和红色文化的重要载体。因此，充分发挥校园文化品牌的影响力，积极推广优秀传统文化示范活动样品，活化红色文化资源，培育优秀的文化教育产品，采取线上线下多向度宣传教育路径，完成内化育人与外化育人的深度有机统一。例如，开设"互联网+"红色文化育人专项课题，举办"薪火传"云健身跑活动，建设数字红色校史馆、VR/AR 红色纪念馆等文化教育打卡地，使之成为网络校园文化的"活教材"。一些高校结合地区革命历史和校史文化资源，积极创作展现革命文化的精品力作，如南京邮电大学以本校百岁老红军事迹为素材制作微课视频《百岁播火者》《百岁筑梦人》等红色校史优秀作品，并融入网络思想政治课堂，传承发扬爱国主义情怀。总之，高校在培育和践行社会主义核心价值观的过程中，要充分重视新媒体的作用，主动出击，牢牢把握新媒体这个舆论阵地，开拓传播新渠道，促进大学生社会主义核心价值观的培育。

1. 拓展校园网络传播新渠道

互联网发展迅猛，由于其具有传播速度快、覆盖率高、互动性强、信息量大等特点而成为当前社会文化传播和经济活动的重要载体，并渗透到人们生活的各个层面，成为继报刊、广播、电视之后的"第四媒体"。大学生群体是网民的中坚力量，网络在大学生群体中的使用率高，对大学生群体的影响很大，为此，高校要重视校园网络的建设，充分发挥校园网对大学生社会主义核心价值观培育的重要作用。

（1）建设社会主义核心价值观教育网站

高校在社会主义核心价值观的培育过程中，应认识到其长期性和艰巨性。针对当前社会主义核心价值观教育资料和资源相对分散的实际情况，高校应注重对社会主义核心价值观教育网站和网页的建设。

第一，社会主义核心价值观教育网站要贴近主题。也就是说，网站要充分反映社会主义核心价值观的主题，在网站的运营过程中，及时更新、链接关于社会主义核心价值观的最新研究成果；对党的重要会议、政策、方针进行及时的报道、分析；对各地培育和践行社会主义核心价值观的事迹、经验进行专题的报道和推广，帮助大学生较好地认知社会主义核心价值观的具体内容。

第二，社会主义核心价值观教育网站要贴近学生。贴近学生是指该网站不能只是纯粹的理论解读，更要从学生的需要着手，集学习、娱乐、服务于一体。网站可以对校园大事小情进行报道，增强大学生的校园归属感；定期举办有关社会主义核心价值观的教育活动，可以是发起一个话题，也可以是一个室内交流会，抑或一次户外活动，以此促进大学生的沟通交流，增进对社会主义核心价值观的认同。网站还要有多种丰富的学习资源供大学生进行阅读、下载。总之，网站要以服务学生、贴近学生为理念，以社会主义核心价值观培育为目的，强化培育效果。

（2）开通新型网络沟通互动平台

在信息科技快速发展的时代背景下，校园文化的建设和发展注定要与网络科技紧密相连。现如今，校园网络已经覆盖大学生生活的方方面面，成为满足大学生生活、学习需要的重要手段。大学生使用网络时间长，对新生事物充满好奇，接受能力强，受新媒体的影响大。因此，高校应当紧跟社会发展的步伐，不仅要随其调整校园文化建设的内容、方向，更要及时更新校园网络传播的新渠道。比如，通过微信公众号发布相关文章、通过小视频平台发布有教育意义的短片等，进行社会主义核心价值观的宣传。总之，高校要重视新媒体建设工作，构建以微博、微信、短视频为主的新型的沟通互动平台，使其成为社会主义核心价值观传播的新渠道。

当前，各大高校已逐步认识到微博新媒体的重要性，高校微博建设初具模型，并逐步发挥其育人功能，例如福建师范大学利用微博建构的"五微五阵地"模式，通过"五微"（即微活动、微服务、微协会、微论坛、微文化），使微博成为"思想引领、成长服务、组织动员、答疑解惑、工作创新"的五大阵地，其微博网络体系覆盖学校、学院、年级、班级、社团，使微博成为团学育人的重要阵地。

开通以微博为代表的新型网络沟通互动平台，一方面，高校可通过在微博网站上建立校园文化学习、宣传的新阵地，通过设计吸引大学生眼球的网页模式，加之丰富的栏目内容，在大学生了解校园动态的同时，对其进行社会主义核心价值观的信息输入，引导大学生构建积极向上的世界观、人生观和价值观，激励大学生成长成才。另一方面，大学生以分享、评论、转发的方式，增强与高校官方机构、教师、辅导员进行交流互动，在交流互动的过程中潜在的接受、认同高校官方微博蕴含、提倡的价值观念和行为方式。因此，借助新媒体构建网络沟通互动平台，能够促进社会主义核心价值观教育，促进大学生社会主义核心价值观的养成。

（3）加强对校园网络的监控管理

互联网是一把双刃剑，它既给人们带来海量的资讯和便捷的服务，也夹杂着许多负面、虚假、恶意造谣的讯息、舆论，对大学生价值观念造成冲击。这些错误信息的影响可能导致一些大学生行为失范，并对高校的社会主义核心价值观培育带来冲击甚至破坏。对此，高校要加强对校园网络的监控管理，通过优化管理、提升技术、建设制度等多方面净化有害信息，消除杂音，保证舆论的正确导向。高校还要特别注意对微博、微信等新媒介的监管，因为微博等新媒体传播速度快，信息发布缺乏把关，真伪难辨，但影响巨大。比如有的人在微博上恶意攻击我国的革命历史和社会主义制度，抹黑领袖人物；或如"动车事故天价赔偿"等事件，给全社会造成非常恶劣的影响。有些大学生思想不够成熟、信念不够坚定，受这些微博的误导，容易滋生对社会的不满情绪，做出偏激的举动。高校的微博平台要注意对此类微博的防范，及时澄清谣言和事件真相，引导学生冷静思考，慎重转发，为大学生营造良好的网络舆论氛围。

2. 拓展手机传播新渠道

报纸可以说是早期大众传媒的代表之一，但随着新媒体的不断涌现，报业受到了前所未有的冲击，因此，报纸与新兴媒体的结合成为必然，手机报应运而生。随后，手机报的形式不断增加，出现了短信版、彩信版、语音版，直至后来的微信版，同时内容也更加丰富。高校在培育和践行社会主义核心价值观的过程中，要重视手机报这一传播新渠道，加强与移动、联通等运营商的合作，针对大学生的兴趣和需求，推出高校版手机报。高校版手机报除了普通手机报所拥有的国内外主要新闻、地方新闻、体育新闻、娱乐新闻、天气、笑话等之外，还可以增设校园直通车等版块，传递高校资讯、实习兼职以及就业创业讯息。利用高校手机报受众面广、信息权威、周期性强的优势，将社会主义核心价值观的内容渗透到各版块中，有效增强传播效果，拓展社会主义核心价值观引导的新渠道。手机的出现是对报纸、广播、电视、网络的四大媒体的又一大突破，甚至被人称作继网络"第四媒体"之后的"第五媒体"。相较于其他媒体，手机既是接收信息的终端，又是信息的发送器，能够随时收发信息，这是其他媒体所不具备的独特优势。手机在大学生中的普及率高，并且日益突破原有通信工具的功能，手机媒体日益与报纸、广播、电视等多种媒体进行整合，成为信息传播的新渠道。因此，高校要积极开发手机媒体的新功能，促进高校社会主义核心价值观的培育和践行。

3. 注重开发手机微信的引导新渠道

微信功能的多样性使培育社会主义核心价值观更具吸引力。相较于传统媒体，微信具有实时对讲、朋友圈、添加通讯录好友、发红包、转账、生活缴费、购物等多种功能，支持发送文字、语音、图片、视频和多人群聊等技术形式，这引发了大量用户参与、互动和转发的兴趣。高校应在微信平台上传播中国优秀传统文化，开展社会主义核心价值观教育，使传播信息和内容变得声影兼备，寓教于乐。微信平台为大学生的学习生活、人际交往、休闲娱乐创建了一个全新空间，"上课路上刷微博，相互沟通用微信"正体现了微信传播的便捷性，很多大学生的生活和交往方式已逐渐由现实空间向虚拟空间移步和拓展。

手机微信对信息的传播具有特定的优势，对当代人的生活产生了极大影响，也成为大学生在日常学习生活中沟通交流、传递信息的一种重要的方式，高校要重视微信这一新渠道、新阵地，充分利用其优势，以此促进高校培育和践行社会主义核心价值观。高校可以建立专门的微信公众平台，结合传统节日、纪念日、道德人物评选、文明城市创建的契机，定期推送蕴含社会主义核心价值观内容的文章给在校大学生，以此增强大学生的社会主义核心价值观教育，并鼓励大学生参加手机微信公益活动，比如"圆我中国梦，传递正能量""讲文明树新风公益广告传递活动"等，鼓励大学生参与创作、下载、转发手机微信作品，在坚持公益的同时，传递文明新风尚，积极推进社会主义核心价值观教育。

需要注意的是，高校在利用微信平台的过程中，有必要在社会主义核心价值观舆论形成之初对推送质量把关，以保证舆论的正确走向，打造有利于学生健康成长的微文化精神家园。在微信文化公众平台培养高素质、专业化的服务队伍是高校微信传播社会主义核心价值观的重要举措，可以通过加强微信服务队伍的思想品德、学习培训和创新创造能力，大力推送符合大学生需求的原创作品，增强推送内容的吸引力、时尚感和正能量，掌握传播话语权，增强感染力，引导大学生价值取向和运用媒体资源的好习惯，增强高校社会主义核心价值观的践行与培育效果。

（三）支持鼓励大学生开展校园实践活动

校园实践活动主要目的就是激发学生内在的自主学习积极性，调动学生主观能动性，培养学生总结、分析、解决问题的能力。课外践行是将社会主义核心价值观付诸实效的主要路径，主要包括党团活动、社团活动等。

1. 将社会主义核心价值观外化于党团活动

通过党团建设培育社会主义核心价值观，是新时代坚持党对教育事业领导的集中体现。党团建设不仅是大学生践行社会主义核心价值观的重要途径，而且发挥着党组织战斗堡垒作用，确保引领大学生社会主义核心价值观培育的正确方向。社会主义核心价值观的培育工作和大学生党团建设工作要在价值取向和价值追求上高度契合。第一，充分发挥党团员的模范带头作用。高校党团组织中有不少学生党员，他们是大学生队伍中具有一定影响力的群体，他们的言行所产生的示范效应具有对大学生群体进行社会主义核心价值观教育的功能。第二，丰富高校党组织生活，搭建各式核心价值观培育平台。丰富多彩的党团活动可以使大学生对社会主义核心价值观的学习和记忆更加牢固。高校践行社会主义核心价值观必须在理论宣传教育的基础上，充分利用重大事件、节日和中国特色社会主义重大成就的契机，积极开展形式多样的节点性主题教育活动，例如，有些高校充分利用纪念抗美援朝出国作战70周年这一契机，用心、用情做好爱国主义教育，深入引导大学生体会和弘扬抗美援朝的伟大精神；还有一些高校在纪念五四运动期间举办弘扬五四精神的演讲比赛，在国庆期间举办弘扬爱国精神的征文比赛，在纪念"一二·九"运动期间举办红歌合唱比赛；另外，2021年是中国共产党成立100周年，很多高校以党史学习教育为契机，开展了党史学习教育活动，引导大学生学党史、知党情、知史爱党、知史爱国，把培育、弘扬社会主义核心价值观根植于大学生的心灵深处，激励广大师生为中国特色社会主义事业奉献力量，为中华民族伟大复兴奋力向前。

2. 将社会主义核心价值观外化于社团活动

大学生社团是展现当代大学生精神风貌的组织，通过开展社团活动，可以使大学生参加多种多样实践活动的渠道畅通，促进大学生的各项能力得到切实的锻炼。社团活动在大学生中流行度较高，是推进社会主义核心价值观有效宣传的重要平台，也是大学生践行社会主义核心价值观的重要路径。

第一，大学生社团是大学生提升自我的平台。大学社团活动形式多样，如学术讲座、研讨会、征文比赛、演讲比赛等，这些社团活动可以加深学生对社会主义核心价值观的理解，锻炼其组织能力，强化其专业技能。又由于社团活动涉及的学生不仅跨专业还跨系部，因此对提高大学生的沟通能力和为人处世的灵活性也具有积极的实践意义。另外，在社会活动开展过程中，大学生会遇到一些困难以及需要相互协作的情况，这会增强大学生的团队协作意识，提高大学生解决问题的能力，最终实现大学生的自我教育和自我管理。

第二，在大学生社团中，理论学习型社团定位于理论知识的传播。理论学习型社团既能承担理论知识的传播职责，又能从大学生实际和校园实践活动主要目的出发，激发学生的自主学习积极性，调动学生的主观能动性，培养学生总结、分析、解决问题的能力，比如，组织学生开展社会调查，把大学生就业问题列入调研课题，发动学生自行设计调研方案，通过组织大学生对社会各行各业进行广泛、深入的调查，进一步提升大学生对社会的总体认识，增强其在校期间的学习主动性和对爱岗敬业、诚信友善等价值观的深刻理解，在潜移默化中提高大学生践行社会主义核心价值观的认同感，并使其有意愿去践行。

第三，大学生社团活动形式多样，贴近大学生生活，可以提高社会主义核心价值观教育工作的亲和力、吸引力和渗透力。例如：校园主题文化活动可以以艺术表演的形式将社会主义核心价值观在一种轻松愉悦的状态下传递给广大师生，达到寓教于乐的目的；榜样主题教育活动，可以让广大师生认识和认同榜样所蕴含的社会主义核心价值观意蕴，产生强烈的思想共鸣与价值认同，在模仿学习中内化于心，并在主题教育活动之后外化于行；了解校史、朗诵校训、进行签名承诺等主题教育活动，可以将社会主义核心价值观的教育工作开展得既严肃又深刻。

第四，大学生社团活动要注重课外践行付诸实际行动，发挥社会公益型社团的服务作用。社会公益型社团是大学生以社团形式服务社会、践行社会主义核心价值观的重要渠道。社团可以组织大学生深入敬老院、关注留守儿童、开展支教活动、提供法律援助等社会实践活动，使其在帮助与服务他人的过程中感受社会主义核心价值观的魅力，从而不断强化自身践行社会主义核心价值观的行为。

3. 建立社会主义核心价值观校园实践机制

第一，注重激励效应。对大学生群体而言，不管是精神上还是物质上的奖励，都能产生激励效应。高校可在开展核心价值观主题演讲、道德实践活动、学雷锋志愿服务活动、革命传统教育活动的同时，对活动中表现优秀的团队或者个体予以奖励，既可以促使优秀的大学生继续努力，又可以调动全体成员的积极性。心理学家马斯洛指出，自我实现是人最高层次的追求。在日常生活中，高校应对顺应主观意识去努力和行动、积极参与宣传和传播社会主义核心价值观的大学生给予积极的肯定和奖励，这样不仅能够激发大学生个人的积极性，还能在一定程度上增强大学生的主观认同感和实践感。

第二，落实实践育人。高校开展社会主义核心价值观，归根结底在于实践。核心价值观嵌入大学生日常生活全部，必须坚持嵌入教育和实践锤炼的共同作用，以嵌入教育为引导，以实践锤炼来完善教育机制，不断深化教育与实践。对于大学生社会主义核心价值观的培育活动，高校需要创新教育实践形式和掌握学生喜闻乐见的教育手段，使大学生便于并乐于参与其中，这样才能保证大学生积极主动地事事参与并时时参与，以确保教育行之有效。社会实践有社会性、开放性、广泛性的特点，大学生社会实践"第二课堂"深受大学生欢迎，所以社会主义核心价值观的培育要重视实践教学模式的丰富，将形式多样、内容丰富的社会实践贯穿学校教学全过程，将社会主义核心价值观的"三个倡导"融入大学生实践，增强大学生的认同感。

第三，实现制度保障。高校在培育学生学习社会主义核心价值观过程中，既受校园环境和校园文化的影响，又受机制体制等制度因素的规约。对大学生日常生活中的行为进行合理规范，以主流价值观抵制校园不文明现象，不仅可以发挥社会主义核心价值观的思想引领作用，学校制度还可以保证大学生的价值观的正确方向。制度的确定对大学生日常生活的行为、道德、价值都发挥重要的外部归约作用。学校在制定制度时，除了建立健全奖励机制外，还要制定大学生道德行为规范制度。学校须通过不断完善规章制度，把社会主义核心价值观嵌入学校对于大学生的日常管理之中，以制度夯实社会主义核心价值观培育，通过制度规范大学生的行为品行，不断完善大学生道德品格、规范道德行为。

第四，完善评价机制。习近平总书记在中国共产党第十九次代表大会报告中强调："坚持严管和厚爱结合、激励和约束并重，完善干部考核评价机制，建立激励机制和容错纠错机制，旗帜鲜明为那些敢于担当、踏实做事、不谋私利的干部撑腰鼓劲。"[1]

高校在开展大学生社会主义核心价值观培育过程中，要紧紧抓住评估机制这一重要环节，重视这一具有全局性、稳定性、根本性的重要环节，建立完善的评估制度，与高校的教育机制和学生的全面发展相结合，探寻保证大学生的成长成才的评估机制；通过不断完善评估机制，促进大学生树立正确的价值观念，为大学生践行核心价值观提供有力的制度保证；建立和完善高校考核评价和目标管理，通过健全评估机制，达到科学与规范的相结合、制度建设与培育工作的相结合，从而促进大学生对核心价值观的有效践行。

第五，构建大思想政治协同教育格局。中国共产党第十八次全国代表大会提出"积极培育和践行社会主义核心价值观"这一历史任务，到中国共产党第十九次全国代表大会上，这一历史任务进一步细化。习近平总书记指出，"要以培养担当民族复兴大任的时代新人为着眼点，强化教育引导、实践养成、制度保障，发挥社会主义核心价值观对国民教育、精神文明创建、精神文化产品创作生产传播的引领作用，把社会主义核心价值观融入社会发展各方面，转化为人们的情感认同和行为习惯"[2]。当前，高校面临多元化意识形态对马克思主义意识形态的

---

[1]　习近平在中国共产党第十九次全国代表大会上的报告. https://theory.gmw.cn/2018-10/23/content_31806940. htm.（2017-10-23）[2021-03-21].

[2]　习近平在中国共产党第十九次全国代表大会上的报告. http://www.xinhuanet.com/politics/19cpcnc/2017-10/27/c_1121867529.htm.（2017-10-27）[2022-02-28].

挑战，面临网络思想教育和传统教育方式之间的博弈。新时代，高校积极构建"大思想政治"的格局，落实好固本、战略、铸魂"三大工程"，要用好课堂教学主渠道，把思想政治工作贯穿教育教学的全程，实现"三全"育人，不断提高思想政治工作的针对性和实效性。结合时代特征和学生成长规律，高校可开展形式多样的思想政治教育，如大力开展中国共产党第十九次全国代表大会精神、习近平新时代中国特色社会主义思想"四进四信"和"百生讲坛"等系列活动。

三、案例

（一）东北林业大学着力打造校园文化品牌，培育和践行社会主义核心价值观

东北林业大学结合学生认知兴趣特点，有针对性地打造学校文化品牌，设计环环相扣的链条型育人环节，如聆听讲解、对话交流、情境体验、实践参与等，着力打造承载社会主义核心价值观内涵的系列校园文化育人品牌，构建在教师精心引导的基础上，强化学生自我塑造能力的立体化育人格局。

一是开展"主题教育讲坛"活动，传递核心价值观规范力。学校通过开展主题教育讲坛活动，助力学生深刻理解社会主义核心价值观的内核。"大学导行"引导学生围绕核心价值观追逐个人梦、中国梦；"感恩诚信"引导学生以诚修身、以信律己，真诚回报社会、家庭和母校；"文明修身"引导学生树立文明新风，弘扬先进文化，抵制不良风气；"生态文明"引导学生宣传生态环保理念，倡导低碳生活；"责任担当"引导学生强化责任意识，乐于奉献社会，勇担社会责任；"生涯规划"引导学生明确职业方向，规划未来生涯；"励志成才"引导学生探寻成功人士成长轨迹，掌握优秀人才成功规律；"荣校兴邦"引导学生树立荣校意识，勇担历史责任，致力民族振兴。

二是组织"文化主题实践月"，提升核心价值观践行力。学校利用重大传统节日契机，广泛开展征文、演讲、辩论、歌咏比赛等活动，让主题教育理念潜移默化地成为学生的稳定的思维方式和良好的行为习惯，并通过志愿者服务活动，

着力促进理论教育和实践教育的有机统一，构建思想政治教育和文化素质教育互为载体、普适教育和分类教育有机融合的日常思想政治教育长效机制。

（二）上海理工大学以校训为载体，开展社会主义核心价值观教育

上海理工大学结合自身办学特色和历史传承沉淀，大力弘扬"信义勤爱、思学志远"校训精神，将校训作为培育践行社会主义核心价值观的生动载体，推动社会主义核心价值观内化于心、外化于行。

上海理工大学紧扣校训箴言，围绕校训系统设计开展活动。一是立足诚信教育，建立学生诚信档案，开展科学道德和学风建设活动；二是围绕"义"开展友善教育，设计开发基于移动终端的学生事务管理平台，举办心理健康月和心理课程建设月系列活动，组织"青年志愿者服务队"高举旗帜展示风采，围绕"勤"开展敬业教育，开展"百家企业创新能力调研"等活动；围绕"爱"开展爱国教育，开展"我的中国梦，我的大学梦"等主题活动；围绕"思"培养慎思明辨，加强大学生舆情工作室建设，形成实时监测，准确研判，有效引导，协同处置的网络舆情工作链；围绕"志"引领志存高远，开展大学生党建工作创新案例征集，建立党建联建长效机制；围绕"远"提升精神境界，开展中华优秀传统文化普及教育活动，实施"博雅复兴——中华优秀传统文化国际传播大使教育项目"，推动中外学生多元文化交流。

第二章
课程体系构建机制

立德树人

大学生是中华民族的希望，是实现中国梦的中坚力量。社会主义核心价值观是现代中国社会的凝聚力量，体现着中华五千年文化代代传承的崇高理想，是全国各地区各民族人民携手并进的精神引领。高举以德育人的教育理念，教育和正确引导大学生深入贯彻社会主义核心价值观是高校教育工作的重中之重。对大学生进行社会主义核心价值观教育，关键是正确引导大学生把基础理论的学习由被教育变成自主学习，完成社会主义核心价值观内化于心、外化于行，最终融入性格的育人过程。习近平总书记强调："要把社会主义核心价值观的基本内容和要求渗透到学校教育教学之中，体现在学校日常管理中，做到进教材、进课堂、进头脑。"[①] 如何将社会主义核心价值观在高等教育的施教环节更好地融入课程，如何促进社会主义核心价值观更好地由基础理论迈向实践活动，是当今高等院校品德教育理论研究中的重要问题。

社会主义核心价值观进课堂有多种途径，但主要途径有两种。一是专门设置一门课程教授社会主义核心价值观。这种途径的优势在于该课程的专业性和系统性，不足之处是设置专门的课程会增大学生的学习压力，也可能导致品德教育课程和社会主义核心价值观课程呈现繁杂交叉的情况，学生容易出现抵触心理。二是维持目前课程管理体系，将社会主义核心价值观融进目前的课程管理体系，即采用融进式的课程设置方式，这既能缓解大学生的压力，又能促使社会主义核心价值观教育落到实地。针对关键字"融进"，在2015年2月10日教育部举办的"社会主义核心价值观进课程、进课堂、进头脑"交流会上，将社会主义核心价值观融入目前课程管理体系的"融进课程方式"变成参会教育专家教授的共识。由于社会主义核心价值观教育具备深刻的思想性、理论性和强有力的浸润性，"融进课程方式"之"课程"理所当然具备广义性，它包含专业课程之外的全部公共课程，也仅有那样，社会主义核心价值观教育方能根深蒂固。这里所说的大学生社会主义核心价值观教育课程是一种理论的、特指的定义，并不单指一门特殊的课程，是以融进方式存在于目前课程管理体系中的和大学生社会主义核心价值观教育有关的全部课程。因此，构建"博雅专精"的课程体系，将社会主义核

---

① 中共中央文献研究室. 习近平关于社会主义文化建设论述摘编. 北京：中共中央文献出版社，2017：109.

心价值观教育融入课程体系是社会主义核心价值观践行的重要渠道和环节。

一、"博雅专精"课程体系的整体构建

博雅教育，简易地讲，"博"即博大的见识，"雅"即雅致的品行。从某种意义上讲，语汇是有遗传基因的，中西方文化的差别容易导致原词汉语翻译的不一致性。大家谈西方国家博雅教育观念，英语表述是"liberal education"，也与"liberal arts education"通用。20世纪初，在我国这一概念被译为"自由教育"，如今多被译为"博雅教育"，与之意思相通、经常互用的两个词有"通识教育"和"素养教育"。通识教育一般指为完成博雅教育而设计的有关课程。素养教育是相对于现阶段大学生在普通高中阶段的应试教育来讲的，素养教育在高校中具备关键的补充功效，致力于增强学生的政治思想教育，提升其自学能力、生存力和融入社会发展的工作能力及其个性化发展趋势、身心健康等多个层面的教育。由于文化艺术传统和现有经济与社会发展节奏不同步，生搬硬套西方国家的工作经验到中国自然会"水土不服"。简单地学习西方国家的时期早已终结，在现代社会，我们应将中国放到经济全球化的背景下，向世界展示独具特色的中华优秀传统文化，构建中国特色的"博雅专精"课程体系。

（一）"博雅专精"课程体系设置的基本原则

大学生社会主义核心价值观教育的全过程是在学生的内心播种、生根、发芽、结果的过程。"博雅专精"课程体系应反映导向性与自觉性、情感性与情景性、理论性与针对性、人本性与人文性。

1. 兼顾导向性与自觉性

社会主义核心价值观教育在价值观念、教育内容、途径挑选等层面具有导向性和特有性，这就要求对高校的各层面课程信息内容和资源进行深层次、全方位的融合和管理，充分发挥课程的主导地位。一个和谐社会的构建必须有一种恰当的价值观念作为基本的思想支撑，中华民族必须有一种合乎主流意识形态的价值

观念来增强凝聚力。偏离社会主义核心价值观的指向，教育就会迷途。如果社会主义核心价值观教育课程欠缺导向性，一些大学生就可能找不到心灵的归处，处在迷茫无序的状态。因此，社会主义核心价值观课程务必具有导向性，为大学生的社会实践活动提供总体目标和评定规范，以促进大学生的自由、全面发展。

　　社会主义核心价值观教育的最终落脚点应是学生的品行，这就要求不仅应将价值观融入学生的观念、感情和身体力行，更要将其内化为个人的性格特征和实践活动的精神导向，并转换为学生自觉的个人行为。这类教育的完成在于在学生能动性的充分发挥和价值观的教育全过程中，并不是简单地为学生传授社会主义核心价值观的专业知识，而是要学生作为行为主体积极地挑选、理解和应用专业知识。对学生而言，合理有效的教育应该是主动、独立和自我约束的统一，是个性化和社会性的统一。因而，社会主义核心价值观教育课程应将社会主义核心价值观专业知识作为一种媒介，根据集中体现学生的主体作用、充分运用学生的能动性，完成社会主义核心价值观对学生个人行为的规制。

2. 兼顾情感性与情景性

　　一些教育往往只注重专业知识，而忽略了在专业知识创设过程中的情感。实际上，情感和认知能力之间是水乳交融的。认知学习和个人学习的各个领域都需要情感参与或情感渗入，剥离感情谈价值观的内在本质毫无疑问是一纸空文。情感体验在价值观认知能力中饰演关键的角色，感受的全过程和结果都能够对个人行为起到导向性作用。从这一实际意义上说，情感是个人行为产生的驱动器，也使个人行为有实际意义。情感是一种心理感受，是通向人对事情的直观的爱憎、喜恶等心态的公路和桥梁。人的情感依据个人对价值观的认知能力，促使个人行为的产生。

　　个人价值的凸显和个人观念的觉醒促使社会主义核心价值观教育应将受教育者作为有观念、有感情的行为主体，因为情感体验和社会道德认知能力同样关键，所以社会主义核心价值观教育课程应蕴含情感体验阶段，学生才能将接收到的专业知识根据内心对知识的感知、评判、接受而沉淀为情感体验，将认知能力提升为信心，并将社会主义核心价值观作为具体指导自身个人行为的标准。因此，只有蕴含情感体验的价值观教育才能塑造具有优良社会道德的人。专业知识并不是一套单独于情景的标记，也不太可能摆脱情景而抽象性地存在，教育应当与相对应的情景融合起来。社会主义核心价值观教育一定是冲击学生内心的教育。因而，社会主义核心价值观教育课程应尽量重视对人的感情的认知能力，灵活地运用特殊的时间和空间，构建特殊情景气氛，构建一种让学生能够产生内在必需的教育气场，促进学生快速与教师产生感情的共鸣。

3. 兼顾理论性与针对性

以人的实践活动作为了解现实世界和从主观上具备全球思维站位的基准点，这是马克思主义超越其他近代西方哲学的全新思维方法。实践活动也是院校价值观教育积极主动发展的必需环节，是推动价值观教育的关键武器装备。如果摆脱了实际的日常生活和主题活动，只靠单纯性的价值观专业知识传送进行价值观教育，社会主义核心价值观不太可能内化于心、外化于行。假如一所高校长期"坐而论道"，高校社会主义核心价值观教育过程中就可能出现知行不一的双重性格的学生。理论来源于实践活动，并需要返回到实践活动当中接受检验，从生活中来，并回归到生活世界，这是马克思主义在应对万千世界时自始至终闪亮的理论精华。社会主义核心价值观教育课程既要推动学生参加社会道德实践活动，也要关心学生个人在生活、学习以及对社会方方面面的感受，重视从个人实践活动和感受中提炼社会主义核心价值观教育的优势工作经验和具有成效的做法，从实践活动中促进学生个人的价值判断走向成熟，同时也将社会主义价值观教育由他律转为自我约束。

社会主义核心价值观教育课程针对性的本质就是课程的实际效果，即社会主义核心价值观是否已经通过高校系统的教育转换为学生的观念思想的一部分；另外也指课程的外在经济效益，即社会主义核心价值观教育通过提高学生的观念思想素质推动社会物质文明建设和精神文明建设的发展。因此，假如只是喊口号而不注重课程的针对性和实际效果，课程就可能变成舍本逐末的形式主义；如果要达到所指向的效果，显然必须经过长期积累，要有一个由浅入深的发展过程，而不太可能立即见效，甚至无法界定由量变到质变的分界线。假如只是开展几次主题活动、参加几回研讨会就宣称"学生的社会主义核心价值观教育取得新突破"，或觉得学生在严苛管教下就已达到教育的实际效果，那么这类教育不能作为核心价值观教育的研究成果，而只能当作核心价值观教育过程中的一个环节或者一种表现形式。多元性的教育群体要求不能以某个单一指标考量核心价值观教育课程针对性的形态及效果，而要深刻认识到核心价值观教育是一个长久的过程，是一个学生慢慢产生核心价值观价值规则，并结合自身开展价值评定最终依照核心价值观规定开展社会道德自我约束的过程，因此，其针对性的主要表现形态也是各不相同的。

4. 兼顾人本性与人文性

教育是一种教书育人的主题活动，要以人为本。在现实情境中，教育所面对的对象——受教育者，是具有鲜活生命的人，其所呈现出来的镜像也是多彩纷呈、复杂多变的。可以说，每一个学生的背后都有一连串的故事，每一个学生的内心都有各自的心绪和潮涌。"教育事业既是伟大的，又是艰巨的；既能获得耀人的成就，也会出现令人痛心的失误。任何时候都不应忘记，教育面对的是活生生的、有血有肉、有情感、有意志、在社会中活动着的特殊存在物——人。"[①]

社会主义核心价值观教育课程应遵照此原则，把大学生当作丰富的、具体的人；应遵循因材施教的标准设计课程内容，使课程对每一个学生都产生个性化的实际意义；将系统知识传授、学生兴趣激发等相关因素高度融合，严格遵循价值观形成规律和学生心理接受规律。在实施过程中，应贯彻"德与心共育"理念，将工具理性和价值理性深度融合，通过掌握学科、心理和生活三大逻辑，让大学生在生活中学习，在经验中学习，能够将所学知识转化为自身的行为规范，最终把社会主义核心价值观内化于心、外化于行。

（二）继续确保专业课程的核心地位

1. 以专业课为核心，将社会主义核心价值观教育融入其中

专业教育教学是高等教育的基本组成内容，是大学生专业知识和职业技能完整训练的主阵地。从立德树人的维度看，良好的思想道德品质是大学生成才的前

---

① 李申申. 寻找契合点：新课改不可忽视的思维方式. 教育研究与实验，2010（4）：46-51.

提条件，但是如果没有扎实的专业技能知识，大学生同样不能成为人才。因此，对于思想道德与专业知识教育，两者不能厚此薄彼，要做到并行发展。专业课教学中一直存在专业课教师只负责教授学生专业课知识、思想政治教育由思想政治课老师负责的想法，这种将两种课程育人功能割裂的观念已经不符合新时代发展高质量高等教育的要求。因此，应积极在专业课程中融入思想政治元素，通过润物细无声的方式弘扬社会主义核心价值观，进而充分提高并发挥专业课程的育人功能，以彻底消除思想政治课与专业课之间的壁垒，形成动态、全覆盖、系统的思想政治教育课程体系。本书课题组于 2017 年 9 月至 2018 年 3 月对国内 54 所高校展开调研，共发放问卷 14 730 份，回收问卷 13 392 份，其中可用于统计的有效问卷 11 904 份。在问及高校宣讲和传播中华优秀传统文化方式时，15.47% 的学生认为专业课堂主渠道是最好的方式。这充分表明，专业课堂教学中融入社会主义核心价值观教育是必要且大有可为的方式。有学者认为，专业教学中进行价值观教育不像在思想政治理论课中那么显性，具有随机性、渗透性、隐蔽性的特点，这些特点更容易被大学生接受。专业课堂教学中的社会主义核心价值观教育呈现以下几个特征。

一是广泛性和多样性，即思想政治课处在其他各种课程的"包围"之中。尽管在专业课程教学中进行社会主义核心价值观教育，可能事先没有明显的计划性，然而这并不影响教育者在专业课程教学中开展社会主义核心价值观教育，因为课程思想政治具有广泛性和多样性的特征，基于这一特征，教育者在专业教学中要抢抓好、利用好教育机会。不论思想政治课体系怎样丰富，它在整个高校课程体系中只占很小部分。大部分课程不是直接意义上的思想政治课。由此就可以看出课程思想政治的巨大优势，如果能充分发挥课程思想政治的育人作用，使得课程思想政治与思想政治课程同向而行，那必然将形成强大的、牢固的育人合力。同时，专业课程还具有形式多样的特点，其作为主干课程，具有无可抗拒的专业魅力。尤其在哲学社会科学专业课堂上，教育者应当充分结合专业课程特点，随时植入社会主义核心价值观中所倡导的主要内容，比如在法学、管理学、社会学、经济学等专业课程教育中对大学生进行平等、公正、法治等教育。

二是渗透性。在专业课教学课堂中，并不是生硬地将专业课程与社会主义核心价值观教育挂钩，而是要将其与课程内容融合，浸润在专业知识中，充分发挥课程思想政治广泛而深远的思想政治育人功能。专业课程数量众多，种类丰富，其对专业知识的培养通常伴随学生高等教育学习的始终。如若能促进其他课程在教学过程中的思想政治育人作用，将社会主义核心价值观的学习贯穿于专业课学习过程中，将为学生成长提供精神上的滋养，为其构建积极向上的世界观、人生观、价值观筑起坚强后盾。

三是隐蔽性。从专业课的课堂教学方式可以看出，相对于思想政治理论课的"单刀直入"而言，专业课教学课堂中进行的核心价值观教育具有无意识的色彩，这就是其发挥思想政治育人功能时所具有的隐性教育特性。如果课程思想政治能够有效地运用自身的特点来因势利导地开展思想政治教育，它就会成为一种优越的教育途径。这种教育作为价值观理论非专业化的教育，论道而不说教，述理而不灌输，是不留痕迹、凭靠大学生自身的体验、感受而接受的教育，具有柔性缓进的特点，能够有效避免受教育者的逆反心理。从最有效的教育应当以生活的变化和人的需要为中心这个角度而言，隐性教育可能更容易进入受教育者的潜意识甚至无意识中，具有更为深远的影响力。

社会主义核心价值观教育巧妙贯穿于专业课堂可从以下几个方面入手。

首先，结合专业课程优势特点，推进价值引领精准切入。专业知识课程所蕴含的价值观塑造功能具有着灵活性、隐蔽性、渗透性等特点，使得专业课程可以凭借更为柔和、亲近、无形化的教育优势，"潜移默化"地拉近大学生与价值取向引导工作的心理距离，"润物无声"地引领大学生对社会主义核心价值观的接受与认同。因此，要善于结合专业课程教育的学科优势，精准定位社会主义核心价值观培育融入专业课程教育的切入点。其一，要利用专业课程教育对价值取向引导的灵活性优势。由于专业课程的教学聚焦于基础知识的养成，而非直接的价值观念培育，因此，专业课教师要善于发现、结合、并充分利用课堂教学的实际条件，灵活多变地在专业课程课堂上、专业案例的分析里、专业实践的活动中切入价值取向引导的教育内容。其二，要利用专业课程教育对价值取向引导的隐蔽性优势。由于专业课程教学的价值取向引导蕴含于基础科学知识的讲授过程之中，这种"论道而不说教""讲理而不树威"的价值观念灌输形式，有利于隐蔽专业课程的价值观培育"标签"，从而帮助老师自然、柔和、无形地开展价值取向引导工作。其三，要利用专业课程教师与大学生朝夕相处的主体性优势，借助他们对学生性格特征与认知水平的充分认识，切实掌握其在专业课程学习中与日常生活里的价值思想动态，通过遵循"文以载道、文道结合"的教育理念，在基础专业知识的教学中积极融入职业道德、家庭美德、社会公德等价值思想，促进社会主义核心价值观培育内容在渗透专业课程的教学过程中具有更加鲜活的生命力，以收获更加理想的切入效果。

其次，挖掘专业课程教育资源，引导社会主义核心价值观培育全面渗透。专业课程教育的首要功能虽然不是培育大学生价值观念，但其本身蕴含着丰富、珍贵的价值取向引导的教育资源，构成了丰富与拓展大学生价值观培育综合内容的重要元素。一是要充分利用专业课教师本身潜在的价值资源。专业课教师要坚定树立培养学生全面发展的教育理念，坚决贯彻科学教育与思想教育协同、共生与融合的教育原则，高度重视并不断丰富自己对大学生价值观引导及培育的责任与意识，以自我良好、成熟、完善、积极的思想道德品质与人格精神素养吸引学生、感染学生、引领学生，通过言传身教、率先垂范，使学生在学习专业课程基础知识的过程中，通过亲身感受教师价值魅力、效仿学习教师价值行为、理解认同教师价值观念，进而不断提升自己的思想道德涵养、端正自己的价值观念与倾向。二是要合理挖掘专业课程内容本身所包含的价值资源。不仅要善于结合具体专业知识课程本身所彰显的价值作用，引领大学生科学展开对事物有无价值、价值作用大小、价值功能发挥等价值基础问题的反思，也要善于罗列具体专业学科中彰显崇高品德、创造杰出贡献、产生积极影响的典范楷模，通过讲述他们的生平事迹与成功之路、赞美他们的治学精神与哲学思想、分析他们的职业奉献与价值作用，借助他们严谨求实、开拓进取、无私奉献、砥砺创新等丰富价值魅力激起学生价值情感共鸣，引领学生树立健康、积极的价值取向。比如，吉林大学地球物理学家黄大年教授、北京师范大学遥感学专家李小文院士、中国地质大学矿产普查勘探学家赵鹏大院士、华南农业大学遗传学专家卢永根教授等一批广为传颂的时代楷模，尽管他们本身并不从事价值观教育工作，但他们作为专业课教师所创造的价值取向引导资源都是宝贵的教育财富。三是要善于衔接专业课程实践环节，巩固社会主义核心价值观培育的渗透效果。专业课程对大学生价值取向的引导，既要表现在专业课堂上对大学生职业道德、敬业精神、专业情操、人格素养、学术规范等价值取向内容的渗透，也要彰显于专业实践环节对大学生价值取向引导效果的检验，通过开展结合专业知识内容的实践教学，有意识地构建民主、平等、和谐的专业实践氛围，吸引学生在积极参与专业课程实践锻炼中，不断加强自我价值认知、价值观察、价值判断等能力的培养，自觉提升自我创新水平与价值思维等综合能力，从而更好地维护、检验与夯实价值取向引导渗入专业课程教育的实效性。

事实上，每一种专业知识教学中都蕴藏着社会主义核心价值观教育资源，哪怕是纯粹的自然科学领域，这种教育资源也是非常丰富的。比如，著名分子生物学家施一公在美国约翰·霍普金斯大学获博士学位后，成为普林斯顿大学终身教授。作为国际知名学者，他心系祖国教育与科学发展，2008 年毅然放弃在美国优厚的工作生活待遇，回到祖国工作。不到十年的时间，施一公教授带领的科研团队就在生命科学研究领域取得了被广泛认可的成就。施一公教授的人生选择以及从事科研的事迹本身就是专业课程教学中鲜活的社会主义核心价值观教育案例。我国高校中并不缺少这样的典型，教育者要善于发现、善于捕捉这些典型。

2. 建立协同机制，实现专业课程与思想政治课程合力育人

现代大学的学科课程一般采用学分作为课程体系的基本单位，即大学生必须通过一定时间的学习和实践，再通过相应的考试以得到规定的学分。学科课程是指以学科编织的教学计划或教学科目为基础，设计相关课程以达到有效塑造大学生思想道德素质的教学目的，如我国高校思想政治理论课程。从时空及学习内容、形式和人员等学校教育等角度进行分析，学科课程具有刚性的制度特征，课程设计相对固定化和系统化，主要是根据书本化的教学理念、以主动传授被动接受为基本特征、运用老师课堂教学进行社会主义核心价值观的教育，应将社会主义核心价值观纳入思想政治基础课、专业课和通识课课堂教学中。

思想政治课程不仅要加强主导红色政治基因的教育，还要优化隐性的思想政治教育，挖掘所有课程的思想政治教学资源，并将其融入高校课程设计，去除思想政治教育的要点集中于少数思想政治专业课程体系中的弊端，应将思想政治基础理论与文化教育和课外教育融合，形成一个互补的教育过程。基于此，综合素养课堂教学的改革要着眼于在现代教育中树立坚定的理想和信念，一方面，要着眼制度创新，通过改革教师聘用和教学方法等途径，调整现代教育管理体制，加强政治指导和思想指导，以充分发挥综合素养课程内容的重要作用。首先，要打造一批中国特色知名品牌课程内容。可以邀请各界优秀教师登上领奖台，从各个角度讲解"中国道路"，正确引导大学生树立民族自信心与国家归属感，将正确的价值观以情感共鸣的方式传送给学生。其次，在全面覆盖的课程管理中加强教师精英团队的培育体制。根据社会科学课程内容和社会科学与人文课程内容的不同特点，分别探索课程内容中的思想政治教学资源。另一方面，要编写试点课程方案和教学指南。从课程目标、课程内容、教学方法以及课堂教学资源分配等方面制定试点方案，设计教学指南。习近平总书记在全国高校思想政治工作会议上曾强调："要用好课堂教学这个主渠道，思想政治理论课要坚持在改进中加强，提升思想政治教育亲和力和针对性，满足学生成长发展需求和期待，其他各门课都要守好一段渠、种好责任田，使各类课程与思想政治理论课同向同行，形成协同效应。"[①] 这不仅成为高校不懈地推进思想政治课的改革和创新的坚强、有力的后盾，还要求高校在建立长效机制上下功夫，坚持将马克思主义贯穿教学科研全过程，形成课程、专业、学校三个层面的试点经验，要从课程内容管理方法入手，确立教学大纲的制定标准，进一步组织课堂教学监督，完善教学课堂管理相关规定；改善教学团队的学习和提高培训能力，形成评估体系和激励体系；加强科学研究，展现"课程思想"的学术基础和内部联系。最后，根据科研制度管理和制度鼓励，思想政治课的核心理念将赢得人们的重视，并在监督下进一步完善提高。

对社会主义核心价值观的认识不能仅停留在对其定义的描述层面，那样只是表明了社会主义核心价值观是什么。与其理论特征相比，这种标准化的专业知识的实践特征更加突出，只有将其与基础课、专业课和通识课程进行全方位整合，才能获得更好的文化教育实践效果。提高学生的社会道德水平不是一门或两门课

---

① 习近平：把思想政治工作贯穿教育教学全过程. http://jhsjk.people.cn/article/28935836.（2016-12-08）[2021-03-21].

程可以解决的问题，其他学科和课程中还有丰富多彩的价值观及文化教育材料。因此，社会主义核心价值观和文化教育应与专业课、基础课和通识课相结合，相互渗透和促进，真正发挥"修身育人"的作用。例如，在三峡大学的普通教育班"中华文明礼节"中，为了更好地让学生感受悠久而深刻的中国文化和艺术风格，通过生动的历史典故向学生对中华文明礼节进行多方面解释，合理地鼓励学生理解和践行社会主义核心价值观，使中华文明礼仪知识与社会主义核心价值观创新课程内容紧密结合。此外，鼓励学生联系生活中的实际问题进行解读，比如如何解释目前大家比较关注的医患关系紧张问题。首先，要正确地引导医学院学生以真诚的态度对待患者，牢记社会主义核心价值观中的"爱与奉献"的思想；其次，应根据医生与患者的矛盾，用法律手段公正地对此进行处理，对于不合理原因暴力对待医生的，将进行拘留和刑事制裁。社会主义核心价值观念的"法治"的核心概念也就被纳入其中，使学生能够更清楚地了解法治的必要性。这也使社会主义核心价值观的课堂教学更加接地气，更富生活气息。

思想政治理论课是对大学生进行社会主义价值观教育的课程，其针对的必须是一所高校的全部学生，因此该课程应具有全面性和全程性等特征。在教育学界，专家普遍认为课程内容不仅应充分发挥专业知识传授的功能性作用，还应专注于专业知识教育的系统性。高校充分运用思想政治理论课进行社会主义价值观教育是我国社会发展的必然要求。为了应对各种价值观之间可能存在的矛盾，引导学生主动做出符合社会主义核心价值观的个人行为，首先要看他们是否对社会主义核心价值观有深刻了解，是否具备社会主义核心价值观的专业理论知识。因此，有必要向学生传授我国社会主义核心价值观以及社会发展和个人发展之间的关系等相关专业知识，以培养学生思考并践行正确的价值观的综合能力，然后进行进一步的价值判断和运用。思想政治理论课是建立在社会主义核心价值观的基础上的，体现了中国特色社会主义的主流意识形态。高校的思想政治理论课应着眼于社会主义核心价值观，寻找其支撑点，并基于对社会主义核心价值观理论知识的传授，做到讲好中国故事、传递中国声音。

高校思政教育基础课有马克思主义基本原理概论、毛泽东思想和中国特色社会主义理论体系概论、中国近现代史纲要、思想道德修养与法律基础和形势与政策等几大课程，整合了社会主义价值观的基本内容，并给予良好的诠释。笔者对包含社会主义核心价值观思想的章节清单进行了主题性设计，包括12个模块，共24课时。在大学生社会主义价值观教育课程中实施"课堂教学"的方案：《中国近现代史纲要》第十章"改革开放与现代化建设新时期"，2课时，教育主题为富强；《中国近现代史纲要》第八章"社会主义基本制度在中国的确立"，2课时，教育主题为民主；《形势与政策》"大学生文明规范教育"，2课时，教育主题为文明；《思想道德修养与法律基础》第三章"领悟人生真谛·创造人生价值"，2课时，教育主题为和谐；《形势与政策》"在新媒体环境下重新审视自由行为"，2课时，教育主题为自由；《中国近现代史纲要》第二章"对国家出路的早期探索"，2课时，教育主题为平等；《形势与政策》"社会主义公平正义观教育"，2课时，教育主题为公正；《思想道德修养与法律基础》第七章"树立法治观念·尊重法律权威"，2课时，教育主题为法治；《中国近现代史纲要》第一章"反对外国侵略的斗争"，2课时，教育主题为爱国；《思想道德修养与法律基础》第五章"遵守道德规范·锤炼高尚品格"，2课时，教育课题为敬业；《形势与政策》"'诚信是一张名片'大学生诚信教育"，2课时，教育主题为诚信；《思想道德修养与法律基础》第四章"注重道德传承·加强道德实践"，2课时，教育主题为友善。

（1）把握国家价值的总体目标，深刻阐释中国道路

习近平总书记强调："道路决定命运，找到一条正确的道路是多么不容易。中国特色社会主义不是从天上掉下来的，是党和人民历尽千辛万苦、付出各种代价取得的根本成就。"①这条道路是中国特色社会主义道路，这条路不仅是"中国之路"，而且是"光明之路"，在这条道路上，注定会有沧桑，注定会风起云涌。贫穷不是社会主义，我们要做到的是国富民强；人民群众是历史的创造者，应当享有当家作主的权利，只有坚持人民民主专政且确保人民群众的各项政治经济文化生态权利，才算是真正的民主。文明行为是一个社会良性发展的重要表现形式之一，人民明辨是非、知荣辱、惩恶扬善就是文明。精神文明建设、民主政治建设、生态文明建设、制度文明建设是有机统一体；和谐是社会经济发展的有机统

① 中共中央宣传部.习近平总书记系列重要讲话读本（2016年版）.北京：学习出版社，人民出版社，2016：19.

一体，也是生态资源发展的根本要求，人与生态的和谐共生，是实现中国梦的环境支撑，没有生态文明，中国梦就无从谈起，人与环境的有机统一体现了中华民族的生存智慧。在高校思想政治课程内容实施的全过程中，必须掌握富强、民主、文明、和谐的总体目标，提高学校大学生对"中国之路"的信心。

第一，将"富强"纳入思想政治理论课。思想政治理论课的许多地方渗透了国家繁荣富强之路的基本理论。比如在《中国近代史纲要》的第十章就使用了最具象征性的课程内容，这些内容反映了通往繁荣和强大的道路。这章以历史时间为轴线，描述了中国改革开放的整个过程，并将其作为中国命运的关键环节，概述了中国改革开放从发展到进步的过程，并充分肯定了中国改革开放的成果，深入描述了我国的"富强"之路，并强调没有改革开放，今天的中国就不会如此繁荣。这章教学内容紧紧围绕"富强"的主题，体现国家的繁荣昌盛，即有强大的硬实力，包括雄厚的经济发展基础，发达的高科技和高新技术以及雄厚的军事实力；繁荣和力量不仅代表着社会财富的提高，还包括国际社会信誉的扩大和文化媒体传播力量的增强。在课程内容的实施过程中，应重视激发大学生作为中国人的自豪感和归属感，培养大学生勤奋好学的思想品质，为中国强大而读书，为中国富强而奉献。

第二，将"民主"纳入思想政治理论课。思想政治理论课的总体政治思想是要说明我国是民主的社会主义国家，社会主义国家的本质是人民是国家的主人。《中国近代史纲要》第八章"建立中国特色社会主义制度"中反映了最具象征性的课程内容，阐释了民主化的道路。本章描述了新民主主义与社会主义社会的联系。社会主义社会之路是老百姓和历史的选择。这章的目的是使学生更好地认识建立社会主义社会规章制度的全过程是历史时期民主化选择的必然。在教学内容上，有必要体现我国社会主义社会的真正有效民主化及其与资产阶级相比的显著优势。在内容实施过程中，要注意民主目标的普及和民主形式的多样化。根据以民主化为主题的课程内容的实施，首先，要让大学生感受到我国前进的人文因素，这是教学难点；其次，敦促大学生思考如何参与民主化，珍惜自己作为中国公民的权利和义务，此外，要积极帮助大学生树立远大理想，充分意识到这是社会主义民主的主题，也是目标，通过严格的自律，努力在社会主义民主的环境下为祖国建功立业。

第三，将"文明"纳入思想政治理论课。课程体系将该部分内容设定在《形势与政策》中的"大学生规范化教育"一部分中，以充分阐释文明这个主题。该部分教学内容首先论述了我国对文明发展的基本定位，分别有物质文明、精神文明、政治文明等国家层面的文明愿景。之后，课程将结合大学生的特点，谈论作为文明行为标准的文化教育。课程内容中必须传达的精神是文明行为的各种表现形式。文明行为是对我国创造的社会财富和精神食粮的全面反映。为了积累几千年传承下来的文明行为，正确地引导大学生充分利用这一财富是必要的。因此，根据对文明行为主题的研究和训练，大学生应注意自身品格的塑造，学会运用文明行为规范来思考自己的言行。根据课程内容，让大学生感受文明行为的本质，反思他们的个人行为是否符合文明行为的客观要求，使用文明行为标准对自身进行严格管理。

第四，将"和谐"纳入思想政治理论课。《思想道德修养与法律基础》第三章以对和谐的这个核心概念的解读为基础，介绍了科学研究必须关注人与生态的和谐即整个生态环境与人类的共生是中华民族永续发展的基本条件，是事关中华民族发展大局的千秋大计、根本大计，也是构建人类生态命运共同体的应有之义；除此之外还有人与人的和谐，人与社会的和谐等。多方面的和谐意味着大学生应着力促进人与人之间的和谐，促进人与社会之间的和谐，促进人与环境之间的和谐。根据学习与实践和谐的主题，学生可以和谐地建立人与人之间的和谐关系，即和谐地解决师生之间、朋友之间的关系问题，感到与他人交流的乐趣，并能够自然地融入人群。应正确引导大学生学习和谐的关系，培养可持续发展的观念，保护环境。为了实现道德与法律的和谐，它还指出大学生与社会之间的融合是有针对性的，大学生要根据我国社会经济发展规律，遵循社会主义主流意识形态，并在此基础上提高自己的工作能力，做对社会发展有贡献的人。

（2）把握"自由、平等、公正、法治"的社会发展趋向，解读"中国实践"

"中国实践"可以充分地反映"自由、平等、公正、法治"。这不仅是整个社会的价值取向，也显示了我国社会发展的理论实质。个人对权利的追求是建立在其对自己具有实用性基础之上的，这是人民群众的政治权利，是完成自己对完美自我价值的追求，是个体的自由全面发展；每个人的地位都是平等的，在社会中分享各种资源、政治思想、经济发展、文化和艺术成就，且都有获得被公平对待的权利。中国共产党第十八次全国代表大会也明确指出，"必须坚持走共同富裕的道路"，建立权利公平、机会公平、规则公平的社会公平保障体系，力求建立公平的社会环境，以保障人民平等参与、平等发展的权利；我们追求的法治是党的治国方略，同时也是价值追求，因此，应将法治精神贯穿我们的政治生活、社会生活、文化生活，这是社会主义人民当家作主与依法治国的有机统一。唯有依法治国，才能实现国家长治久安、社会安定有序、人民安居乐业；唯有依法治国，才能维护社会主义制度的尊严与权威。在高校思想政治课实施过程中，应引导学生充分发挥对中国特色社会主义实践的热点、难点问题的理论自觉，逐步树立对中国特色社会主义实践维度下的经济发展、政治文明、先进文化、和谐社会、生态文明以及党的建设中的各方面问题的理论自觉。

第一，将"自由"纳入思想政治理论课。该部分课程的内容设定在《形势与政策》中充分体现"自由"的章节"在新媒体环境下重新审视自由的行为"。这章的教学内容分为三个部分：一是分析资产阶级社会自由化的本质，在资产阶级的规章制度和社会主义社会的规章制度下进行该项指标的数据分析。二是在课程内容上深入讨论马克思列宁主义，即用实践的观点来解释社会主义自由的本质。马克思列宁主义有关自由的观点是对传统观点的伟大的超越。它融合了现实的人与自由，以完成"认识世界、改造世界"的实践目标。三是对互联网各种概念和文化特征进行整合。面对多种复杂的意识形态的影响，大学生必须思考自己在网络世界的言语和行为。尽管互联网是一个自由的空间，但是在一个对外界开放的自然环境中，大学生必须严格要求自己并且做到谨言慎行。根据课程内容，大学生应明确以下两点：其一，我国现阶段所获得的自由及国际地位来自几代人的拼搏和努力，应予以珍惜；其二，追求自由的同时要确立自己的权利和义务，自由并不等于任意妄为，它意味着个体不仅要在相应的框架内自由行使各项权利，还要履行各项义务。

第二，将"平等"纳入思想政治理论课。以反映"公平"为主题的课程内容主要在《中国近代史纲要》第二章"为国家出路的早期探索"中。这章介绍了太平天国运动、农民战争、洋务运动和1898年的改革运动。其间，爱国者一直希望在这一系列改革运动的基础上实现自由民主和对外的独立权。在课程内容实施的过程中，要让大学生理解社会主义社会中平等的含义以及如何树立公平公正的思想意识。人民群众是国家的主人，同时也是社会主义国家中主流意识形态的承载者，在法律法规面前是平等的；在学习、训练、日常生活和工作方面，指导大学生坚定共产主义信仰，敢于维护和捍卫社会和平。

第三，将"公正"纳入思想政治理论课。该课程内容充分反映在《形势与政策》"社会主义公平正义教育"一章。这章包括两个部分：第一部分是根据规则、法规和法律法规建立公正的社会发展规则；第二部分是从历史发展和文化传承的脉络中，深刻解读不同时期公正的含义及仁人志士对公正所做的探索和努力。根据课程内容的实施，大学生可以理解公平的含义，充分思考维护公正的宏观效果，理解如果自己具备真正的技能，就有公正的社会发展激励机制使其才能得以发挥。应鼓励大学生积极参与公平的市场竞争，为实现自己的理想勇往直前。

第四，将"法治"纳入思想政治理论课。《思想道德修养与法律基础》第六章"树立法治理念并维护法律权威"中重点阐释了该项内容。这章的重点内容包括三个层次：一是在社会主义社会中树立法治理念的概念；二是在社会主义社会中培养法治的思维方式；三是让大学生学习如何保护自身各项权益，并引导大学生成为法治的践行者与维护者。紧紧围绕"法律制度"这一主题，在实施课程内容时，让大学生了解社会主义社会中的法治观念、建立法治思维，正确指导学生反思自己是不是守法公民，如果他们身边有违反法规的情况，具备法治思维的学生应该采取什么对策。

（3）深刻领会"爱国、敬业、诚信、友善"的公民价值准则，传递中国声音、讲好中国故事

讲"中国故事"是热爱祖国、热爱工作、诚实守信、友善的汇聚和传播形式。爱国是中华民族几千年传承下来的浓烈情感，是敢于为国家利益牺牲的高尚品格。中华民族的凝聚力不存在区域划分，因为整个中华民族是无法分割的。热爱工作和奉献精神意味着每个人都应尊重自己的职业，秉持虔诚、务实的工作态

度。对整个行业技术革新的探索和对工作的全心全意的热情以及在遇到困难时顽强的勇气和精神，是我们民族不断强大的重要决定力量。人们热爱自己的工作，具备奉献精神，就有创造灿烂文明行为的动力，这也是实现"强国梦想"的必由之路。诚信是人类社会的底线，是社会主义思想道德建设管理体系的基础。我国一贯重视文化艺术传统，强调承诺、讲信用，这对维护社会秩序和社会主义市场经济体制稳定持续发展发挥着积极作用。友善是心灵之美的集中表达和扩展，它重点强调宽容地对待他人。友善作为社会主义核心价值观的主要内容不仅彰显了传统的本质社会公德，也反映了人们在社会经济发展重要时期的实际必要性，在高校思想政治课内容实施的过程中，应让学生掌握其核心的发展规律。大学生可以采用独特的赞美和表达方式来热爱祖国、热爱生活、诚实守信、友善做人，要用社会主义核心价值观讲好"中国故事"，激发对社会主义核心价值观的学习和深刻理解，以促进我国基本建设和中华民族积极向前发展。

第一，将"爱国"纳入思想政治理论课。思想政治理论课应始终围绕培养大学生的爱国主义精神展开。该课程中最具象征意义的爱国主义精神反映在《近代中国历史概述》第一章"抗击外国侵略"中。这章叙述了爱国是中华民族一以贯之的行为准则，爱国体现在每一次的战斗和牺牲中，每一个中国人都有捍卫民族独立和促进民族发展的责任。比如，爱国英雄用生命抵抗外国入侵，让大学生感受到崇高的爱国精神。在课程内容实施过程中，应以"爱国"为主题，使大学生认识到爱国是每个学生的责任和义务，无论何时何地，都要谨记自己是中国人，要为国家的发展而骄傲，为国家的发展而努力。

第二，将"敬业"纳入思想政治理论课。这部分内容主要在《思想道德修养与法律基础》第七章"遵守行为准则和培养崇高品格"，主要介绍职业道德与法律之间的关系。根据职业道德的基本规定，大学生要着重理解职业道德中的"热爱工作"以及在工作中"可以做什么"和"不能做什么"。教学内容的第一要义是分析"热爱工作和尊重工作"的含义及其内容。一个人对于自己的工作，首先应做到"尊重"，这涉及如何对待自己的职业、自我与职位之间如何平衡与定位等相关问题。应当以鲜活的例子为切入点，让大学生了解什么样的个人行为被称为爱与奉献，让大学生体验到卓越的责任感。在课程内容实施过程中，要以"爱与奉献"为主题，重视培养大学生甘于奉献、乐于奉献的精神，使其逐步成长为能作为、有作为的新时代青年。

第三，将"诚信"纳入思想政治理论课。这部分内容集中在《形势与政策》"诚信是一张明信片"一章。这章反映了"诚实与守信"，使大学生理解"诚实守信"是人与人之间交往的基本原则。诚实守信是一项动态的标准，要求每个大学生围绕人际关系建立诚实守信的品格，在日常生活、学习培训和工作中都要诚实守信。准时上课、不迟到、勤奋学习和完成学业任务是诚实守信；考试不作弊、考前做好准备是对自己诚实守信；求真务实是对社会发展的诚实守信；对朋友真诚是对友谊的诚实守信。因此，作为社会人，大学生应从人际关系角度理解诚实守信、贯彻诚实守信、塑造诚实守信的高尚品格，接受实际过错，坚守诚实守信的处世原则。在这一堂课的学习和实践中，学生应思考自己的言行是否符合诚实守信的准则，并思考怎么做才能使自己真正拥有诚实守信的特质。

第四，将"友善"纳入思想政治理论课。在《思想道德修养与法律基础》第四章"注重道德传承，加强道德实践"中集中体现以"友善"为主题的教学内容。这章侧重于要求每个人在公共生活中都注重和谐、友好的社会道德，并阐述了公共生活的基本标准。为了建设社会主义和谐社会，每个中国人都要贡献自己的力量。真诚待人是一种美德，友善团结周围的人并与之和睦相处，进而产生和谐的人际交往氛围，对大学生而言都是需要学习的。在实践过程中，应鼓励大学生紧密围绕"友善"的主题，叙述友好待人的故事，让大学生意识到真诚待人的重要性与互惠性。

（三）增强通识课程的全面辐射

1. 通识课程的含义

通识教育是一种非专业教育，在高等教育中具有不可替代性，它既不同于思想政治教育，也与专业课程教育存在差别。通识教育更加关注学生人文素养的培育，强调人文关怀，是对学生进行的专业课程之外的综合文化的熏陶，其目的在于促进大学生养成独立、健全的人格，使其能够独立承担社会责任，并形成广阔的知识视野。

通识教育在不同高校可能有不同的课程名称。有的学校称之为人文素养教育，有的学校则称之为博雅教育，然而无论其名称为何，其核心内容都是一样的。其主要关注点是社会科学和人文科学领域的相关知识，具体涵盖教育学、社会学、政治学、经济学、法学、文学和艺术学等。在课程设置上，通识课程主要是作为高校的选修课供大学生自由选择，面对的是高校在读的所有专业的大学生。之所以将这些课程渗入到大学生的专业教育当中去，是因为通识教育作为大学生思想政治课程和专业课程的有益补充，在大学生立德树人教育中发挥着重要的、独特的功能。而社会主义核心价值观的融入与贯穿，既丰富了通识教育内容，又拓展了大学生对价值观念的认识广度。

通识教育是近代西方高等教育课程体系设置中的重要成果。通识教育的概念发端于古希腊哲学家亚里士多德的"自由教育"思想。自由教育的目的在于摆脱专业教育中的功利思想，提升人的知识与道德综合修养，进而激发人探索真理的能动性。英国教育学家约翰·亨利·纽曼认为，大学自由教育的追求目标就是人在修身养性中，为社会发展和时代进步提供人文关怀。[①]他对通识教育的认知，主要是从精神上成"人"的角度而言，为社会培养合格且有人文情怀的公民。

真正意义上的通识教育形成并得到长足发展是在美国。严格意义上讲，通识教育体系的建立与发展，是在美国高校为了紧跟时代发展步伐、适应社会需求的背景下建设起来的。第二次世界大战刚刚结束时，哈佛大学面向社会公众发布了《哈佛通识教育红皮书》。该书系统阐明了通识教育在大学生培养中的意义、地位、作用以及实施路径，此外，也针对专业教育与通识教育两者之间的区别进行了说明。20世纪70—90年代，哈佛大学所采取的通识教育得到长足发展，课程体系日趋完善成熟。美国很多高校纷纷效仿哈佛大学，结合自身的办学现状，开设通识教育课程。总体而言，美国高校通识教育中最为强调的是"让大学生成为有教养的人"。然而深入分析后发现，美国通识教育中所倡导的人文关怀本质上具有资产阶级意识形态的特点。"成为有教养的人"必须符合资本主义制度的需求，符合资本主义制度所倡导的价值观念。

通识教育在我国古已有之，只是没有用"通识教育"这个词汇进行表述。在

---

① 约翰·亨利·纽曼. 大学的理念. 杨慧林，金莉译. 北京：中国人民大学出版社，2012：276.

我国古代教育体系衡量人才的标准中，道德修养通常排在首位。我国古代教育没有进行学科和专业类别的划分，在某种程度上讲，所有接受教育的人都在接受通识教育。现代高等教育体系引入我国后，高校才开始分科、分专业，人才培养开始进入专业化和职业化的轨道。中国高等教育还处于早期发展阶段之时，著名教育家梅贻琦就认为，大学生教育应采取"知类通达"的教育方法，如果过多强调专业教育，就可能导致学生"营养不良"。[①]

20世纪90年代，我国高等教育迎来快速发展，但在高校内部存在"理科生瞧不起文科生、文科生瞧不起艺术生"的现象，理工类专业大学生的综合素养、人文素养水平与人才培养目标存在一定的差距。在这种局面下，中国科学院院士、华中理工大学原校长杨叔子大力提倡通识教育，在华中理工大学教学计划中，中国传统文化教育、中国古典文学教育被列入理工类专业大学生的必修课。此外，他亲自为学生讲授古代诗词，真正做到身体力行。他极力主张通识教育的理念，引发高等教育界的普遍回响。通识教育不是为了附庸风雅，而是通过人文熏陶，使大学生更好地成才。

2. 通识课程的育人价值

如前所述，通识教育旨在培养与提高公民的人文素养，但是需要注意的是，由于不同国家价值体系存在差异，加之通识教育理念本身就是一个多元化系统，因此在具体实践中，通识教育呈现的教育价值取向也会有较大差异，其意识形态的导向作用不言而喻。表面上看，通识教育不直接对学生进行价值观的专业教育，但可通过开设相关政治学、社会学、伦理学、法学、历史学等课程，针对学生的专业背景进行知识、技能的基本素质训练，把爱国主义精神传递给学生，建立起特定历史背景和特定社会制度下的主流价值观念。因此，许多国家以通识教育之名，行价值观教育之实。我国高校通识教育也具有意识形态的属性。在通识教育课堂上，要旗帜鲜明地强化马克思主义理论的指导地位，强化社会主义核心价值观的引领作用，只有这样，大学生才能真正树立起"四个自信"。从立德树人的维度看，高校进行通识教育是培育大学生全面成才不可或缺的组成部分，通

---

① 岳南. 大学与大师：清华校长梅贻琦传. 北京：中国文史出版社，2017：403.

识教育对于"立"社会主义的道德和"树"社会主义的人才具有双重指向意义。

人的素养分为很多种，如思想素养、政治素养、科学素养、文化素养等。其中，思想素养和政治素养是最根本的素养，统摄和主导着其他素养的培育方向。对于大学生群体而言，思想素养和政治素质可以对其他素养的形成和发展起到推动和保证作用。任何国家、任何社会制度中的高校，首先要使大学生坚信本国的政治制度，培养其对本民族文化的认同感，为本国的繁荣昌盛贡献力量。中国当代大学生是中国特色社会主义事业的接班人，只有牢固树立并在实际中践行社会主义核心价值观，才能挑起实现中国梦的大梁。高校的通识教育要在正确的意识形态观念主导下，将社会主义核心价值观贯穿始终。通识课堂体现社会主义核心价值观倡导的内容，不仅是高等教育自身的要求，也是高校履行立德树人使命的要求。

3. 完善遴选机制，精选通识课程

开展大学生价值取向引导工作的根本目的就是引导他们成为社会发展所需要的人，而人文素质教育的本质内涵就是借助文化熏陶的力量去培养人的品格、塑造人的精神、提升人的修养、丰富人的情怀，使他们成为思想端正、行为规范、道德高尚、素质健全的人，因此，人文素质教育是引导大学生树立科学、健康、积极价值取向的基本前提。目前，我国人文素质教育以综合素质选修课为载体，已形成涵盖语言、文学、历史、哲学、艺术、道德、思想、政治等以人文社会科学为基本内容的教育体系，这些可供多元选择的教育课程蕴含着内容丰富的价值观培育资源。在开展大学生价值取向引导的过程中，高校要充分结合人文素质教育课程的功能特征，切实保障人文素质教育课程的渠道地位，合理挖掘人文素质教育课程的资源养分，协同思想政治课程与专业知识课程，齐力推进大学生价值取向的健康发展。

第一，保障通识课程选修课时，推进人文素养培育常态。人文素质选修课程具有内容趣味、考核简单、选择自由、形式多样等特点，特别是诸如电影鉴赏、散文写作、职业规划、演讲与口才等选修课程，不仅迎合了大学生释放压力、愉悦身心的心理，也满足了大学生丰富见闻、提升自我的要求，因而广受大学生喜

爱与欢迎。人文素质选修课程并非"标签化""样板式"的程序化教育，也没有明显的价值倾向与道德权威色彩，这种自然、亲近、柔和的课堂教学模式能够最大限度地消减大学生对价值取向引导的抵触，获得大学生对课堂价值观教学的心理认同。但是，在大学教育课程的体系中，人文素质课程是选修课程，其地位与功能往往被低估或忽视，甚至有些高校认为人文素质选修课本身就是"形式教育""面子工程"，从而屡屡压缩其课时，致使其成为"可有可无"的存在，游走于大学教育课程体系的边缘。因此，高校必须端正对人文素质选修课程的价值认知，要在结合实际需求、搭配必修课程的前提下，合理地保障人文素质课程的选修基本课时，推进大学生人文素养培育的常态化。

第二，规整通识课程教育内容，凸显人文课堂价值功能。人文素质课程作为兼容诸多门类的选修课群，包含丰富、多元的人文精神与科学素养教育内容，要充分激活与利用人文素质课程的价值观培育资源，通过规整与优化素质课程教育内容，进一步凸显与强化人文素质教育课程的价值取向引领功能。一方面，要注重人文素质课程中价值观培育内容的科学协调性，兼顾思想性、基础性、全面性、实用性、普适性、前沿性等素质教育理念，以民族历史文化教育、思想道德情感教育、科学知识素养教育、国际国内时政教育为重点，统筹设置文学素养与文化传承、艺术修养与审美体验、经济管理与社会发展、科学研究与技术设计、成才指导与择业规划、国际视野与世界文明等分类体系，从而避免重复，实效明显地发挥和体现人文素质课程对大学生价值观培育的重要载体作用。另一方面，要注重人文素质课程中价值观培育内容的灵活创新性，以充分渗透社会主义核心价值观基本内容、凸显大学生价值取向塑造与引领的目标。在对大学生传授身心健康知识、创新创业知识、科学文化知识的过程中，要灵活渗入诸如个人价值、社会价值、职业价值、道德价值等引导资源，带动大学生对自我价值实现的期盼、对平等与正义价值的认同、对理想与信念价值的追求；同时也要开阔思路、积极挖掘人文素质教育内容的隐藏资源，合理创新以培养学生价值观念为指向的内容系统。比如，在"艺术鉴赏"或"职业规划"等课程中，可以通过讲述学生耳熟能详的专业艺术家或行业领军者的奋斗历程与名言，激发大学生对榜样的价值认同与情感共鸣，进而鼓励他们不断提升精神境界，树立高尚的价值观。

4. 健全外部环境熏陶机制

环境对人文素质的培养具有十分重要的熏陶作用。高校文化素质教育工作已经从以"第二课堂"为主拓展到开设人文素质教育必修课和选修课的"第一课堂"，在传授知识的基础上，更加注重大学生人文素养和科学素质的养成和提高。熏陶是在潜移默化中进行的，要提高环境影响的新鲜度和环境影响的密集度，加大环境影响力度，增添人文气息，强化人文情怀，帮助大学生在提升人文素养的同时构建社会主义核心价值观。

第一，提高环境影响的新鲜度。提高环境影响的新鲜度就是适时地以新的兴奋点对受教育者实施刺激，避免引发教育过程中大学生的心理疲劳和厌倦情绪。包含丰富的文学、悠久的历史、深邃的哲学思想的人文精神与社会主义核心价值观的精神相通。可以通过人文课程教育内容和不断变化的教学形式潜移默化地对受教育者实施刺激，同当今中国最鲜明的时代主题相适应，增强社会主义核心价值观的影响力和感召力。

第二，提高环境影响的密集度。扩大环境影响的密集度就是使大学生在人文课程中持续地受到人文知识的辐射与影响，从中华优秀传统文化中汲取营养，深刻体会爱国情感和民族精神等人文精神，从而达到理想的社会主义核心价值观教育效果。在这些人文精神的传递中，有很多关键词与社会主义核心价值观的内涵有异曲同工之妙，教师可以在课堂教学过程中旁征博引、吸收借鉴。例如，古今中外关于爱国情感的抒发和表达很容易在传递信息的过程中使大学生产生共鸣。

第三，强化环境影响力度。大学生在吸收各种人文环境提供的影响时，首先会以无意注意的结果进行吸收和储存，环境影响的力度和社会主义核心价值观的影响加大后，无意注意慢慢转变为有意注意，从而增强大学生对社会主义核心价值观的认知认同。加大社会主义核心价值观教育环境影响的力度，让人文课程中的社会主义核心价值观教育资源鲜活、生动、丰富起来，在以内容为王、讲授为主的课堂教学活动中，促进大学生对社会主义核心价值观的自觉践行。

综上所述，优化内在体验感悟机制，就要培养大学生的联想能力，提高大学生的感受能力和思辨能力，让大学生以洞幽察微的思辨能力体悟到个体相对于历史的有限性和自身蕴藏潜能的无限性；从社会客观条件和个体自身条件出发，理性地对待自身的现实客观存在；在正确把握时代发展机遇的基础上，不断增强实现人生价值的能力和本领，使大学生在理解自我的同时走向超越，通过思考人生的意义和价值，将自我价值与社会价值相统一，确立和践行社会主义核心价值观。

5. 优化内在体验感悟机制

体，即体察、体味；悟，即领悟、悟性。体悟是由具体事物的表象到抽象的哲理或规律的思维方式。体悟作为一种思维和人文教育的方式是这样进行的：体悟的主体是受教育者，传授的主体是教育者。"子在川上曰：逝者如斯夫"（《论语·子罕》）就是这种思维方式运用的写照。优化内在体验感悟机制，要增强大学生感受能力，促进大学生联想能力，提高大学生思辨能力，使大学生深刻认识到社会主义核心价值观的先进性、人民性和真实性。

第一，提高大学生的感受能力。大学生只有感受到人文精神的精髓才能真正理解核心价值观传递的内容，而很多体现人文精神的现象是理论不足以表达的，即只可意会不可言传，所以就不可能离开主体自身即大学生的感受。教育是心灵与心灵的沟通、灵魂与灵魂的交融、人格与人格的对话。增强大学生的感受能力，让大学生在接触人文课程中的社会主义核心价值观教育要素时调动全部感官，全方位地接受要素对象的刺激，有利于大学生形成是非观念，提高价值判断能力。

第二，提高大学生的联想能力。人文课程中的很多内容是穿越时空的，有历史、有现实、有未来，甚至有的很难在现实生活中体验和发生。这就需要教师在教学过程中，通过新奇巧妙设问创设联想情境，使大学生插上联想的翅膀自由翱翔，多角度、多层次地去思考问题，扩展人生体验的广度。这种具有综合性、独特性和探索性的高级复杂心理活动有助于大学生认识新领域，实现从感性认识到理性认识的飞跃，促进大学生创造性思维的培养和提高。

第三，提高大学生的思辨能力。要鼓励大学生多角度、多维度、多层次地思考问题，提高通过对问题进行思考、分析、推理、论证、判断、评估形成结论的能力，不压抑大学生的思辨精神和创造精神，让大学生可以条理清晰地分析、准确有力地说理，成为有独立价值判断的人。要培养大学生的反思、质疑和批判精神，就要有足够的耐心对大学生的错误观点进行批评指正，并适时地引导大学生以科学的方法观察思考，以理性务实的态度处理问题，以积极、乐观的心态迎接挑战。

此外，教师团队作为执行课堂教学、推进教学设计的第一主体，其自身综合素养的高低直接影响着课程对大学生价值取向引导的实际效果。在构建人文、专业与思想政治教育工作三方协同的引导关系时，高校不仅要注重课堂教学的科学落实、教育内容的系统完善，也要关注教师团队的素质提升，要积极鼓励教师团队坚定政治方向、塑造人格素养、提升综合能力，在教授学生知识的同时关怀学生的情感，在疏导学生困惑的同时引领学生的思想，从而帮助学生形成高尚的人格情操、掌握扎实的专业知识、积淀良好的人文素养、树立健康的价值取向。

二、推进中华民族优秀传统文化的专门教育

自中国共产党第十八次全国代表大会以来，习近平总书记在以下几个方面特别强调："青年人要自觉践行社会主义核心价值观"，"我们提倡的社会主义核心价值观，就充分体现了对中华优秀传统文化的传承和升华"。[①]当代青年要在勤学、修德、明辨、笃实四个方面下功夫。习近平总书记的讲话具有非常重要的现实意义和深远的历史意义，它凝聚着整个国家和整个中华民族的力量，这是我们战胜一切困难，共同建设中国梦的力量源泉。

（一）中华优秀传统文化是社会主义核心价值观文化滋养的深厚土壤

文化是一个国家和民族的血脉，是人们共有的精神家园。人从出生之日起就标注了文化胎记。中华民族的历史文化源远流长，在漫长的历史岁月中逐渐形成了独特的价值观念。当前，我国社会主义核心价值观的培育与践行要从中华优秀文化传统中充分汲取养分，才能有长久的生命力，并得到全体社会成员的认同。

---

① 习近平：青少年要自觉践行社会主义核心价值观——在北京大学师生座谈会上的讲话. http://www.xinhuanet.com//politics/2014-05/05/c_1110528066_2.htm. （2014-05-05）[2021-10-15].

社会主义核心价值观的培育和践行必须立足于中华优秀传统文化，因为坚实的核心价值观必然有同样坚实的文化根基，若抛弃本民族的传统文化、斩断文化的传承脉络，核心价值观就会成为无根之木、无源之水。

精深、精妙、内涵丰富的中华优秀传统文化历久弥香，是中华民族稳立于世界民族之林的基石。中华优秀传统文化代表着中华民族深沉的精神追求和精神印记，为中华民族繁衍与生息、发展与繁盛提供了充足的精神养料。当前，人们处于不同的社会制度、文化环境、理想信仰的影响之下，全球化和多元时代环境共同作用于人们的价值观，各国价值观教育也呈现复杂多变的局面。全球化浪潮对我国的意识形态与文化建设提出了新挑战，各种思潮不断涌入，并发生碰撞交锋。摆在眼前的任务，一方面，要开创中国特色社会主义事业建设的新局面；另一方面，要秉承、发扬并不断创新中华民族优秀传统文化。高校是各种思想、文化交融的场所，大学生是国家建设的有生力量，大学生价值观教育需要从中华优秀传统文化中充分吸收营养，唯此才能确保中华民族优秀文化血脉相承，确保中国特色社会主义事业成为大学生的价值追求。社会主义核心价值观并不是封闭的价值观，相反，它具有极强的包容性，其内容丰富且根基深厚，中华文明绵延几千年，必定有其独特的价值取向。

中华文明的核心价值经历了漫长的发展，如中国传统社会中所倡导的仁爱原则、礼教精神、责任意识、社群取向以及对世界的想象与实践，贯穿于几千年的历史实践。中华文明在此基础之上形成了特定的价值偏好，如责任先于自由、义务先于权利、社群高于个人、和谐高于冲突等。中华优秀传统文化中的很多思想为社会主义核心价值观教育提供了精神养分，这样的例子不胜枚举。比如，天人合一思想深刻反映了中国古人顺应自然、尊重自然的价值追求。社会主义核心价值观的"和谐"理念中就涵括人与自然和谐相处的理念。当前在大学生中开展生态文明教育，与社会主义核心价值观教育在价值理念归旨方面具有相通之处。再如中华优秀传统文化中的"己所不欲，勿施于人"的思想，具有诚信、友善的时代寓意。中国古人强调"与人为善"，这与当前所倡导的社会主义核心价值观在"友善"方面具有一致性。中华优秀传统文化是宝贵的精神遗产，在大学生社会主义核心价值观教育中，要善于汲取中华传统文化的价值观汲取养分，努力做到古为今用。

1. 社会主义核心价值观是中华民族优秀传统文化继承和弘扬的重要内容

现阶段我国的社会主义核心价值观是传承、吸收了中国传统文化的精髓，并从国家、社会、个人三个方面阐释中国特色社会主义的主流意识表现形式。它的核心是"德"，这是中华民族优秀传统文化的当代表达。中华民族的社会主义核心价值观与杰出的传统文化息息相关，传统文化是"源"，社会主义核心价值观是"流"。中华民族优秀传统文化是民族和国家之间互相继承与发展的原动力。

2. 中华民族优秀的传统文化所蕴含的教育思想是实施社会主义核心价值观教育课程的关键性基础

在中国历史演变过程中，"修身""博学"等教育理念广为人知，对社会产生了长期影响，社会道德主张忠诚和宽容的行为方式，这种教育思想为大学生实施社会主义核心价值观教育课程提供了文化支撑。"熏陶化育"带给我们的启示是，应高度重视自然环境的建设，开发、设计隐性课程，即重视学校文化的基础建设。"修身内省"带给我们的启示是，在课程内容实践活动中，必须高度重视充分发挥自身修为的作用。关于修养与教育，在古代，人们就非常重视文化和教育的自然环境之间的互动，并认为优良的文化和教育的自然环境在促进学习方面发挥了重要作用。

孔子认为人天生具有相同的素养，但是客观条件和自然环境的差异使人们的成长习惯存在差异，比如"性相近，习相远"。"孟母三迁"、"蓬生麻中，不扶而直"与"近朱者赤，近墨者黑"都阐述了环境对于成长的重要性。墨子非常重视自然环境所蕴含的能量，认为"染于苍则苍，染于黄则黄，所入者变，其色也变"。孔子提倡"慎言力行"，荀子讲"不登高山，不知天之高也；不临深壑，不知地之厚也"，二人都十分重视知识的实践性。

（二）推进中华民族优秀传统文化的专门化教育

优秀的传统文化巩固了中华民族几千年来的智慧和一脉相承的价值理念。社会主义核心价值观充满了中国传统文化的遗传基因。社会主义核心价值观的24个字所呈现的行为标准与我国传统文化中的国家治理规则和人的行为规约相似。高校应继续从中华民族优秀传统文化中理解和践行社会主义核心价值观，吸收其中的养分。

1. 促进中华民族优秀传统文化的创新和发展

作为传统价值观念的重要组成部分，中国传统价值观念在中国历史文化发展过程中不断凝聚和完善。社会道德高于一切，道德和道德标准被用作个人行为的规范。这种严格而复杂的价值取向始于古代的公社，并在春秋战国时期形成，在随后的阶段得到了发展和丰富。这种传统价值观念对人们在践行社会主义核心价值观的过程中个人行为的识别和选择具有重大影响。儒家文化在礼乐制度、美德统治和仁爱统治三个方面具有统一性，同样社会主义核心价值观在国家、社会、公民价值层面相统一。儒家文化是主流价值观的重要传统文化渊源之一，其本质已经在社会主义核心价值观的三个层面得到充分的体现和继承。法家意识形态着眼于法治，包含三个层次的内容：一是国家之法，即国家的政治制度；二是法律之法，即法律法规等；三是刑罚之法。这三个层面的法治思想与社会主义核心价值观体系具有相容性和互通性，为我国坚持依法治国和社会主义核心价值观提供了依据。道家认为世界发展的根本原因在于"道"，它也是人类社会必须遵循的基本原则，"无为"是道家思想的精髓。老子主张当权者应无为而治，遵守社会和经济发展规律，并确保每个人都能得到自己应得到的财物，其所充分强调的和谐和自由，与社会主义核心价值观中的和谐和自由有很大的相似性，道家学说可以很好地反映部分社会主义核心价值观的内在含义，显示了社会主义核心价值观的文化、历史等渊源。

大学生践行社会主义核心价值观离不开中华民族优秀传统文化的滋养。高校应正确指导大学生贯彻落实社会主义核心价值观，使中华民族优秀传统文化成为年轻一代践行社会主义核心价值观的动力。高校只有在充分完成中华民族优秀传统文化的传承和发展后，才能正确引导大学生的践行方向。

2. 将中华民族优秀传统文化教育在基础理论的传授中深化

高校课堂教学课程设置中应体现国学课堂的内容，将中华优秀传统文化的知识纳入高等教育课程。大学生可以按照国学课程体系进行学习，进而构建中国传统文化的知识体系，并体验优秀传统文化在国家治理、社会道德、个人修养等方面的重要作用，与社会主义核心价值观形成理论上的共鸣。因此，国学相关课程应成为大学生参加学分积累和最终评价的必要内容，以切实使传统文化教育达到一定标准。

首先，有必要深入探索中国传统文化的精髓，并将其提高到专业科学研究团队的水平，通过建立相关的研究机构，加强教师和学生对优秀传统文化的认识和掌握。其次，高校应将中华民族优秀传统文化纳入高校文化教育的重要环节，使其进入教材、进入课堂教学，促进传统文化教育模式体系化建设。在高校中开设与中华民族优秀传统文化有关的必修课程，加之新媒体技术应用的协助，使课堂教学成为师生与传统文化和艺术互动的平台。最后，高校应利用新闻媒体扩大对中国传统文化艺术的宣传和传播范围，创建专业的中国传统文化网站，或在高校官方网站及其新浪微博、微信公众平台上建立中国传统文化主题风格频道，吸引学生关注相关的文字、图片和视频等。高校要及时升级相关内容，鼓励学生撰写有关优秀传统文化的文章，并充分彰显优秀传统文化和艺术风格。

3. 将中华优秀传统文化教育在实践行动中内化

在实践层面，高校应以季度或月为单位，例行开展以优秀传统文化为主题的活动，例如"国学阅读"和"诗歌班"交流会等，激发师生参与优秀传统文化的学习和科学研究工作，积极推动相关重点学科的建设和发展；此外，可以从各朝代中寻找文化和艺术精髓，以使中国文化发扬光大，并践行礼貌、节俭、诚实、友善等这些社会主义核心价值观所倡导的突出品格。高校应鼓励和发挥大学生的积极性，成立中国传统文化优秀社团组织，为其发展提供必要的帮助，正确引导大学生参加社会团体活动，内容可以包括文学科学研究，古代诗词、中国山水诗画以及传统服饰的科学研究，使大学生不断受到优秀传统文化的启发。

高校应鼓励学生进行文艺创作。正确引导学生从传统文化艺术中汲取设计灵感，明确创造主题风格，并根据创作方式表达优秀传统文化艺术。在高校文学艺术风格的表现方式上，有必要鼓励学生将互联网媒体作为展示平台，并运用新的媒体技术自主创新文学艺术风格的表现形式（例如研发文学网站、在线音乐、在线电视剧、微型视频等）以及展示来自微信、微博等的内容，不断发展和完善中华民族优秀传统文化。2015年，国家新闻出版广电总局发布《社会主义核心价值观动画短片创作计划征集方案》，为深入贯彻落实党的十八大精神，开拓培育和践行社会主义核心价值观的新途径，促进国产优秀动画精品创作，推进高校动画专业产、学、研结合，国家新闻出版广电总局联合中国网络电视台、中国传媒大学、北京电影学院，拟用一年时间组织开展社会主义核心价值观动画短片扶持创作活动①，旨在正确引导年轻的动画人才致力于艺术创作的研究和培训工作，与社会主义核心价值观进行融合，继而创作富有表现力、展现灵魂之美的优秀动画作品。将传统文化艺术的精神实质融入学生的行动，为优秀传统文化搭建互联网体验服务平台，逐步完成阅读经典和传承传统礼仪的系统化。高校还应改善传统文化自主创新环境，线上线下共同努力，充分动员大学生积极加入传统文化团队，以实际行动引导更多的大学生践行社会主义核心价值观。

4. 将中华民族优秀传统文化教育在发展与继承中升华

中华民族优秀的传统文化是中华民族几千年智慧的结晶，是中华民族文化的宝贵精神和实质性的历史文化底蕴。中华民族优秀传统文化是社会主义核心价值观的基石，社会主义核心价值观是中华民族优秀传统文化的跨越式发展。在培养和贯彻社会主义核心价值观的过程中，我们必须吸收中华民族优秀传统文化的精髓，并将其纳入社会主义核心价值观，此外，还应对传统文化进行有效的扬弃，促进中华民族优秀传统文化的转化和创新能力的提高，进而使其显示出源源不断的精神动力和智力支持。充分利用中华民族优秀传统文化促进社会主义核心价值观的培养和实施，是培育和落实社会主义核心价值观的可行途径，每个人都应深入探索中国传统文化观念的发展历程，发扬优秀传统文化。

---

① 社会主义核心价值观动画短片创作计划征集方案. http://www.nrta.gov.cn/art/2015/5/22/art_31_26717.html. （2015-05-22）［2021-03-31］.

第一，弘扬爱国主义和自强不息的民族精神。爱国主义是中华民族的光荣传统，它体现了中华儿女对祖国的深厚感情。例如，司马迁的不避斧钺、秉笔直书；范仲淹的"先天下之忧而忧，后天下之乐而乐"①；文天祥的"人生自古谁无死，留取丹心照汗青"②；林则徐的"苟利国家生死以，岂因祸福避趋之"③；陆游的"死去元知万事空，但悲不见九州同"④都体现了我国古人强烈的爱国主义情怀和忠于祖国、对国家兴亡负有义不容辞的责任意识，使"位卑未敢忘忧国"⑤的民族情感体现得淋漓尽致。这种"捐躯赴国难，视死忽如归"⑥的爱国精神激励、鞭策着一代代中华儿女前赴后继。我们要继承和弘扬爱国主义精神，为捍卫国家统一、民族团结而贡献自己的力量。《易经》载，"天行健，君子以自强不息"⑦。刚健有为、自强不息是中华民族的精神写照。正是这种精神化作人们坚韧不拔、锐意进取的强大精神力量，激励和鼓舞着中华儿女在挫折面前不低头、在挑战面前不怯懦。从上古的大禹治水、愚公移山、精卫填海、女娲补天等神话故事到今天的抗洪精神、抗震救灾精神、抗击新冠肺炎疫情精神等，都是对自强不息民族精神的传承和发展。我们需要将这种可贵的民族精神继续发扬光大。

第二，继承中华民族优秀道德传统。在中华民族几千年的发展史中，传统美德处处散发着迷人的光芒。一是以仁爱为核心的道德修养。儒家强调修身、齐家、治国、平天下，意在通过自身修为达到内圣外王的境界。《大学》载："自天子以至于庶人，壹是皆以修身为本，其本乱，而末治者否矣。其所厚者薄，而其所薄者厚，未之有也。此谓知本，此谓知之至也。"⑧儒家认为道德修养是人之为人的"根本"，要求把爱护人、关心人、尊重人内化为人的自觉德性。二是海纳百川的宽广胸怀。《易经》载"地势坤，君子以厚德载物"⑨，强调对人应宽厚包

---

① [宋]范仲淹. 岳阳楼记//人民文学出版社编辑部编. 古文观止详注. 北京：人民文学出版社，2014：548.
② 邓碧清译注. 文天祥诗文选译. 成都：巴蜀书社，1990：99.
③ [清]林则徐. 赴戍登程口占示家人//林则徐全集编辑委员会编. 林则徐全集（第6册）诗词卷. 福州：海峡文艺出版社，2002：209.
④ 朱东润. 中国历代文学作品选（中编 第2册）. 上海：上海古籍出版社，1980：197.
⑤ [宋]陆游. 病起书怀//疾风选注. 陆放翁诗词选. 杭州：浙江人民出版社，1958：84.
⑥ [魏]曹植著，赵幼文校注. 曹植集校注. 北京：人民文学出版社，1984：412.
⑦ 黄寿祺，张善文撰. 周易译注. 上海：上海古籍出版社，2004：7.
⑧ 王国轩，张燕婴，蓝旭，等译. 四书. 北京：中华书局，2007：106.
⑨ 黄寿祺，张善文撰. 周易译注. 上海：上海古籍出版社，2004：24.

容。"海纳百川，有容乃大""己欲立而立人，己欲达而达人"①"冤冤相报何时了，得饶人处且饶人""十年修得同船渡""相逢一笑泯恩仇""宰相肚里能撑船""千里修书只为墙，让他三尺又何妨？万里长城今犹在，不见当年秦始皇"等都向我们传达了智者的仁慈和豁达的风范。这种忠恕宽容在现代社会也是不可或缺的。社会在快速发展，各种竞争压力难免使一些人浮躁，人只有心胸开阔，才能在激烈竞争的社会环境下保持平和的心态。三是尊老爱幼的伦理观念。古训讲"百善孝为先"，就是将孝道置于伦理道德的首要位置，以强调孝道的重要地位，对人们进行伦理约束。在我国传统伦理道德观念中，长者是智慧的化身，他们既有深厚的文化积淀，又是高尚道德的践行者，应成为晚辈尊敬和效仿的对象。所以，自古以来我们多用"德高望重"来形容身边的这些长者们，以表达后辈对他们的敬重，这种对老者的尊敬与爱护的传统自古就有。如孟子主张"老吾老，以及人之老，幼吾幼，以及人之幼"②，并将对父母的孝和对孩子的爱上升到更高层次，扩展至更大的范围，使其在全社会范围内都适用，这样的做法实属难能可贵，凸显了古人"教民亲爱，莫善于孝"的高尚情操。这正是儒家思想关于社会伦理道德的主张，认为孝道可以促进人与人之间相亲相爱，有利于促进社会和谐、国家安定，"其为人也孝弟，而好犯上作乱者，鲜矣；不好犯上，而好作乱者，未之有也"③。

第三，吸取中华民族其他优秀文化。中华传统文化博大精深，除了上述的爱国如家的伟大情怀、自强不息的奋斗意志、海纳百川的气度胸襟、和而不同的和谐精神外，还包含许多睿智思想，值得我们吸收借鉴。一是重义轻利的义利观念。孔子曰："君子喻于义，小人喻于利。"④用现代汉语来讲，只有那些具备德行的人才能理解义的含义，德行欠缺的人则难以理解义。也就是说，道德高尚的人才能深明大义，不被利益作用，在与人相处的过程中，更容易为他人着想，不计较个人利益得失；相反，那些德行浅薄的人则将利益置于首位，甚至为了个人利益不惜做出伤害他人的事情。在儒家看来，"义"就是道德操守，对"义"与

---

① 杨伯峻译注. 论语译注. 北京：中华书局，2009：64.
② 杨伯峻译注. 孟子译注. 北京：中华书局，2010：15.
③ 杨伯峻译注. 论语译注. 北京：中华书局，2009：2.
④ 杨伯峻译注. 论语译注. 北京：中华书局，2009：38.

"利"的取舍是一个人道德素质的真实体现。因此,这种义利观亦可以超越个人得失而运用至更广泛的层面,如朋友之间的交往、夫妻之间的相处和邻里关系的维系上。《后汉书·宋弘传》载"臣闻贫贱之交不可忘,糟糠之妻不下堂"[①];《周易·系辞上》载"二人同心,其利断金;同心之言,其嗅如兰"[②]。儒家的义利观对我们正确处理现代市场经济条件下的利益关系具有重要的启示。二是诚实守信的高尚品格。诚信在中华民族的传统美德中占有重要地位。在儒家文化中有许多关于诚信的名言警句,如"人而无信,不知其可也"[③]"与朋友交,言而有信"[④]"言必信,信必果"[⑤]"诚者,天之道也;思诚者,人之道也"[⑥]。此外,"君子诚之为贵""失信不立"这些古代哲人的智慧精华都将诚信和价值置于至关重要的位置。也正是因为人们对"诚信"二字的推崇,才能成就一段段精彩的历史。商鞅在秦国的变法之所以能够顺利推行,正是得益于他兑现了"立木为信"的承诺;季布之所以能够最终免于祸殃,正是由于其"一诺千金"的品质。与此相反的历史故事亦数不胜数。如周幽王之所以最后落得亡国丧命的下场,就是源于"烽火戏诸侯"的闹剧,无视诚信的价值;可怜的孩子被"狼来了"的谎言吞噬。可见,亵渎诚信的代价是惨重的。在新时代背景下,在第二个一百年奋斗目标的新起点,我们更应该运用诚信的力量来建设中国特色社会主义的各项伟大事业,以诚信原则作为我们与人相处、与世界相处的基本原则。三是"忠恕"的管理思想。"夫子之道,忠恕而已",即"忠恕"是孔子思想的核心和高度概括。他认为"己所不欲,勿施于人""己欲立而立人、己欲达而达人"[⑦],强烈表达了与人相处时,要多体察他人的情绪,不能将自己不喜欢的事物强加给别人,自己喜欢的、所期望得到的则要与他人一起分享。这样的相处模式能最大限度地确保人与人之间和谐共处。从个人层面上来讲,"忠恕"体现了人与人相处时将心比心、坦诚相待、避免冲突和矛盾的相处之道;从国家层面来讲,"忠恕"思想则帮助

---

① [宋]范晔撰. 后汉书. 北京:中华书局,2007:273.
② 黄寿祺,张善文撰. 周易译注. 上海:上海古籍出版社,2004:508.
③ 杨伯峻译注. 论语译注. 北京:中华书局,2009:21.
④ 杨伯峻译注. 论语译注. 北京:中华书局,2009:5.
⑤ 杨伯峻译注. 论语译注. 北京:中华书局,2009:138.
⑥ 杨伯峻译注. 孟子译注. 北京:中华书局,2010:158.
⑦ 杨伯峻译注. 论语译注. 北京:中华书局,2009:121.

政府在制定政策和制度时更多地体恤百姓所需、所想，顺民意而行事；从整个社会层面来讲，"忠恕"思想应成为人与人相处时的重要法则，最终实现人们的仁爱友善，实现国家政治制度的清明，集全社会力量共同创造人类的美好精神家园。

此外，"富贵不能淫，贫贱不能移，威武不能屈"的民族气节、"朝闻道，夕死可矣"的重学精神、"学而不厌，诲人不倦"的高尚品格，也都是中华民族宝贵的思想资源。我们应当为中华民族的伟大复兴集聚丰富的物质财富，同时将中华几千年来积累的精神财富传承下去。

第四，合理扬弃中华传统文化。关于传统文化的继承与发扬，需要坚持一定的标准与原则，全盘接受与全盘否定都不值得提倡，前者会使我们走向"复古主义"的道路，后者则使我们陷入"文化虚无主义"的泥淖。尽管从哲学的角度来看，存在即合理，但是从历史的角度来讲，每一种文化的产生与发展都要适应当时的社会需要，随着社会的不断进步和社会制度的不断完善，其中一些内容已经不能适应社会发展的需要，有些甚至成为社会进步道路上的绊脚石。所以，针对文化中的这些内容，应不断地进行抛弃、改造或更新，只有这样才能保持传统文化旺盛的生命力。关于传统文化中具有历史局限性的内容大致有以下几个方面：一是森严的封建等级制度。在中华几千年的历史中，封建社会的存在时间很长，其中封建等级制度影响着当时社会的各个方面，如在朝为官，天子最大，臣子分为三六九等。在那个"君君臣臣、父父子子"的时代，人们必须谨慎遵循这些条框、等级，一不小心就可能性命难保甚至殃及整个家族。《红楼梦》中就有记载，贾元春回贾府省亲时，即使身为父亲的贾政仍然要行跪拜大礼。这便是"尊卑有别"的封建等级制度。对女子来说，时刻被束缚在"三纲五常"的封建礼教中，在家从父、出嫁从夫、夫死从子，即使在兄弟之间也逃避不了"伯仲叔季"的命运。可以想见，这种等级制度是多么森严。当年孔子之所以讲出"是可忍也，孰不可忍也？"这样的话其实也就是由于季孙氏享受超越大夫的天子之礼。从孔子对待这件事情的态度上就可看出，当时在人们的心中，人与人之间的等级层次已根深蒂固。这与社会主义核心价值观中所倡导的"平等，公正"思想显然是背道而驰的。二是注重家族本位。数年寒窗的士子为了考取功名，吃尽千般苦，只为获取功名后衣锦还乡，告慰祖先，光耀门楣。在这样的思想影响下，人们更多地关注自己家族的繁荣昌盛，所有的苦心经营只为打造名门望族，对家族以外的事情则往往漠不关心，正所谓"各人自扫门前雪，莫管他人瓦上霜"，这种处世态度不值得提倡。即便是在传统文化重视的孝道里，亦有家族本位思想的影子。古人云"父母在，不远游"，这一彰显孝道的准则使得不少文人墨客、仁人志士宁愿"抱朴守拙"，放弃发展和完善自己的机会，终老一生也不愿背井离乡为国家尽一份力量。追根究底，这也是由于家族本位思想。事事围绕小家庭，处处为了家族利益考虑，这样的消极思想也影响着后世。新闻报道中屡屡出现的老人摔倒无人敢扶事件正是在家族本位思想上变异而来的利己主义的表现，这样惨痛的教训告诉我们应该抛弃传统文化中的糟粕，它们所带来的消极影响正使一些人的看客态度不断升级。这些人对社会公众利益缺乏尊重与维护，造成了负面影响。长此以往，难免危及社会的和谐与发展。三是认命、宿命论。"生死有命，富贵在天"，我们对这句话并不陌生。某人如果飞黄腾达，人们会说他命中注定有福气；某人若仕途坎坷、财运不济，也会以运气不好来自我安慰。归结为一点，就是认命思想在作怪。当个人财产遭受损失甚至生命安全受到威胁时，一些人常常用因果报应之说来为事件寻找归因，而不是用法律手段维护自身利益。从社会发展的角度来看，这种思想是愚昧的，阻碍了社会文明进步。此外，"小国寡民"的狭隘意识、"安土重迁"的保守态度、"普天之下，莫非王土；率土之滨，莫非王臣"①的人治思想、"女子无才便是德"的愚昧观念，都是难以与当今社会主义核心价值观中倡导的核心思想相融合，甚至大相径庭，严重阻碍了人类前进的脚步，不利于社会的发展。

在继承传统文化时，应取其精华、去其糟粕，将中华传统文化中的宝贵精神财富发扬光大。具体而言，对待传统文化应采用扬弃的原则。一是要基于辩证的视角。尽管传统文化是中华民族几千年来传承至今的集体智慧的结晶，更是中国历史的缩影，但是其在封建制度的规约下，存在一定的历史局限性，若不加选择地全盘继承，不仅不符合历史发展规律，无法跟上现代社会的发展节奏，还有可能阻碍社会的进步。因此，对待传统文化，应辨别优劣，合理地对其进行扬弃：对于有助于社会进步的优秀传统文化，应积极继承并使之发扬光大；对于文化糟

---

① 程俊英撰. 诗经译注. 上海：上海古籍出版社，2004：349.

粗，应果断剔除。应始终坚持实事求是的态度，从实际出发，充分发挥优秀传统文化的独特魅力，不断推进中国特色社会主义文化建设。二是要以宽广的胸怀博采众长。现阶段，面对世界文明的交织与碰撞，不同文化之间的交流与融合已经成为常态，这种势不可挡的文化多元化趋势也是世界发展的需要。在这种文化开放的新形势下，如何以健康的心态面对多元文化的存在，如何处理不同文化之间的冲突与融合，如何在多元文化的碰撞中博采众长，成为首要思考的问题。因此，一方面，我们应致力于不断发掘古今中外各种文化的精华，汲取与整合人类文明的优秀文化成果，推行"拿来主义"，为我所用；另一方面，更要注重创新，以创新赋予传统新的生命力。在时代不断的发展与变化中，传统文化之所以能够在社会发展的不同阶段发挥着不可替代的作用，得益于其发展方式的不断创新。经过创新的传统文化，其内容与时代需求契合，与我国改革开放和社会主义现代化建设的节奏一致，以更好地服务中国特色社会主义建设的伟大事业。三是要注重时代性与民族性的融合。文化具有一定的民族性，主要是说文化本身也彰显着本民族的风情与特征，这也是民族文化有别于其他文化的重要标志和特色。对于优秀传统文化的传承，其重点就是鼓励民族文化保持其特色。基于此，要深度挖掘中华优秀传统文化的精髓，将这种代表着中华民族独特的精神标识、积淀着中华民族最深沉的精神追求、蕴含着中华民族最强劲的精神基因的民族文化创新继承并发扬光大。中华优秀传统文化之所以能够成为社会主义核心价值观的思想基础并服务于以全面建成小康社会和中国特色社会主义的伟大战略实践，正是源于其中国风格和中国特色。值得强调的是，单纯具有民族性的传统文化并不能有效地保持生命力，须与时代相结合才能更好地体现时代价值。因此，应在传统文化的传承与创新之间找到契合点，正确处理二者之间的关系，既保留传统文化的民族特色，又能赋予其时代特征。这就需要我们坚持实事求是的原则，以我国社会主义文化建设的宝贵经验为鉴，不断丰富传统文化的时代精神，巩固改革开放和社会主义现代化建设的成果，稳步推进社会主义文化的大发展和大繁荣。

第五，对中华传统文化进行现代改造。文化是有生命的，她如一条川流不息的河流，有其固有的流动形式和规律，她与社会和时代的发展同行，完成社会赋予的使命后，便踏着时代的音符奔向未来。文化一旦失去生命力，则如一潭死水，最终归于消亡。因此，对传统文化进行现代改造与转换是保持其生命力的关键。具体需做好以下几个方面。

首先，提炼中华传统文化的时代价值，将爱国主义传统镌刻进其时代内涵中。在中华民族存亡的危急关头，正是在爱国精神的鼓舞下，一代代中华儿女誓死捍卫国家统一、维护民族团结，谱写了可歌可泣的历史篇章。因此，中华民族的爱国精神绵延不绝，历久弥新，在新时代依然具有重要的价值。在和平年代，捍卫国家尊严、维护领土完整和主权独立是爱国主义的体现。当国家利益遭遇威胁的时候，要不惜牺牲个人利益来维护国家和人民的利益，坚定不移地走中国特色社会主义道路，全心全意地为人民服务，这些都是新时代爱国主义的具体表现。同时，爱国主义还表现为不断强化自身对祖国的归属感、认同感和自豪感，表现在为中华民族伟大复兴而奋斗终生的奉献中。在全球经济高速发展的今天，爱国主义有了更丰富的时代内涵，这种精神引领中华儿女勇于面对挑战，以更加积极的姿态、更宽广的视野助力中国深度参与经济全球化的竞争，不断提升综合国力。综上所述，不论在哪个年代，爱国主义都体现了对祖国的深厚情感。

其次，弘扬中华传统文化的时代精神。一方面，在文化的传承与创新中强调竞争意识以激活传统文化的内生力。中国传统意义上的持中尚和对国人的处世态度影响极大，在传统文化中的体现也较为集中，如主张"守拙""贵柔"，追求"无为"、清心寡欲等，这样的处世态度致使一些人的竞争意识较为薄弱。这当然有积极的一面，如在遇到纷争时，中国人通常认为退一步海阔天空，让三分心平气和；但在某种程度上讲，它也有消极的一面，因为它回避矛盾，可能导致缺乏竞争力。竞争与创新有着紧密的联系，尤其在当今科技与竞争占据主导地位的时代，缺乏竞争意识意味着将要付出更为惨重的代价，可能面临落后挨打的局面。创新是社会不断向前发展的动力，而创新源自竞争，放眼世界，竞争已无处不在，国与国之间的博弈更加激烈。竞争无疑是残酷的，但是社会的发展是不可阻挡的，唯有积极主动融入竞争、不断创新，才能使国家强大。另一方面，培养科学思维，以转变传统理念。传统观念代代相传，仍然影响着人们的行为和观念，若不加以科学和理性的分析，其消极影响不容小觑。例如，在理财与消费观念方面，传统观念倡导节俭，这是值得肯定与传承的，但是倘若过度节俭就可能发展成奢靡，在一定程度上阻碍社会财富的流通，同时传统观念中存钱为子孙后代积累财富的做法也滋生了"啃老"现象，造成了负面影响。因此，只有摒弃陈旧的消费观念，树立正确、科学、健康的消费理念才能促进社会财富的合理流动。同时，在传统观念中还存在一种"愚忠"现象，在某种意义上带有人身依附的特点，这种现象显然难以与现代社会提倡的自由平等思想同行，正确的做法是转变思想观念，把"忠诚"意识转化为忠于国家、忠于人民、忠于职守，发挥其积极功效。

最后，赋予中华传统文化新的时代内涵，探寻继承与发扬的契合点。优秀传统文化是我们珍贵的历史文化遗产，是无数中华儿女不懈努力得来的，是中华民族的思想精华和智慧源泉。作为新时代的中华儿女，我们有责任和义务担起这份责任，为了传统文化的继续传承，也为子孙后代能领略传统文化的博大精深而对传统文化进行改造，赋予其新的时代内涵。

三、加强红色文化教育价值

习近平总书记强调，要"要把红色资源运用好，把红色基因传承好，培养一茬茬、一代代合格的红军传人"①。这为高校社会主义核心价值观的培育与践行工作的开展指明了新的方向和规则。红色文化教育促进了大学生社会主义核心价值观的实现。红色文化教育所包含的感人事迹与社会道德观念、中华民族精神以及社会主义核心价值观等精神相吻合。社会主义核心价值观所倡导的道德理念与年轻一代的心灵相合，两者的要求是真实、一致的，并成为年轻一代遵循的价值规则。因此，红色文化教育在大学生实现社会主义核心价值观的过程中发挥着重要作用，并获得了高度评价。具体而言，红色文化教育要做到以下两点。

（一）将红色文化资源作为高校立德树人的优质教育资源

红色基因是中国共产党领导全国各族人民，高举马克思主义旗帜，汲取中华

---

① 习近平谈如何传承好红色基因. html.https://www.chinanews.com.cn/gn/2021/04-13/9454105.shtml?ivk_sa=1024320u.（2021-04-13）[2021-08-27].

优秀传统文化营养，历经长期的实践、磨炼与筛选，不断孕育积淀升华的精神品质。将红色基因融入高校德智体美劳全面发展的育人体系，对于丰富人才培养内容、创新人才培养方式、提升人才培养针对性和时效性具有重要的价值和意义。

首先，高校应探索有价值的红色文化教育资源，并将互联网媒体作为服务平台，向大家展示宝贵的红色文化教育资源，完成红色文化教育的推广。其次，红色文化教育要以微新闻媒体为媒介进入高校课堂教学。根据课堂教学的在线文字、图片、视听形式，红色文化教育将以更逼真的形象呈现给学生，使学生充分体验红色文化教育的精神实质和风格。在高校正确的指导和宣传规划下，越来越多的师生关注一些有深入分析和深刻内涵的新浪微博和微信公众平台。例如，未来网是国家互联网信息办公室批准的中央新闻网站，致力于打造青少年教育类垂直新闻资讯、维护青少年合法权益、指导青少年安全上网、搭建青少年丰富多彩的活动平台。

互联网是促进青年人的政治、思想文化教育的主战场，应通过新闻推送栩栩如生的党史故事，以传播文化创新为指引，正确引导学生确立正确的意识形态。此外，在个人实践方面，借助各种融合线上和线下传播特征的红色文化活动（例如重新走过长征路、品红色精神、传红色革命故事以及其他主题活动），必须紧密结合红色文化教育与社会主义核心价值观等主题。此外，在各种与红色相关的节日中，开展与实际行动继承红色文化教育有关的活动，比如历史节日的鲜红色庆典、在微博上分享红色历史节日、自愿签名主题活动等。无论从概念上还是从实践上，都不能忽视互联网媒介，高校要灵活运用新媒体平台，扩大宣传范围，为大学生发展社会主义核心价值观提供产业支撑。

（二）创新红色文化资源融入高校立德树人教育体系机制

坚持社会主义办学方向，培养德智体美劳全面发展的社会主义建设者和接班人是中国特色社会主义教育的根本任务。高校应在充分开发利用红色文化资源的基础上，深刻理解红色文化资源的内涵，创新红色文化资源育人的途径与方法，将红色文化资源融入思想道德教育、文化知识教育、社会实践教育等环节，逐渐构建红色文化资源德智体美劳全面培育的育人体系。

首先，红色文化资源是高校德育的优质教育资源，高校可通过开展特色活动、创新思想政治教育方法、打造高校德育载体等途径创新高校德育，形成特色鲜明的实践教学活动。如"寻访伟人的足迹""红色地名展""抗战老兵寻访"等活动具有时效性强、为师生喜闻乐见的特点，这些形式多样、内容丰富的教育方式能够提高德育的趣味性、提高大学生的思想道德品质。其次，红色文化资源作为优质教育资源应融入专业教育、人才培养，通过教学模式的创新，构建蕴含红色文化的课程体系，如创建"红色档案育人"模式、"红色体验"教学体系、"讲授、诵读、创作"红色经典三维"教与学"体系以及"新闻出版先锋号"红色出版史教育等。[①] 这些红色元素融入高校专业课程教育的形式，可以丰富高校智育教育的内容，提升智育教育的效果。再次，在高校体育教育过程中，红色文化资源也是优质教育资源。高校可充分利用红色文化资源的特质，通过开展特色体育活动、搭建教学平台，积极将红色文化资源融入体育教学中，探索丰富的体育育人经验。如可举办"探寻红色足迹"越野挑战赛、进行野外生存生活教育、举办红色运动会、开展红色拓展训练等，这些活动可以增强体育教育的趣味性，调动学生参加体育锻炼的主动性。最后，红色文化资源因其蕴含可歌可泣的革命故事和伟大的人格魅力，成为艺术创作的重要灵感来源。高校应充分利用红色文化资源这一特质，通过话剧、歌剧、朗诵、绘画等艺术形式开展红色艺术创作，将红色艺术成果用于高校美育育人，形成独特风格的艺术作品，积累丰富的育人经验，如通过举办红色艺术教育周活动、创编红色歌剧、开展"一画一课"红色美术教育等，提升大学生审美素养。

四、重视吸收优秀世界文化

人类历史发展中的文明由各民族优秀文化共同组成。世界各民族之所以能从远古走到今天，其文化尤其是文化中的优秀部分起着支撑和动力源的作用。而且自古以来，各民族的文化也不是封闭的，而恰恰是在长期相互交流、相互碰撞和

---

① 王炳林，张泰城. 高校红色文化资源育人发展报告（2018）. 北京：人民出版社，2020：35-37.

冲突、相互包容、相互融合中，使本民族文化在汲取其他民族文化有益成分的基础上，形成了新的文化。高校培育和践行社会主义核心价值观应遵循去伪存真、兼容并包的原则，重视吸收优秀的海外文化艺术。

（一）客观分析优秀世界文化对大学生的影响

1. 中华文化与世界文化的碰撞和交融历史悠久

中华文化在其历史发展中具有很强的包容性，往往与其他文化相互碰撞、相互融合，从而创造性地生成新的文化。有学者指出，两汉时期，中国由陆路和海上通往域外的交通几乎遍及亚洲，并远达欧洲和非洲，这为周边贸易和域外贸易的发展提供了良好的契机。"中原政权与西域诸国之间正式的贸易往来，始于张骞出使西域。自此之后，中西交通日渐发达，商业贸易更趋繁荣。汉派往西域的使者以及打着汉使旗号的商人，相望于道，络绎不绝。中国的丝织品沿此东西商道，大宗运往西方，故有'丝绸之路'之称。"[①] 此外，两汉时期，不少民间商人去西域经商，往来于"丝绸之路"。由此可见，中原地区无疑在"丝绸之路"的贸易往来中扮演了积极的角色。

"中华民族文化之所以能屹立于世界巅峰，中原文化功不可没。中原文化能绵延数千载，在于它自我继承的同时，又不断地融合，这也是中原文化生命力之所在、吸引力之所在。正是由于这些特性，中原文化得到了海外华人的广泛认同，并从近年来的'中原寻根热'和成功举办黄帝祭典得到印证。已故著名考古学家苏秉琦先生曾将中原地区比喻为中华民族文化融合的熔炉，它反映了中原文化发展的实际。融合是中华民族与文化发展的永恒主题，它贯穿于各个历史时期，中原文化的吸纳与融合所表现的形式，既有一统的根基，又有个性的展现。正是因为有了这样一条线索，才使得中原地区形成了强大的文化根基，而不至于中断或衰落。同时，也正是这样一条文化融合的线索，为中华民族的大团结、大融合打下了坚实的基础。中原文化正是由于这一吸纳与融合性，才显得灿烂夺目。"[②]

---

① 李德山. 论对汉文化东传的基本认识. 中国社会科学报，2018-05-08（06）.
② 杨秋利. 浅论中原民俗文化的形成与发展. 大观周刊，2012（27）：282.

又如宋代所形成的新儒学——理学，就是理学家以"为天地立心，为生民立命，为往圣继绝学，为万世开太平"的社会责任感和历史使命感，面对儒学受到佛教、道教的猛烈冲击而日渐式微的情况，援佛入儒、援道入儒，使儒释道三教合流，从而使儒学因较强的思辨性被提升至哲学本体论的高度，得以继续向前发展。

可以说，中华传统文化在坚守其具有超越时空价值的精髓基础上，以包容四海之胸襟，勇于并善于革故鼎新、融会贯通，从而不断生成符合时代需求又有自身特色的文化，成为中华传统文化历经风雨而生命长青的真正动力。

2. 优秀世界文化为大学生核心价值观提供丰富的养分

世界优秀文化为人类文明与进步做出了巨大贡献，迄今为止，古埃及文化、古巴比伦文化、古希腊文化等仍然对人类的发展产生影响，这些优秀文化的精髓从多个方面为我国大学生核心价值观的形成提供了丰富的养分。

（1）拓展了大学生的文化多元性

文化价值包括两个层面：一是对良好文化的判断，二是对不良文化的判断，即哪些文化好，哪些文化不好。在社会快速发展的今天，大学生的逻辑思维活跃，好奇心和行动力强，他们彰显个性、表达自我。大学生的知识结构方面呈现显著的延展性特点，因此其文化价值的产生与发展容易受社会环境的影响。改革开放以来，我国大学生对欧美文化的接受程度逐渐提高。由于中国传统文化与欧美文化的共同作用，大学生的价值观和文化观呈现多样化态势。

生命的价值是每个人对生命意义等根本问题的基本认知，其具体内容是对生命的目的和实际意义的理解。价值的概念是指人们对事物的价值的一般看法和基本见解，是人们评价各种实际事物价值的基础。人生观是每个人在理解和评价生活的价值特征时的基本见解和观点，是每个人对人生道路、问题的基本看法，其具体内容是对人生道路的目的和现实意义的理解。

古希腊文化是现代西方文化的源头，有其优秀的内涵和多彩的光芒。古希腊文化透射的是以智慧为上的智性文化，以这一文化为根基形成的"四大德"（智慧、勇敢、节制、正义）奠定了其道德教育的基础，对后世西方产生了久远的影响。古希腊文化受东方文明古国科学文化的影响不小。当时，古埃及、古巴比伦、古印度和古中国等文明的产生和发展都早于古希腊，这些国家大多与古希腊民族很早就有来往。在世界文明史上，古希腊文明以其特异的风采与卓越的成就享誉后世，它的文化创造达到人类文明的第一个高峰。古埃及文化作为东方文明古国的文化，也曾在历史上熠熠生辉，散发着经久不衰的魅力。虽然其文化已被淹没在历史长河里，但其内在闪光的精髓不仅影响了古希腊及世界文明，且具有超越时空的价值与意义。古巴比伦作为世界四大文明古国之一，虽然其国名也未能保留至今，但是其所创造的灿烂文化却源远流长，已经融入世界各民族的不同文化形式之中，为世界各民族文化的发展做出了不容置疑的贡献。在历史学方面，希腊神话反映了古希腊人处于朦胧中的历史意识，成为西方历史学的萌芽。描写公元前一千年左右古希腊社会状况的《荷马史诗》，不仅是古代希腊一部不朽的文学作品，也是一部史书。它情节完整紧凑，内容连贯，对历史叙述体体例的产生奠定了基础。有学者指出，"希腊历史学不仅给后世留下了堪称'千秋瑰宝'的历史著作，而且在历史学的理论与实践上进行了积极的探索。希腊历史学确立了历史研究的人学性质，开辟了通往更大时空范畴的研究道路……希腊历史学的政治军事史和社会文化史方面成为西方历史学的主流"①。

（2）开拓了大学生的创新思维

创新思维基于原始的经验材料和学到的专业知识进行合理化和开拓性组合，从而产生新的定义或新的结果。一种逻辑思维是否是创新性逻辑思维，应根据其实际效果是否具有独创性、开拓性和真实性进行检验。限制和影响大学生创新思维能力的普遍直觉思维的关键如下：一是从众思维。从众思维是指放弃学习思考，盲目跟风并相信他人，一切都跟在别人后面，不敢表达自己独立的看法，恐惧承担责任。这种思维抑制了创新的敏感性和勇气。二是权威型思维。逻辑思维中的权威型思维源于一种外部权威对逻辑思维的约束。权威型思维来自两个层面：一个是儿童在成年的整个过程中接受的教育权威；另一个是由商品经济的差异以及专业知识和专业技能的不同而产生的专业权威。一旦个人建立了权威型思维，由于外部多种因素，这种思维将不断加强和扩展。三是经验型思维。从逻辑

---

① 王建娥. 古代希腊的历史学：范畴、方法和意识——兼论古希腊历史学的现代意义. 学习与探索，1998（2）：124-129.

思维的角度来看，工作经验具有时间上的局限性和行为者因自身能力不同而产生的局限性，从而限制了逻辑思维的深度和广度。四是书本型思维。专业知识不等同于能量。确切地说，专业知识的应用才可被视为能量。书本在一定程度上会固化学习知识的途径和对书本的依赖感，因此缺乏积极主动和创新的思维。五是自我中心思维。在通常的思维主题活动中，人们根据自己的意识自觉或不自觉地站在自己的立场上去思考他人甚至整个世界，由此产生了自我中心型的思维定势。

在科学方面，尚智的文化使希腊人将对自然规律的研究、对大自然奥妙的探索放在了首要位置。因此，重视逻辑思维、重视分析与推理能力的理性主义精神得到了弘扬和发展，由此也奠基了古希腊人追求科学的兴趣、毅力和意志，从而在科学的发展上也取得了人所共知的成就。

在法治方面，古希腊时期的哲学家伊壁鸠鲁提出的"社会契约"的国家起源论，被马克思认为是最先提出的国家起源于人们相互之间的契约的理论。这为西方后世重法治精神奠定了较为完整、系统的法律制度的思想基础。古巴比伦时期则诞生了人类历史上第一部成文的法典——《汉谟拉比法典》。

哲学（philosophy）来源于希腊语"philosophos"一词，其含义是"爱智慧"。早期以"哲学之父"泰勒斯为代表的自然哲学家，提出世界的本原问题，解释世界的生成，是西方最早的一批唯物主义哲学家，把哲学的研究对象从单纯的精神和宗教转向了对自然的诠释，从探究客观世界的本质开始，提出了一个大问题——什么是自然，试图用自然现象本身说明世界，从自然现象中发现它们的统一和联系，看待它们的变化和发展、矛盾与对立，这就具有自发的朴素唯物主义和朴素的辩证法思想，对以后的西方哲学产生长远的影响。古希腊哲学对现代普通科学的建立与发展所产生的影响从未间断，并且奠定了人类认识自然、社会和思维的基础。正如恩格斯所言："在希腊哲学的多种多样的形式中，差不多可以找到以后各种观点的胚胎、萌芽。因此，如果理论自然科学想要追溯自己今天的一般原理发生和发展的历史，它也不得不回到希腊人那里去。"[①]

---

① 马克思，恩格斯. 马克思恩格斯全集（第20卷）. 中共中央马克思恩格斯列宁斯大林著作编译局译. 北京：人民出版社，1971：530.

在物理学方面，贡献最大的是古希腊时期的阿基米德，他提出了著名的杠杆原理和阿基米德原理（即物体比重和浮力原理），被后人尊称为静力学的创始人。

在天文学方面，亚里斯达克初步提出了太阳中心说。古埃及有着较发达的天文学。埃及的太阳历是早在公元前3000年埃及人根据尼罗河的定期泛滥和天狼星的运行周期所制定出的，是人类历史上最早的历法，亦称科普特历。在天文学方面，古巴比伦盛行星宿崇拜，观测天象以预测吉凶的习俗促进了占星术的发展，天文学以及由此引领的其他学科也逐步建立和繁荣。由于两河不像尼罗河一样是定期泛滥的，所以确定时间就必须靠观测天象。古巴比伦人先是星象学家然后才是天文学家。在公元前2000年，古巴比伦人就注意到金星运动的周期性。公元前7世纪起，他们对行星、恒星、彗星、流星、日食和月食等天文现象做了系统的记录，积累了大量天文知识。

在地理学方面，爱拉托斯尼第一个计算了地球的圆周，与实际的长度相差不远。数学和几何学知识的发达与设计、测量和建造金字塔密切相关。而且，几何学的发展还与尼罗河水泛滥之后重新丈量土地、兴修水利以及与计算仓廪容积的需要有关。在几何学方面，古埃及人已能求得长方形、三角形、梯形和圆的面积，圆周率被定为3.1605（但当时埃及人并没有圆周率的概念）。

在数学方面，埃及人计数采用十进位制，并创造了用来表示数字的若干符号，他们已熟悉四则运算，已经知道分数和解一次方程（数学纸草文献中的题涉及最简单的二次方程）。屹立在尼罗河畔的胡夫大金字塔，不仅外观宏大，而且角度、面积、土石压力都经过事先的周密计算。当时，埃及的数学虽然缺乏概括的演绎推理，没有形成严密的数学理论体系，但是他们在应用数学方面成绩显著，古埃及以其实用而辉煌的数学成就，对人类文明做出了重要贡献。在数学方面，古巴比伦除采用十进位计算法外，公元前2100年左右，还发明了六十进位计算法，两种进位制结合使用。六十进位法应用于计算周天的度数和计时，至今为全世界所沿袭。古巴比伦人已经掌握四则运算、平方、立方和求立方根、平方根的法则。其泥版书上已有乘法表。尽管古巴比伦人将圆周率计算为3.125，但已知应用勾股弦定理，并能计算不规则多边形的面积及截头方锥体的体积。在代数领域，古巴比伦人可解含3个未知数的方程式。苏美尔人对于数字的运用已经达到了令人惊叹的地步：在金字塔附近找到的一块泥版上，列出了一道由两个数字相乘的计算题，其最终乘积如果用阿拉伯数字来表示，结果竟是一个十五位的数字195 955 200 000 000。然而，公元前500年左右的希腊人，还认为10 000这个五位数简直是一个"大得无法计算的值"，凡是超过了10 000的，就被称为"无穷大"。多位数字对于欧洲人来说，一直到公元1600年以后，才由笛卡儿、莱布尼茨等数学家兼哲学家最先用于计算，而在西方一般人的概念之中，只是在进入19世纪之后，才开始对多位数有所认识，以至于百万富翁这个称呼，成为拥有不计其数的财富的最大富翁的代名词。虽然当时两河流域的数学比古埃及的数学水平高得多，但这些数学问题和古埃及一样，涉及的都是一些实际问题。在晚些时期的数学记载中（即波斯和塞琉西时代），就有了一些天文图表以及关于日历和占星术的计算步骤。

在建筑方面，古希腊的建筑艺术与雕塑，也被人们称颂。古希腊的建筑艺术作为欧洲建筑艺术的源泉与宝库，是古希腊文化的一种物质性外在表现。古希腊的建筑艺术与雕刻艺术已经完美地融为了一体，雕刻成为古希腊建筑的一个重要的组成部分，是雕刻创造了完美的古希腊建筑艺术。除了建筑物上的雕刻之外，古希腊单体雕塑也有很大成就，对后世也产生了很大影响。人体雕刻艺术是古希腊雕刻艺术之冠。古埃及人在建筑方面成就辉煌。古埃及建筑在艺术象征、空间设置和功能安排等方面，有着深刻的文化印迹。反映了古埃及独特的人文传统和奇异的精神理念。埃及的金字塔王陵是世界七大奇迹之一，是埃及人对永恒观念的一种崇拜，堪称世界上最神奇、完美的工程，曾被早期的旅行家当成是"埃及的谷仓"。它是人类建筑史乃至人类史上一座不朽的丰碑。它生动地向后世展示，古埃及是怎样在没有火药、没有机械的年代，利用双手及简单工具而创造出这一惊人奇迹的。因此，金字塔不仅作为世界奇观，成为当今闻名世界的旅游资源，而且也成为人们探寻五千年前古埃及文化宝库的重要遗迹和象征。古巴比伦时期则建造出了被称为古代文明七大奇迹之一的"空中花园"等。

古埃及的象形文字是在公元前3500年由图画发展而来的，是世界上最早的文字之一。古埃及的雕刻和绘画艺术也非常发达，这是一种融庞大与精细为一体的艺术，十分具有感染力，这种艺术几乎没有借鉴多少外来成分，而是凭借千年的灵感并从劳动的埃及农民那里得到启发形成的。在古巴比伦土地上，曾经出现过人类历史上最早的文字之一——楔形文字。

在教育方面，古希腊各城邦也形成了较为完整的体系，实行智、德、体、美多方面和谐发展的教育，这些都对后世产生了相当大的影响。特别是雅典的智、德、体、美多方面和谐发展教育成为文艺复兴时期人文主义教育及其后教育的不懈追求。在教育方面，古巴比伦建立了世界上最早的学校。美国学者克莱默在其著作《历史从苏美尔开始》中列举了古巴比伦文明创造的人类文明史上的27个世界之最，其中就包括最早的学校。著名教育史家滕大春先生曾指出，"甚至可以说，它早于埃及，至少是与埃及约在同时而有了学校。这是人类最初的学校教育摇篮，也是人类正式教育的起点"①。

社会在向前发展，文明在继续前行。没有成功的逻辑思维，就不会有成功的创造。今天，我国重视世界优秀文化思想在国内的传播，促进了社会发展观念的多样化，为创新思维能力的启动提供了必要条件。

（二）对海外优秀文化艺术持批判性思维和宽容的态度

经济全球化必然带来文化艺术的全球性融合和发展，在这样的时代与发展的大背景下，如何对待海外优秀的文化艺术？如何解决外来文化与中国传统文化之间的关系？笔者认为应当采用批判性思维，同时持开放与宽容的态度。外来文化并不是在现阶段才存在的新事物，也不是当代人才遇到的新问题，中国文化发展史中一直存在本土文化与外来文化的博弈与融合，在现阶段经济发展迈向经济全球化的时刻，这一挑战更加复杂，文化、艺术和经济发展齐头并进，产品的进出口贸易也带来了文化、艺术和价值观念的涌入和流出。各个国家的精神产品打破了原有的地域界限逐渐走向世界，使各民族文化艺术中独有的本质特色也逐渐模糊化。在这个历史发展进程中，中国也同样面临价值观念的多样化的情况，并在

---

① 滕大春. 关于两河流域古代学校的考古发掘. 河北大学学报（哲学社会科学版），1984（4）：63-70.

各种文化和艺术的冲击和摩擦中交错发展。

在我国，公民的价值观和文化教育应主动与外来文化艺术的基本理论进行对话和交流，吸收其中的积极元素，建立开放、多元的文化艺术管理体系和价值结构。必须注意的一个关键问题是，这里提到的开放性和多元逻辑思维并非简单的拿来主义，也不是无原则的开放和宽容，而是有原则、有底线的开放和宽容。在对待外来文化与本土文化艺术之间的关系、外来价值观与本土价值观之间的关系时，应注意以下几个层面的问题。

第一，掌握道德底线的标准是认识欧美国家文化霸权主义和价值多元化背后的真正利益需求。文化霸权主义在世界范围扩散，在这种发展趋势下，西方资本主义国家仍在努力主导世界的意识形态布局。因此，在我国公民的核心价值观教育中，首要解决的就是紧抓社会主义意识形态的取向，对西方国家的"政治基因变革"等各种形式的文化霸权主义渗透时刻保持警惕。第二，中国公民价值观文化教育必须对外来文化进行有效的扬弃，积极采纳其中对社会发展和文化发展有意义的要素，同时也应采用批判性思维，客观地看待民族文化和价值观、世界文化的生态以及价值观的多样性和差异性，并深入分析不同文化艺术特征在文明建设中的作用和中国公民的价值文化教育水平和认知能力，选择性地接受西方文化中的有益元素，批判和拒绝糟粕、落后的元素。第三，对我国公民进行价值观教育时，有必要清晰地解释西方政治经济结构及其价值观背后的文化背景，完成中西话语体系的转变。我们只有全方位且深刻地理解外来文化和价值观，才能客观地判断需要继承西方文化当中的哪些观点和批判哪些观点。第四，合理地处理本土价值观与外来价值观之间的关系。在文化、艺术和价值观方面，不仅要对公民进行指导，而且要确保中国走向世界，不仅要出口商品，更要输出中国的文化和价值观，要向世界讲好中国故事，传递中国声音。第五，在公民价值文化教育中，要强化保护民族文化独立性的意识，对外来文化、价值观的吸收都应在民族文化的框架和管理体系内，尤其是价值观层面的吸收一定要与我国社会主义核心价值观相契合。

结合我国公民价值观和文化教育的现状，公民核心价值观教育的顺利开展及其效能充分发挥的关键在于，应该从不同价值观体系中汲取营养和智慧，以保证公民核心价值观系统内部的融合在不同价值观之间的博弈中胜出。应抛弃仰仗传统经典的妄自尊大和追随西方潮流的亦步亦趋，在文化和价值观的碰撞交流中寻求相互包容而不同化的契合点，实现中华民族文化及核心价值观的内生性演化、兼和并存和综合创新。唯有"不忘本来、吸收外来、着眼将来"，方能"各美其美，美人之美，美美与共，天下大同"[①]。

五、案例

（一）河北省高校完善课程体系，社会主义核心价值观融入高校课堂教育

河北省教育系统全面落实立德树人的根本任务，以队伍建设为重点，以校园文化建设为载体，以构建机制为保障，努力提升大学生思想政治教育科学文化水平，促进大学生全面健康成长。一是将社会主义核心价值观融入高校课堂教育，进一步完善课程体系，积极推动社会主义核心价值观和中华优秀传统文化进教材、进课堂、进学生头脑，把党的教育方针和社会主义核心价值观细化为学生核心素养体系和学业质量标准，融入年终考核和综合素质考评之中，把教书育人的"软指标"真正变成"硬指标"。加强和改进青年教师的思想教育，充分发挥社会主义核心价值观在校园文化建设以及意识形态教育中的引领功能，推进和谐校园文化建设，不断增强社会主义核心价值观的凝聚力和感召力，提升大学生对社会主义优越性的认识。二是根据课程的需要，运用科学方法组建人、财、物独立的教学单位，拓宽兼职教师的渠道，鼓励相近专业教师的专职辅导员承担思想政治理论教学任务，促进专业课教师与思想政治理论课与学生思想政治教育互相配合、互相促进。

---

① 费孝通. 费孝通晚年谈话录（1981—2000）. 张冠生记录整理. 北京：生活·读书·新知三联书店，2019：113.

（二）山东师范大学在传承优秀传统文化中培育和践行社会主义核心价值观

山东师范大学将传承创新优秀传统文化教育作为大学生社会主义核心价值观教育的切入点和着力点，通过推进优秀传统文化进教材、进课堂、进头脑，将优秀传统文化融入教材、入脑入心，渗透到社会主义核心价值观教育全过程。一是挖掘丰厚文化资源，建立多个突出齐鲁文化特色的研究基地，并依托研究基地，深入挖掘文化世家优良的家风、家学、家训、家规等历史文化资源，探求著名历史人物成长的家族文化因素，为当代新型家庭文化建设提供丰富的文化滋养和历史借鉴。二是充分发挥课堂主渠道作用，在教育教学中传承优秀传统文化，系统开设孔子与论语、中华诗词之美、中国古代史学家的人生与思想等传统文化课程112门，近万名大学生在中华优秀文化传统课堂上博古通今、陶冶情操。同时，在自然科学课程教学中，注重专业知识与优秀传统文化的结合，立文脉，长精神，将专业发展与文化内涵滋养有机结合。

第三章
高校与社会良性互动机制

立 德 树 人

一、与社会良性互动的育人机制

（一）借助社会宣教资源营造良好的育人环境

1. 通过媒体宣传，向大学生传递健康的价值导向

第一，增强社会各媒体、信息、文化等机构行为的价值导向性，以社会主义核心价值观规范信息传播内容，提升文化产品质量，用社会主义核心价值观引领社会思潮、凝聚社会共识。大众传媒是传播社会主流价值的主要渠道，文化产品是凝结社会主流价值的主要载体，二者对宣传和弘扬社会主义核心价值观都责无旁贷。面对商业化、网络化和创新化的严峻挑战，大众传媒要以社会主义核心价值观来规范和约束从业人员行为，培育媒体人员的职业道德和社会担当意识，牢牢把握正确舆论导向，以大众化语言弘扬主旋律、传播正能量，引导大学生的精神生活健康向上。运用公益广告传播社会主流价值，引领社会文明风尚。大众传媒应适应互联网、手机等新兴媒体对大学生生活方式和文化传播方式的改变，充分把握和运用互联网络的传播规律，用正面声音和先进文化占领网络阵地，以快捷、开放、民主的形式进行平等对话和沟通，促进国家意识形态与社会主流文化的深度有效融合。大力规范网上信息传播秩序，纯净各种社交网站以及微信等网络社交方式，使网络空间清朗起来，形成良好的网上舆论环境。同时，努力提升文化产品的艺术品位和思想品格，增强文艺作品的艺术性、思想性和观赏性，大力贬斥假恶丑，积极弘扬真善美，以丰富、健康的文艺作品和多彩多姿的文化活动陶冶大学生的道德情操。

第二，增强家庭、社区、单位、社会文化团体等组织活动的价值观导向性，以社会主义核心价值观引领道德实践活动和精神文明活动。在当代中国，要矢志不渝地开展社会道德实践活动，培养善良的道德情感和道德意志，提升正确的道德判断能力和责任能力，推进修身律己、崇德向善、礼让宽容的道德风尚的形成，聚集全社会向上和向善的无穷力量。要矢志不渝地开展精神文明创建活动，推进学习型社会、生态城市、美丽乡村建设，推进学雷锋活动的常态化建设，不断提升大学生文明素质和社会文明程度。要矢志不渝地开展传承优秀传统文化的

各种庆祝和纪念活动，大力弘扬民族精神与时代精神所构成的中国精神。加强对中华优秀传统文化的挖掘和阐发，努力实现中华传统美德的创造性转化、创新性发展，弘扬跨越时空、超越国度、富有永恒魅力、具有当代价值的文化精神，形成与历史文化传统相承接、与时代发展相一致的新民俗。只有使社会主义核心价值观体现在大学生的社会生活与实践活动之中，让修身立德的优良道德传统成为大学生的生活需求，才能使他们的心灵找到惬意的归宿，使道德自觉成为社会善治的基础。

第三，增强社会文化设施机构、科技创新部门等服务活动的价值导向性，以社会主义核心价值观引导各类场馆和基地建设。深入开发各类公共设施机构的教育潜能，发挥公共博物馆、纪念馆、文化馆、图书馆、美术馆、科技馆等机构主体的社会教育德育功能，促进大学生精神生活水平的提升和创造力的勃发；加强爱国主义教育基地、科技创新实践基地建设，不断丰富爱国主义教育的内容和形式，使近代革命道德、当代爱国行动与爱国传统相结合，充分利用信息技术，实现实体展馆与网上展馆的同时开放。同时加大科技创新投入，建立科技创新示范园区，鼓励各类创新人才投入创新实践，在创新实践中开拓进取，确立与时代进步相适应的思想观念、价值取向和行为方式。

2. 借助政府机构宣传，向大学生传递健康的价值观导向

推进文化风尚为支撑的社会环境和社会风尚是培育大学生价值观念、引导大学生价值取向的重要土壤，社会的良好道德风尚、和谐人际关系、科学发展理念、主流价值导向都会为家庭与学校的教育发展提供定位与遵循方向。如果社会文化环境与大学生价值观教育发生矛盾，那么家长与教师就很难达到价值观引导工作的理想效果。因此，引导大学生价值取向要注重营造以良好社会风尚为支撑的社会环境，凸显社会文化风气对大学生价值观引导工作的正面效应，从而更好地保障大学生价值取向引导工作的稳定性、高效性、科学性。

第一，始终坚持党对一切工作的领导，促进社会主义核心价值观对社会意识形态的主导引领。一方面，要始终坚守中国共产党对宣传、理论、文艺、新闻、出版、广播、网络等社会舆论阵地的绝对领导，坚持肯定、团结、激励、稳定正面宣传为主的方针，牢牢坚守社会宣传舆论忠于马克思主义指导、忠于中国共产党的领导、忠于人民大众的要求，既要凸显社会主义舆论阵地的吸引力、感染力、凝聚力、号召力与说服力，也要时刻在遵循正确舆论导向下勇于揭露、批判社会的丑恶现象、错误资讯及消极观念，积极弘扬社会正气，助力大学生价值取向引导工作。另一方面，要坚决贯彻社会主义核心价值观念对社会意识形态的统领作用，尤其要对诸如新自由主义、功能实用主义、拜金及享乐主义等错误、消极与反动的思想观念进行彻底的抵制和批判，坚持马克思主义与社会主义核心价值观念引导社会多元化意识形态，形成大学生全员参与弘扬与践行社会主义核心价值观的良好社会氛围。

第二，发挥社会先进道德模范的榜样作用，引领大学生提升文明素养、共建社会良好风尚。精神与道德的力量是无穷的，社会先进道德模范作为社会大众推选出的典范，是引领大学生价值观念与取向的鲜活教科书，比如中央电视台自2002年举办的《感动中国》栏目，推选了全国各地各行各业的杰出人物与群体，激发了大学生的情感共鸣与对价值观的深刻思考。因此，要通过挖掘社会先进道德模范所体现的价值追求与道德引领作用，鼓励大学生在学习、效仿先进榜样人格精神与光荣行为的同时，将其积极自觉地转化为自身的价值意识与行为取向，进一步加强自身的社会公德、职业道德、家庭美德、个人品德，努力营造知荣辱、讲正气、做奉献、促和谐的社会良好风尚，促进自身形成修身律己、崇德向善、礼让宽容、服务奉献、守信光荣失信可耻的文明道德涵养，自觉成为社会主义核心价值观的践行者、推进者、呵护者、守卫者。

良好社会风尚的积淀与营造是一个长期、渐进的过程，离不开健全的社会规章制度的管理、约束、引导和保障，因此，要确保政府、组织、部门等行政主体的责权分工，通过加强制度设计、深化理论研究、制定管理条例，确保管理主体各负其责，避免管理人员懈怠扯皮，从而正规、科学、高效地制定倡导和激励人们为社会多做贡献的管理政策与保障机制。同时，随着我国城镇化进程的加快，社区的影响范围拓展了大学生践行社会主义核心价值观念的基层空间，为协调家庭、学校共建社会良好氛围提供了有利条件，要通过设立居委会大学生活动站、聘请社区专职教导员、建立大学生社区学习室、组织大学生参与社区公益服务等手段，鼓励大学生运用所学知识投身到社区文化活动中来，在参与建设社区良好文化氛围的同时，促进自身弘扬与践行社会主义核心价值观念。

第三，准确把握社会先进文化方向，积极发展健康文化事业，创造优秀文化产品。一要遵循社会主义精神文明建设及先进文化发展的总体要求，促进社会文化的繁荣与文化产业、事业的创新，为大学生价值观培育提供更多、更好的教育素材。二要在坚持打击粗俗、庸俗、低俗、劣质的文化产品的同时，充分联合诸如博物馆、图书馆、文化馆、科技馆、展览馆、纪念园、烈士陵园、优秀企业与工厂等大学生价值观教育实践基地，协调发挥群众性活动中心的价值观引导作用。三要借助开展面向大学生的公益性文化活动，使他们在参与、接触社会主义文化事业，感受、体会社会主义文化产品的过程中，进一步强化自己的共产主义与集体主义的信仰，切实增强自身的爱国主义思想、民族意志精神、历史使命感、家国自豪感、社会主流价值认同感。

综上，对大学生价值取向的引导不能仅着眼于某一环境与某一方面，要进行统筹，形成家庭、学校、社会三方环境彼此配合的协同场域，全方位地构建良好、综合的教育大环境，实现家庭奠基、学校教育、社会感染的环境渗透合力，为大学生价值取向的培育及引导工作保驾护航。

（二）采取"请进来"的策略，以道德楷模的实际行动来感染大学生

高校要实现榜样文化育人的最大效力，就离不开各方面的协同助力。高校必须着力推进人才培养模式的改革，健全榜样文化育人的协同落实机制，实现学校内外、校内各部门和人员、理论与实践等的协同作用，推动高校榜样文化育人功能的良好实现。

1. 高校要加强学校内外的沟通协作，积极探索建立学校、家庭和社会整体联动的有效工作机制

一方面，高校要围绕实现榜样文化育人这一教育目标，建立学校与学生家长之间有效的联系、沟通机制，充分发挥家庭的榜样教育功能。引导家长配合学校的榜样文化育人工作，以良好的思想道德修养为子女做表率，在家庭范围内创造

良好的榜样文化氛围，潜移默化地实现对学生的熏陶。另一方面，高校要把育人放在社会大系统中做整体性考察，主动争取社会各方面对学校榜样教育工作的关心和支持，实现学校教育与社会教育的有效衔接。大力发挥电视、互联网等媒介对高校师生的影响，充分整合、协调、利用校内外各类榜样资源，优化高校榜样文化育人的大环境，实现对学生的榜样教育，增强榜样文化育人的效力。例如，2015 年由中共成都市委宣传部、成都市精神文明建设办公室主办的"成都榜样高校分享会"就是高校联通社会力量开展榜样文化育人的一次成功实践。这次分享会在成都大学举行，来自成都大学的榜样学生与其他三位成都市不同行业涌现出的先进代表，一起与同学们分享经验、交流心得，传递满满的正能量，引导广大青年学生不断向这些先进典型学习。

此外，要让大学生自觉践行社会主义核心价值观，还应发挥家庭（尤其是父母）的示范、激励作用。立德树人是高校德育的根本任务。作为大学生成长的背景和底色的家庭德育则是德育的起点和基础，立德树人的根也必须牢牢扎在家庭中，因此，应把社会主义核心价值观融入家庭德育中，发挥父母的榜样示范作用。一是父母要为子女打造团结友爱、民主平等、和谐的家庭环境；二是要发挥父母的道德示范作用。父母应首先树立正确的价值观念，自觉认同社会主义核心价值观，并通过日常生活中的言行举止和工作、生活态度长期潜移默化地感染和影响大学生，对大学生进行价值引导，规范其行为，进而使其自觉遵循具有社会主义特色的道德行为准则和价值准则。

当然，社会生活中还存在许许多多践行社会主义核心价值观的榜样。他们用自己的举动树立了一座座丰碑。因此，我们必须充分发挥这些榜样人物的示范引领作用，用他们的言行和先进事迹向大学生诠释"三个倡导"的内涵，将其融入大学生的内心深处，不断带动大学生向榜样学习，并以大学生带动民众，形成全社会都争做社会主义核心价值观践行榜样示引领效应。

2. 高校要充分运用学校各部门的育人力量，积极构建榜样文化的全员育人机制

高校要加强榜样文化育人的人才队伍建设，实现党政领导干部、专业人员、教师队伍、学生团体等多方人员的合力育人。学校领导干部要加强对榜样文化育人工作的组织领导，发挥"把方向、管大局、作决策、保落实"的良好作用，做好榜样文化育人的顶层设计和统筹规划；专业人员和教师队伍要不断深化对榜样文化的研究，协作推进榜样文化育人工作的顺利开展，要不断提升自我的品行修养，充分发挥自己育人工作中的价值引领和正向激励作用；要充分利用优秀学生干部、学生代表的"朋辈优势"，积极向广大学生宣传榜样的精神、事迹，传播正能量，起到对广大学生的示范和激励作用。

高校还要加强理论与实践的结合，完善文化育人与实践育人的联结机制。高校要实现榜样文化育人，就要坚持课堂教学和实践教学的协同共进，推动学生在理论学习和实践体悟中不断接受榜样文化的熏陶、引领。习近平总书记指出，高校的思想政治工作"要更加注重以文化人以文育人，广泛开展文明校园创建，开展形式多样、健康向上、格调高雅的校园文化活动"①。这启发了高校运用榜样文化开展育人工作：一方面，要做好榜样文化知识的理论灌输和教育，要发挥相关课程课堂教学的作用，教授学生榜样文化的相关知识，使学生在理论层面强化对榜样的认知，进一步感受榜样的影响，不断提高个人的道德素质。另一方面，要重视和加强第二课堂的建设，充分发挥校园榜样文化活动和社会实践的育人功能，大力开展榜样的文化活动，诸如演讲、文艺表演等；积极组织学生参与各类相关社会实践，如走访道德模范、参观名人故居等社会实践考察活动。

习近平指出，"只要中华民族一代接着一代追求美好崇高的道德境界，我们的民族就永远永远充满希望"②。道德模范是大众推选出来的，体现了大众的道德追求，因此，他们也是推进公民道德建设有效进行的鲜活教材，可以通过挖掘这些道德模范身上所体现的价值追求，发挥其道德引领作用，让大学生感知社会主义核心价值观体现在其生活中。一方面，继续利用主流新闻媒体广泛宣传道德模范的先进事迹和道德精神。如前所述，新闻媒体具有受众多、传播快、辐射面广等特点，因而对人们的价值取向的影响更大。在我国，电视、广播、图书、报刊、网络等主流媒体必须坚持弘扬主旋律，不断推选出更多的典型道德模范人

---

① 习近平：高校立身之本在于立德树人. http://www.xinhuanet.com/mrdx/2016/12/09/c_135892530.htm.（2016-12-09）[2021-03-18].

② 中共中央文献研究室. 习近平关于社会主义文化建设论述摘编. 北京：中央文献出版社，2017：143.

物，推动社会形成崇德尚义、见贤思齐的良好风气，为大学生践行社会主义核心价值观营造良好的社会舆论氛围，引导大学生在不断提高自身道德素质的生活中践行社会主义核心价值观。正如中央电视台举办的《感动中国》节目，2002年至今已经推选出很多来自各行各业的杰出人物和群体，在大学生群体乃至全社会中产生了很大影响和强烈的情感共鸣。另一方面，广泛开展道德模范进高校活动，发挥道德模范的言传身教作用。榜样的本质之一是确立道德人格范式，这种道德范式又通过一系列行为模式表现出来。因此，榜样既可以为大学生提供可以仿效的行为，又可以给大学生带来人格影响。高校开展道德模范进高校校园活动，可以让道德模范通过与大学生互动进行言传身教，激励大学生仿效他们的行为，并为大学生提供现成的、应对环境挑战的活动方式。这种活动方式也将在之后的相似活动中得到普及，进而成为大学生的行为规范。同时，大学生可以在仿效道德模范的行为过程中将道德模范的人格精神内化为自己的行为动机，并长期影响自己的思想和行为，最终转化为自己的品质，从而在日常学习生活中不断践行社会主义核心价值观。

二、建立社会宣扬与服务实体

（一）利用自身的智库优势与社会有关部门合作成立联合体

应创建灵活的高等教育服务拓展机制。高等教育在提高适应社会发展能力的同时，也增强了竞争优势，这是其寻求发展的内在动力。这必然促使高等教育努力跨越"学院墙"领域，与行业、科研组织、政府部门等紧密联系，以获得支持。高校应运用各种资源来提高服务能力，扩大服务范围，从而获得并扩大在区域社会或更大范围内的声誉和影响力，增强核心竞争力。为了实现这一目标，高校必须创建灵活的服务扩展机制。

1. 在高校与产业界和科研组织之间建立互惠互利的关系

应建立高校与产业和科研组织之间互惠互利的关系，主要包括创建生产、学习和研究合作实体，科研和开发管理中心或研究机构，高级技能培训中心，专业协会等。

首先，要认识产学研一体化是互惠互利的，是提高高校自主创新能力最有效的方法和必然选择。高校、科研机构和产业部门都聚集了一定数量的高科技资源。高校在专业知识的自主创新方面处于领先地位，科研机构在应用研究方面具有专长，产业部门正是技术方面的需求方，在产品开发和市场开发方面具有优势。促进产学研之间的结合有利于聚集各层面的优势，使创新活动和创新成果的内在价值通过市场得到检验，加速研究成果转化，从而完成产业发展。其次，促进高校、区域政府及下属组织之间的密切合作与协调。高校通过向政府部门提交政策建议、调查报告和咨询顾问等形式，促进政府部门提升政策标准，改进政府的服务方法，并寻求政府和下属机构的帮助。政府部门通过政策支持、资金支持、协助指导等方法鼓励高校自主创新，正确指导和支持建立有利于产学研合作的行业规章。应建立产学研合作平台，包括建立技术创新产业基地、信息服务站、高新园区等。再次，搭建高校通向外界的学术平台，如创建学术期刊、出版学术专著、举办学术研究研讨会等，组织参加社会实践活动，如科普活动、社会研究、问题咨询、分析研讨等。最后，融入区域学习型社会。一些学者强调，高职教育长期以来已成为社会经济发展和文化的"轴心"，是周围社会智力资源发展的"第一力量"。因此，高校应首先增强自身核心观念，完善自身学习型学校的基础建设，同时向社会开放，实现教学资源和社会发展共享，为学生服务，为学习型社会服务。

2. 建立优秀人才的互动机制

高等教育与区域社会发展的合理融合需要多方有共同追求的目标，拥有能共享的配置资源，并在此基础上进行良好的互动，最终取得双赢的实际成果。人力资源管理是完成共享资源最具有操作性和最重要的要素资源之一。在经济发达地区，许多行业与大学精英人才之间已经实现互动交流。例如，社会精英可以去大学担任兼职教授，大学教师也可以去政府部门任职，诸如顾问、助理人员或短期交流人员等。部分产学研合作的新项目缺乏与优秀人才的良好互动交流机制，导致创新成果转化率较低，因此建议创建新型的产学研人才互动交流平台，主要包括：建立公司和高校相结合的技术创新中心，形成"紧密型"人才交流平台；建立俱乐部制的技术创新中心，形成"准紧密型"的人才结合模式。技术创新管理中心的主要参与者可以由具有规模和实力的公司招募，技术创新管理中心也可以由行业协会牵头组建。高校的优秀技术人才进入公司，形成了"宽松"的人才引进方式；高校组织技术创新人才和团队进入企业，帮助公司建立技术创新中心。简而言之，在知识经济时代，区域性高等教育必须持续更新理念，与时俱进，并尽快完成由被动适应型向主动服务型的转变，投资从强调规模、硬件配置向注重服务、质量、效益的发展模式转变，实现高等教育与社会发展相互依存、共享资源，促进学习型社会和终身教育体系的建设。

（二）通过服务实体的运行实现社会服务的正常化和规范化

高校要加强与当地政府和社会团体之间的联系，主动寻找适合本校学生的社会单位和团体；加强与社区、乡、镇、企事业单位等的联系，坚持互利互惠原则，为大学生提供稳定的、符合自身专业发展要求的校外实践基地和实习基地。同时，在高校所在地的博物馆、纪念馆、展览馆、历史文化遗址等文化艺术事业单位建立社会实践基地，组织大学生到校外基地参观学习，打造校企联合、社区服务、志愿服务等形式的校外实践基地。加强校企合作有利于丰富高校社会实践基地建设的资源，更好地与社会需求相链接。要健全社区共建合作机制，就要明确合作目标，落实共建任务，促进平台搭建，增强高校与社区间的协商沟通，加强交流互动，利用高校和社区的资源合力强化大学生社会主义核心价值观教育，逐步形成资源共享、共同发展的大学生社会主义核心价值观教育新格局。

第一，明确合作目标。社区是相同地域内所组成的社会生活共同体，其范围和发挥作用也越来越大。高校与邻近社区处于共生的生态圈，利用高校优质教育资源可以提升社区的学习氛围。高校与社区合作要探寻结合点，明确高校与社区共建、共创、共享的目标，经常交流沟通并进行资源共享，赢得大学生与社区组织的联动协作，有效促进大学生社会主义核心价值观教育。

第二，落实共建任务。高校与社区共同参与大学生社会主义核心价值观教育的任务，要使大学生直接参与社区组织的活动，增加社会实践的机会并增强对地方文化的了解，加快社会化进程，尽快地融入当地的生活和工作。通过现代化技术手段开发大学生社会主义核心价值观教育互动软件，成功实行学校、家庭与社区对接与互动，形成立体化、全方位的大学生社会主义核心价值观教育格局。

第三，促进平台搭建。我国社区建设还处在初级阶段，正在全面推进的城镇化进程改变的不仅仅是人们的生产生活方式，更是人们的思维方式。高校必须转变理念，加强平台搭建，借鉴公共组织与公共管理、社区治理理论，突出高校所在地区社区组织的地位、功能和特点，在公共组织视野下思考和开展社区的大学生社会主义核心价值观教育工作，合理、充分地利用社区的大学生社会主义核心价值观教育资源。

综上所述，健全社区共建合作机制要明确合作目标，落实共建任务，促进平台搭建，使社区为高校提供大学生进行社会实践的环境与平台，帮助大学生拓宽专业知识面，提升专业技能，在实践中检验和丰富所学的专业理论。同时，发挥社区在大学生社会主义核心价值观教育中生活化的体验式作用，促进大学生在日常生活与社会成员的互动中感知、践行和弘扬社会主义核心价值观。

具体而言，主要有以下方式。

其一，让大学生社会服务活动"进社区"，深入开展"共建和谐社区志愿服务行动"。团中央全面启动和部署"社区志愿服务和谐行动"，也称作"共建和谐社区志愿服务行动"。它是大学生校外志愿者服务活动的基本活动形式之一，而且这一活动已经取得了显著成绩。可以说，它是大学生服务他人、服务社区以及服务社会的一个有效途径。因此，我们应该继续深入开展"共建和谐社区志愿服务活动"，让大学生继续深入社区，不断弘扬雷锋精神，协助和配合社区开展精神文明建设活动，宣扬社会公德和家庭美德，宣传"三个倡导"的基本内容，宣传科普知识以及为社区提供法律援助等，进而为和谐社会建设贡献力量。

其二，让大学生社会服务活动"进基层"，坚持开展大学生志愿服务西部计划活动和文化、科技、卫生"三下乡"活动。一方面，继续实施"大学生志愿服务西部计划"，鼓励大学生到基层去、到西部去，在帮助西部地区人民脱贫的同时，拓宽大学生的就业渠道，引导大学生艰苦奋斗，继续弘扬中华民族的优良传统，从而自觉遵守和践行爱国、敬业、诚信、友善的个人层面的价值准则。另一方面，积极开展大学生"三下乡"活动，让大学生正确宣讲社会主义核心价值观的基本内容，并按照"三个倡导"的实践要求积极参加科技支农、教育扶贫、法律援助以及医疗服务等实践活动，并在解决所遇到的困难过程中促进大学生综合素质的提高，使他们在接触社会中更为全面地了解我国的基本国情，以不断增强他们为建设社会主义现代化强国而奋斗的使命感。

其三，让大学生社会服务活动"进家庭"，组织大学生参加关爱留守儿童活动。当前，留守儿童问题仍然是一个有待更好地解决的社会难点问题。由于亲情缺失、监护不力、关爱不足等原因，一些留守儿童在成长过程中出现了问题。因此，各高校应通过爱心书屋建设、亲情屋、联谊等活动汇聚大学生的爱心力量，发扬助人为乐的精神，培养大学生友善的意识，为农村留守儿童创建公平、和谐、有爱的生活和成长环境，用留守儿童的健康成长见证大学生践行社会主义核心价值观的实效性，引领越来越多的人加入关爱留守儿童的活动，努力实现人人践行社会主义核心价值观的新风尚。

除上述途径外，为了更加广泛、深入、持久地开展大学生社会主义核心价值观践行活动，还必须构建大学生社会主义核心价值观践行的相关机制，为其提供基本的制度保障。大学生社会主义核心价值观践行的相关机制是指各种因素相互影响、相互制约的运转方式。在建立健全相关机制的过程中，应注意以下问题。

一是充分发挥各级党委和政府在大学生社会主义核心价值观实践活动中的作用，建立和健全大学生践行社会主义核心价值观的领导体制，只有对大学生的相关行为进行一定的规约，才能形成践行社会主义核心价值观的良好社会氛围。

二是打造一批相对稳定的大学生实践活动基地，以促进大学生循序渐进、扎实、有效地践行社会主义核心价值观。通过各种专门的实践活动和日常生活行为引导，形成有利于培育和弘扬社会主义核心价值观的生活情景和社会氛围。

三是要建立相关的榜样示范机制，对于高校涌现的先进典型，不仅要给予舆论上的推崇和道义上的支持，还应当给予物质上的激励和生活上的关心，以此推动高校形成良好的奖惩机制。

四是立法、司法和执法机关要把"三个倡导"的相关实践要求上升为具体的行为规定，充分发挥法律法规的保障作用。具体到高校，应当以完善学生守则和各种相关规定为重点，通过修订《中小学生守则》，制定相应的"中等职业学校学生公约""教师行为规范""违反师德行为处理办法"，推进大学章程建设，加大规章制度的实施力度，在学校日常管理中彰显社会主流价值观，使正确的行为得到鼓励，错误的行为受到谴责。总之，建立健全相关机制的目的在于推进大学生社会主义核心价值观践行制度化，为其提供稳定的制度保障。

（三）注重社区实践活动，使社会主义核心价值观的概念体现在社会效果中

在校大学生的社区实践活动是将社会主义核心价值观概念运用到社会、体现社会效果的关键过程。重视社区实践活动意味着大学生要利用课余时间和假期进行市场调查研究，关注核心价值概念在民情民生中的宣传与规划，强调在促进课堂教学和实习的基础上促进社会核心概念的发展，注重在"三下乡"主题活动中秉承社会核心理念，致力于服务社会。

1. 进行假期社会实践活动

假期社会实践活动是大学生贯彻社会主义核心价值观的重要途径，也是大学生健康成长的一种正确途径。大学生的首要任务是学习，学习生活的主要场所是校园。大学生社会研究的第一步就是从校园走向社会，这有利于大学生正确、全面地认识和理解社会。大学生在重新调整学习生活方式的过程中，可以接收来自社会的最新信息。同时，社会现实情况也可以使学生更好地反思和认识自己，并顺利地完成个体社会化。假期体察民情的实践活动也可以增强大学生的社会责任感。正面接触和认识社会才能使大学生更好地了解民情、国情，对社会的变迁和进步感同身受，才能真正认识到自己对国家和社会的责任。

大学生生活在社会中，首先要把握好自己，认识到自己肩负的历史使命，及早找到自己的位置，并将其付诸实践，这样才能在实践中理解今天中国人民的美好生活来之不易，了解人民的期望和社会发展的需要。由于社会处于不断转型和发展的过程中，如果大学生不进行深入的社会实践活动，就无法正确理解这一时

期的特点以及自己所肩负的历史使命，就可能被社会淘汰。因此，大学生可以通过社会实践活动对社会有一个从感性认识到理性认识的转换过程，用理性认识具体指导实践活动有利于综合素质的提升。大学生在校所学的理论知识只有付诸社会实践才有意义和价值，才能真正成为自己的知识。把书本中的知识灵活运用到社会实践中并且达到和谐统一就是知行合一，知行合一并不是天生的，而是有目的地培养的结果。社会实践活动是大学生的主观观念、行为与现实的结合，它们是相互作用、相互影响的。这就要求大学生将自己所学知识与社会活动中相应的行为结合起来，如果思想与行为不一致，就应立即修正，并再次用社会活动进行验证。如此循环往复，大学生通过社会实践活动，不仅能用校园中所学知识服务社会，还可以在实践中获得新知识，更使所学知识扎实、巩固且有意义。

2. 加强教学实习

深入生产一线是大学生践行社会主义核心价值观的重要环节。教学实习是学习者在一定情景（即社会文化背景）下，借助他人（包括教师和学习伙伴）的帮助，充分利用各种学习资源（包括文字教材、音像资料、多媒体课件、软件工具以及从上获取的各种教学信息等），通过意义建构形成自己的知识结构，从而获得知识、掌握知识和发展能力。教学实习是本科人才培养过程中关键的实践性教学环节，其目的是使学生的基础理论与实践相结合，增进其对专业技能的理解，获得本专业基础的研究理论，接触和了解社会，根据教学实习，培养学生的个人专业能力、爱国主义观念及团结合作的精神，从而提高学生的综合素质，使其在就业后可以迅速适应和融入社会。

教学实习有利于学校与社会的融合。当今社会正经历着一个独特而又迅速的社会转型，涉及社会生活的方方面面以及社会的现代化过程，普林斯顿大学历史系教授布莱克（Blake）将其与人类的诞生和文明的出现相提并论，称这是人类社会历史上的第三次社会变革。这种巨大的转变最终将促使社会多方面的发展，各行业也随之发生许多变化。大学生的社会化领域也无一例外地印上了现代化的时代特征。大学有其现实性和功利性，这些是客观的事实。数百年来，大学一直在梦想与现实之间行走，这种摇摆的特征经常被暴露出来：过度理想化，大学的功能使大学成为人们想逃避现实的"象牙塔"；过于现实化，大学则有"职业技能培训机构"之称。在人才培养上很难有一个相对稳定的制约，因此，教学实习成为大学生从"象牙塔"通往现实的阶梯。

教学实习有助于培养学生的创新思维。大学生参与教学实习和深入生产一线可以把大学所学和社会实践紧密结合起来，并向社会传播社会主义核心价值观。加强教学实习和生产一线的紧密结合，不仅有利于培养学生的工作和创新思维能力，摆脱传统的以教师为中心的教学方式，而且可以促进社会主义核心价值观的普及。学生学习丰富的课本知识后，并不能马上将其转化为创造能力，创造能力是在学习知识并将知识运用到生产生活的过程中慢慢培养的。做事是学生塑造和培养创造能力的有效途径。创造性教学是学生在老师的正确指导和协助下，通过创造力解决困难、寻求自身发展的过程。与课堂教学不同，教学实习没有固定的内容，学生需要根据实习岗位的相关要求进行独立的思考，并根据自己的分析和实际情况进行操作，从而完成实习内容。这样既能培养学生的创新能力，又能促进大学生人格的培养。

教学实习使学生的主体性得到充分的发挥，属于构建主体参与型的教学模式。在教学实习环节中，大学生积极主动地参与，改变了传统的"填鸭式"教学方法，可以激发独立思考和自主创新的热情、学生的求知欲和想象力，培养不同的逻辑思维方式和探索精神。教学实习摆脱了传统的以教师为中心的教学模式。传统的教学模式中，学生只能根据教师设计思路、方法和模式去思考问题，师生之间缺乏双向沟通，学生往往没有参与的意识，缺乏进取精神，形成了低效率的课堂教学环境。教学实习就避免了对学生思想观念的束缚和对其主动性的抑制，更重要的是，有效地保留了学生自主创新的潜力。

3. 推广"三下乡"主题活动

坚持用社会主义核心价值观服务社会，开展"三下乡"主题活动是大学生坚持社会主义核心价值观服务社会的关键途径。大学生"三下乡"主题活动是面向农村的大学生群体服务项目，这一社区实践主题活动，不仅可以把党的政策和党的温暖送下乡，还是走近农村、服务农村的社会实践活动，能够帮助农村地区培训技能型人才，解决生产瓶颈问题。自1997年中宣部、中央文明办、国家教委、共青团中央、全国学联联合下发《关于开展大中专学生志愿者暑期文化科技卫生"三下乡"活动的通知》，提出并组织开展大学生"三下乡"以来，这项活动取得了显著成效。从内容形式上看，它已从初期的单一调查发展为政策宣讲、文艺演出、法律普及、支教扫盲等多样化和专业化的服务。从活动的实际效果来看，它不仅为服务"三农"做出了积极贡献，而且促进了大学生综合素质的提高，也因此受到了党和政府领导人的高度重视、主流媒体及各界人士的充分肯定。"三下乡"主题活动也是大学生传播和贯彻社会主义核心价值观的重要途径，有利于大学生掌握基本国情，了解社会发展，更好地服务社会，从而促进"三农"工作。高校应遵循课程化建设、专业化服务、社会化动员、项目化运营、基础化培训和科学化评估的思路，并遵循与思想教育相结合、与专业学习相结合、双向受益、就近就便的原则，加强对这项活动的服务指导和管理，从而促进大学生成功、成才和成人。坚持社会主义核心价值观，普及"三下乡"主题活动，可以磨炼大学生的意志，增强其社会责任感。通过"三下乡"的主题活动，在校大学生可以近距离地接触农民，了解农村的生产条件和农民的日常生活，有利于端正思想认识，改变对劳动者的偏见，还可以培养热爱劳动、尊重劳动成果、艰苦奋斗和尊重劳动人民的品质。此外，大学生在"三下乡"的过程中同吃同住、一起研究、彼此照应，不仅增强了团队互助意识，还提高了社会实践能力、个人专业能力及社会适应能力。大学生深入基层群众和生产建设一线能够在社会这个"大课堂"中认识社会、了解国情，不断增强人民群众的意识和观念，树立积极为人民服务的观念，进一步明确当代青年学生的历史使命感和责任感。

三、案例

（一）华南师范大学塑造"榜样华师"引领学生成长成才

华南师范大学通过"榜样华师"活动，对学生的典型事例、榜样人物进行宣传，将传统的抽象说教转换为生动的形象教育，帮助学生更好地定位人生目标，激发学习动力，挖掘自身潜能，塑造优秀品格。该活动通过拍摄视频，真实地记录了不同类型榜样的日常学习、工作、生活情景和个人感悟，将可亲、可敬、可学的身边榜样呈现给广大学子。颁奖典礼现场依托视频播放、亲友团上台参与互动、校长颁发"榜样华师"奖杯、名师撰写颁奖辞、榜样学子走红毯、观众微博上抒发感受等环节，将榜样力量传递给场内外的华南师范大学学子，引起学生的广泛共鸣和一致认同。"榜样华师"凸显了人性化、轻松化、平等化的精神元素，摒弃了居高临下的教导姿态，从细节中展现榜样的成长发展过程，对榜样事迹所蕴含的精神品格、道德价值和人格魅力进行整体透视和深度挖掘，充分发挥榜样的示范与价值引领作用，让学生对社会主义核心价值观形成自觉认知、内化于心、外化于行。

（二）西南财经大学传承英烈精神引导青年学生自觉践行社会主义核心价值观

2013 年 7 月，西南财经大学国防班毕业生曹顿山在执行任务时，因抢救落水战友牺牲。2014 年 3 月以来，西南财经大学积极宣传英雄事迹，开展了几年曹顿山烈士系列主题活动，引导青年学子传承英烈精神、砥砺品格，自觉践行社会主义核心价值观。一是通过多种渠道宣传英雄事迹，营造浓厚的学习英雄模范的良好氛围。学校通过网络、校内刊物、校园电视台等媒体积极宣传、报道曹顿山烈士的英勇事迹，开设线上专题网站及大学生优秀事迹征集活动，事迹链接通过微博、微信等新媒体得到大力宣传，获得师生的广泛好评。二是多层次地开展系列主题活动，弘扬英雄的光辉品格。通过发起纪念曹顿山烈士植树活动、追寻烈士足迹等公益活动，延续曹顿山志愿奉献精神，为更多需要帮助的人送去温暖，努力践行社会主义核心价值观。

第四章
建立学生心理认同机制

立 德 树 人

大学生社会主义核心价值观体系教育作为系统的思想道德教育理论，要入脑、入心，通过理论的内化而形成高度的心理认同是必要环节。为了提高大学生对社会主义核心价值观的归属感，有必要把握大学生对社会主义核心价值观取向的理解层次问题，包括认知能力和掌握水平、基本理论、原先信念的价值矛盾问题、内部转换问题和心理认同问题。在开展教育时，应逐步掌握各层次的相互关系，重视启发和正确指导。每个大学生是一个独立的个体，具有不同的价值观和意识形态，因此，教育工作者应避免对其进行说教和"填鸭式"的教育，应当具体问题具体分析，根据大学生的具体情况进行适合的教育指导，使其能够真正完成对这一体系的理解和认同。教育者还应以情动人，以便大学生在理论学习和富有感染力的情境中达成心理认同。大学生的接受力也是影响其对社会主义核心价值观体系认同程度的关键因素，因此，有必要考虑根据不同班级大学生的认知能力、情感分析接受力来选择适合其身心发展趋势的方法进行宣传和教育。此外，教育者本身要做到言传身教，使其在社会主义核心价值体系坚定信仰和积极践行的氛围中逐渐形成心理认同。

一、大学生主流意识形态认同的必要性和重要性

如今，我国大学生的意识形态面临挑战，重视大学生对主流意识形态的认同成为高等教育研究者必须面对的研究课题。

（一）大学生主流意识形态认同的必要性

大学生是我国未来社会各项事业发展的生力军，其正确思想意识的形成非常重要。多年来，党高度重视大学生群体的思想政治工作。随着经济全球化发展趋势，文化交流的阻碍也越来越少。因此，意识形态的多元化已逐渐成为常态。

考虑到我国高校数量众多，区域分布不均，学校层次类别较多，以及大中小城市高校的布局情况、学校办学历史、专业和水平等各方面因素，本书课题组于2017年9月至2018年3月选择了我国东西南北各区域54所高校，实际发放"大学生社会主义核心价值观认同感量表"问卷14 730份，回收问卷13 392份，其中有

效问卷 11 904 份。由问卷统计结果可知，被调查的大学生的中华优秀传统文化知识测验情况并不理想。若按照学校教育中百分制进行计算，90 分及以上为优秀，75—89 分为良好，61—74 分为中等，60 分为及格，60 分以下为不及格（差），那么优秀的占 19.88%，良好的占 28.95%，二者之和不足 50%，而不及格率达到 20.98%。这在一定程度上反映出这些大学生对中华优秀传统文化知识掌握得并不十分扎实，还有较大的提升空间，体现了其对传统中国文化的公民意识的理解还有所欠缺，对中国文化还缺乏信心。如果大学生对祖国情感认识不够，就会在日常生活中有所表现，比如一些大学生过分崇尚国外名牌服饰，效仿国外生活方式等，所以应进一步加强大学生爱国主义教育和"四个自信心"文化教育的推广和规划，使其获得更多大学生的认可和重视。这也为高校培育和践行社会主义核心价值观及思想政治教育中大力弘扬和加强中华优秀传统文化教育提供了一定的依据。因此，既要丰富大学生的爱国主义教学活动，又要开设针对中小学生的爱国主义教育课程，以提高中小学思想品德课教师的政策理论水平和课堂教学水平。另外，要树立积极向上的社会风气，弘扬社会中的正能量，使大学生从身边的人和事中感受到我国的发展变化，增强文化自信和爱国主义情怀。就现阶段而言，大学生应在主流意识认同方面做以下改进。

1. 应加强情感认同

大学生从小就接受中华民族传统文化的熏陶和爱国主义文化教育，总体上对中华民族传统文化有较强的认识。然而在调查中发现，极少数学生仍盲目地抵制传统文化，对中国文化缺乏信心。这就要求高校提出有针对性的方案来增强大学生对中国共产党和中华优秀传统文化的认同，为促进对大学生的行为认同而努力。

2. 应加强理论认同

大学生对主流意识形态的认识就是对马克思主义基本理论的理解和认识。本书课题组设置问卷调查的时候，将该问题集中体现在对大学生对社会主义核心价值观的认同情况上。当被问及"一个国家要具有全民共同认可的核心价值观，形成伦理共识"时，61.63% 的受访大学生表示"十分必要"；36.12% 的受访大学生表示"有一定必要";有2.26%的受访大学生表示他们认可社会主义核心价值观,但对形成理论共识认为"没有必要"或"无所谓"。大学生常通过政治思想理论课来学习和了解社会主义核心价值观,但仍然有一些学生对此没有概念。这表明高校的基本思想政治课仍有需要改进和完善的地方。另外,高校必须以多种方式提高大学生的政治思想文化教育水平,以弥补基本思想政治课的不足。

一些学校采取应试教育体制,导致一些学生长期以来重视专业知识的机械记忆,缺乏对知识的真正理解,长此以往,就会出现他们只重视表面的学习和培训、对专业知识的理解和运用能力相对欠缺的情况。同样,在这样的教育体制规约下,他们对马克思主义理论知识的学习与运用难以深入,常常流于形式。这种变相化的学习致使马克思理论难以在大学生群体中形成较高的认同度,因此,高校应加强大学生对马克思主义基本理论的学习。

3. 应加强行为认同

对在校大学生主流意识形态认同行为的认可是指国家对大学生的个人行为的认可度与关注度。根据本书课题组对大学生关于我国的重要实事和热点问题的关注度调查,获得了以下数据和信息:当被问及"对国际关系的关注程度"时,38.56%的受访大学生表示他们只是"偶尔关注"或"不关注";31.65%的受访大学生对"民生问题的关注程度"表示"偶尔关注"或"不关注";40.18%的受访大学生表示偶尔关注或不关注"反腐倡廉";41.54%的大学生表示对"民族团结"持"偶尔关注"或"不关注"态度;16.66%的大学生不关注"社会道德"现状。据此可知,被调查的大学生对主流意识形态的认同度远远低于情感认同度和理论认同度。

(二)大学生主流意识形态认同的重要性

意识形态建设是党和国家一项极为重要的工作,它发挥着引领国家、稳定社会、凝聚人心、推动发展的强大支撑作用,更关乎旗帜、关乎道路、关乎国家政治安全。2013年8月19日,习近平总书记在全国宣传思想工作会议上对如何加强我国主流意识形态建设进行了专门部署。他明确指出,"能否做好意识形态工作，事关党的前途命运，事关国家长治久安，事关民族凝聚力和向心力"①。

1. 有利于在实践中加强对马克思主义的继承和发扬

大学生群体是我国未来社会主义事业的接班人，是年轻人中的佼佼者，其对马克思主义的认同有利于马克思主义与现实相结合的继承和发扬。高校作为宣扬马克思主义的主阵地，应紧紧把握大学生的思想动态，时刻洞察其对主流意识形态的认同现状，通过多种学习渠道增强大学生对主流意识形态的深度认同，将高校的高质量人才培养与我国社会主义各项事业的发展紧密结合，本着为中国特色社会主义发展凝聚人心、培育专业人才的思想，将大学生主流意识认同教育置于马克思主义继承和发扬的首要位置，争取早日实现社会主义现代化目标，增强我国综合国力和国际影响力，实现全体人民共同富裕的愿景和中华民族的伟大复兴。

2. 有利于提高大学生思想文化水平，助力国家文化软实力提升

所有非物化要素构成的软实力是相对于经济、军事等硬实力而存在的。思想文化是我国软实力的关键组成部分。党和国家既高度重视意识形态工作，又对青年寄予厚望，重视其发展。大学生作为青年中的优秀分子，是推动国家未来发展的主力军。大学生对主流意识形态的认同决定了社会未来的发展方向。因此，我国十分重视大学生思想政治教育工作，其中包括主流意识形态认同的引领工作。2016年12月召开的全国高校思想政治工作会议正是党和国家对大学生主流意识形态认同的高度重视的体现。

当前，大学生意识形态认同的工作面临诸多挑战，尤其是互联网上的大量流行思想占据了不少空间，对大学生的主流意识形态认同产生了不小的影响。当今信息技术飞速发展，大众往往将注意力集中在世界各国的经济实力、科技实力、军事实力等方面，容易忽略意识形态领域的斗争。互联网上的信息内容泛滥、良莠不齐、价值取向多元化，容易使一些大学生在进行价值判断和个人行为选择时感到迷茫。如果没有正确的指导，其产生的不良后果就非常严重。信息技术的发

---

① 孙来斌. 守牢党和国家意识形态工作的前沿阵地. 光明日报，2015-09-16（013）.

展极大地促进了信息内容和知识总量的总产出，信息内容交流的进程也大大加快。大学生具有较强的接受新事物的能力，并且在接触网络信息过程中接受其他思想文化的可能性增大。同时，社会信息化提出的竞争也给主流意识形态理性整合增加了难度。此外，网络舆论管理的难度系数也随之增加。这些都给我国大学生的主流意识形态认同带来了严峻考验。

因此，必须提升大学生对主流意识形态的认同度，既要通过教育教学的良性消解与整合加强校园文化环境的熏陶作用，促进大学生在知情意行等方面的提升与融合，提高大学生的价值判断和选择能力，发挥内在机制作用，又要推动思想政治理论课的突出作用，健全学生管理机制，增强其约束力，发挥其外在机制作用。

3. 有利于增进民族团结稳定

我国是一个多民族国家，许多少数民族具有不同的风土人情和民俗文化，主流意识形态的认同是民族团结与稳定的凝聚力，是实现中华民族伟大复兴中国梦的必要条件。中国梦是全国各族人民共同的价值追求和价值认同。大学生的覆盖面很广，是我国各族人民的杰出青年代表，提高大学生对马克思主义的认同有利于统一人心和增进各民族之间的感情，有利于维护我国各民族的团结和稳定。

4. 有利于大学生未来的发展

2020年，国家统计局数据显示，我国在校普通本专科（不含研究生、成人本专科生、网络本专科生）大学生共3285.3万人。他们是年轻人群体的杰出代表，大学生对主流意识形态的认同程度影响甚至决定了他们自己今后的发展程度。在我国，以马克思主义为核心内容和理论指导的社会主义意识形态是主流意识形态，长期的实践证明，这一主流意识形态对于应对社会变革中的难题、维护社会稳定、引领社会的持续健康发展都起到了巨大作用。中华人民共和国成立后，许多优秀人才回到祖国，为国家的发展做出了贡献，这不仅是因为他们掌握了丰富的专业知识，愿意用自己所学回报祖国，更是因为他们对马克思主义的高度认同和对国家的赤诚热爱，所以他们选择了回到祖国、报效祖国。因此，只有保持对马克思主义的高度认同，才能唤起大学生学习本领的自觉和增强对国家的信心。

从大学生自身的健康发展来看，对马克思主义的深入认同能够帮助大学生顺利从校园进入社会，使其尽快地以积极向上的态度适应社会发展，完成多重角色的转变。大学生对主流意识形态的认同具体体现在大学生对主流意识形态基本知识的认可以及对执政党的地位和执政措施的认可和赞成。大学生对主流意识形态的认可是多种因素综合作用的结果，不仅包括主流意识形态本身的科学性，还包括经济、政治、文化的发展水平。随着改革开放的不断深入，一些社会现象还没有得到及时、合理的解决，海外一些分裂势力容易利用大学生群体缺乏社会经验这一不足，使他们不能深刻地认识一些社会现象，被表面现象迷惑了双眼，可能难以对西方资本主义制度的弊端进行客观的判断，在工作和生活中容易崇洋媚外，脱离社会现实，进而出现不良甚至极端情绪。这样的做法对我国大学生主流意识形态产生了消极影响，其后果的严重性显而易见。因此，必须加强大学生对主流意识形态认知，引导大学生正确对待我国社会发展过程中存在的问题，理解这些问题是任何社会发展都不可避免的，从而鼓励大学生热爱社会主义，并积极参与我国社会主义建设工作。

二、通过多元渠道进行积极引导

（一）以课堂理论解析，启迪核心价值观的心理认同

1. 开展马克思主义全方位系统的学习和培训

在理论课堂教学中，大学生应认真学习马克思主义产生的背景，掌握马克思主义向我国传播的过程。马克思主义在我国的社会主义革命和社会主义现代化建设中起什么作用？我国已进入社会变革阶段，马克思主义能否指导社会主义现代化建设？对于这些问题，大学生应该在课堂上找到正确答案。此外，大学生必须了解马克思主义的开拓创新的基本理论。这是具有持续发展特性的科学理论。马克思主义不仅包括马克思、恩格斯、列宁和毛泽东等伟人撰写的经典著作，还包括马克思主义中国化的最新理论成果。大学生还应努力学习马克思主义的基本原理和方法，并学习运用它们来分析社会现象和各种社会思想，理解事物的本质，

确立社会主义发展趋势，提高自身的政治觉悟。

2. 清楚了解我国的近代史和现代史

在学习中国近代史时，大学生应考虑以下两个问题：近代中国为什么穷？尽管经过几次革命，但都以失败告终，为什么中国共产党领导的中国革命获得成功？在课堂上得到答案后，学生将更明白只有社会主义才能拯救我们的国家，只有社会主义才能发展我们的国家；只有在中国共产党的领导下走中国特色社会主义道路，中华民族才能完成民族的伟大复兴，从而坚定中国特色社会主义理想信念，努力实现共产主义的崇高理想。

3. 加强对中华优秀传统文化和时代精神的学习

通过学习中华优秀传统文化，大学生可以培养民族自尊心、自信心和荣誉感，进而承担起继承中国传统文化美德的历史使命。大学生学习改革开放的时代精神，可以全面了解社会主义现代化建设取得的光辉成就，了解自己所要承担的历史使命，从而增强社会责任感，更重要的是在学习时代精神的过程中能够打破各种束缚，激发自主创新的活力和激情，增强创造力，使自己成为引领社会主义创新与发展的新生力量，促进社会主义现代化事业向前发展。

4. 努力学习社会主义核心价值观并约束自身行为

在日常生活中，大学生要主动培养自己的社会道德、职业道德、家庭美德和个人道德，确保知识和实践的统一，重视提高自身素养，并努力成为社会主义现代化的建设者。在校大学生只有在正确的思想道德体系指导下，联系自身的实际情况和心理状态，才能充分理解和准确把握社会主义核心价值观的相关内容，并对社会主义核心价值观有深刻的了解，进而开展相关的科学研究。

（二）通过有特色的社会实践活动，提高对社会主义核心价值观的心理认同

学习之外的社会主义核心价值观的实现是指大学生践行的行为，大学生根据团组织的主题活动、党的主题活动、志愿者活动等课余活动来实施社会主义核心

价值观。只有重视课余活动的实施，大学生才能更合理地在党团组织主题活动、社团组织主题活动和志愿者主题活动中领会社会主义核心价值观的精神。

1. 加强大学生社团建设

社团组织主题活动中核心概念的集中表达是指大学生根据社团组织主题活动传播社会主义核心价值观概念的个人行为。从本质上讲，这也是大学生践行社会主义核心价值观的主要体现。同时，社会组织的主题活动也是大学生贯彻社会主义核心价值观的重要手段，为了在社团组织的主题活动中合理地反映社会主义核心价值观，就需要在以下四个方面加倍努力。

（1）社团各类活动应以社会主义核心价值观教育为主题

社团组织的主题活动不仅是扩大大学生课堂教学、学习和培训成果的途径，而且是大学生贯彻社会主义核心价值观的重要途径。大学生可以报名参加各种课外活动，如学术研究研讨会、研讨班、作文比赛、演讲比赛等，将社会主义核心价值观教育融入多姿多彩的主题活动中，将对社会主义核心价值观的理解通过践行的过程不断深化。例如，为了辨析社会发展中存在的两种不同的价值观，持不同观点的大学生可以根据彼此观点的利弊进行辩论，使论点更明确，以便大学生可以弄清什么样的价值观可取、什么样的价值观不可取。

（2）加强对社团活动的集中学习

大学生社团具有"三自"（组建自主性、成立自主性和运转自主性）的特点，对大学生具有强烈的作用力和吸引力。因此，利用社会主义核心价值观来促进和加强对大学生基本理论的深入学习，有利于大学生通过社团组织的主题活动来实现对社会主义核心价值观的学习和理解。

（3）提高社团活动的有效性

大学生社团活动在传播社会主义核心价值观思想方面具有独特而关键的辐射源效应。在政治思想文化教育中引入大学生社团活动，可以使主要价值观和文化教育的社会发展更接近学生的实际情况。将社会主义核心价值观的基本理论融于社团活动，可以将课堂教学与课余活动联系起来，由于其主题活动与学生的日常学习和培训密切相关，社会主义核心价值观能够更自然地融入学生的思想。

（4）增强社团活动的服务作用

运用社会主义核心价值观正确引导社团成员将自身才能与社会服务紧密结合，使课外活动成为大学生贯彻社会主义核心价值观的有效途径。大学生可以通过社团活动组织的社区活动、探访农民、去公司进行深入的调查研究和科学研究活动以及其他社区实践活动，弘扬社会主义社会的核心观念，并对践行提出有效的规划方案。在社团主题活动的帮助下，大学生社会主义核心价值观实践的具体路径得到进一步完善。

从大学的人才培养功能来看，高校社团建设是实现人才培养目标的有效途径之一。如前所述，高校社团通常是大学生自发组织起来的，其形成与发展源自学生的共同爱好与兴趣。以社团为媒介，拥有共同志向的大学生在社团里能够展示自己的个性和特长，不但丰富了在校生活，而且锻炼了沟通能力、人际交往能力以及创新能力。通过持续的社团活动，大学生不断提高自身素养和能力，为将来更好地走入社会和服务社会奠定了良好的基础。

高校社团为大学生提供了重要的发展平台，社团的建设与发展应得到高校的充分重视。因此，目前我国高校社团普遍存在的一些问题必须得到充分重视，否则可能产生负面影响，影响社团的健康发展，难以发挥其人才培养的功能。例如，在高校社团建设上，有些高校在思想上不够重视，在行动上不给予支持，缺乏健全的管理规章制度，在经费划拨与支持上都存在不同程度的障碍，严重挫伤了青年大学生积极加入社团的积极性，进而导致不同高校社团的发展质量和规模出现良莠不齐的现象。基于此，各高校应在充分了解本校社团建设现状的基础上，采取有效措施对相关社团进行改革，积极改善社团现状，加强高校社团建设。首先，要充分认识高校社团对于高校人才培养的重要功能，加大社团的投入，落实高校社团建设与发展资金支持计划，实行校、院（系）两级支持模式，将社团建设与相关院系结成服务对子，实现社团服务与院系资金支持双向支持的新型社团建设模式。其次，成立专门社团指导部门，为高校社团配备专门的指导老师，鼓励老师积极报名成为社团的兼职教师。一方面，一个专业部门掌握的信息和资源比学生多，利用专业的资源优势开展指导将会达到事半功倍的效果；另一方面，高校社团工作也需要积累丰富的经验，才能够不断应对社团建设所涌现的新问题，使高校社团建设始终适应高校和社会的发展需要。成立专门的负责部门更有助于经验的积累，使高校社团快速成长，不断扩大规模和影响力，更好地服务学校、服务社会，甚至能够在长期的实践中形成社团文化，更加深入、持续地为大学生的成长成才提供养分。再次，将社团活动与思想政治教育相结合。高校社团是大学生自愿参加的组织，相较于专业课学习课堂，大学生更能展示自我，增加自信，在某种意义上更能激发学生的参与兴趣，可以说社团已经成为学生自我成长的第二课堂，有些优秀的社团更是具备了较大的规模，吸引了大量的学生参与其中。高校应充分利用社团活动的优势，一方面通过指导教师深入了解学生的思想动态，另一方面可以通过社团活动，将社会主义核心价值观的内容融入其中，并充分发挥第二课堂的积极教育引导作用。最后，积极借鉴国外大学社团建设与发展的成功经验，加强社团的规范化、制度化管理。国外一些知名大学历史悠久，影响力大，其中也得益于它们重视社团管理。它们专门设立了社团管理委员会，学生社团自主管理财务，妥善保存财务记录，并提交上一年度的财务报告、财务审核报表、当年的预算以及活动安排等，并要求学生干部确保所有财政记录公开、透明。规范的制度管理不但保证了社团活动的有效开展，而且规避了管理不到位导致的问题与风险，既起到了锻炼学生实践能力的作用，又规范了学生的行为，还能够有效监督社团的各项活动。

2. 举办课后学术沙龙活动，在思想碰撞中识别和选择价值观

课后学术研究和讨论沙龙活动是大学生学习和理解社会主义核心价值观的有效途径。在校大学生已经从理论层面系统地学习了社会主义核心价值观的基本知识，但是课堂教学中的大部分时间是老师讲授知识，学生在学习过程中遇到疑问时也大多选择被动接受。上课期间如果学生有疑问或有更好的想法，往往在课堂上没有机会明确提出，这在一定程度上限制了学生的自主思考。因此，高校应积极搭建展示大学生课后学术沙龙活动的服务平台，使他们将在课堂上想要表达的问题和意见发表在平台上。

在课后学术研究沙龙活动中，相关理论老师或顾问应向大学生展示学术论坛的加入程序和标准，并积极鼓励学生参加交流。在交流过程中，教师应倾听学生

在学习社会主义核心价值观过程中遇到的困难，对学生的具体疑问进行现场解答，帮助他们有效地消除有关思想状态和观念差异的疑问。只有这样，学生才能真实地表达自己对社会主义核心价值观的想法，并在思想冲突中真正了解社会主义，了解社会主义的主流意识形态，认识到为什么我国在许多社会意识形态中选择这些内容作为社会主义核心价值观的核心思想。此外，高校还应高度重视大学生的互动与交流，充分发挥学生的主动性和创造力，塑造大学生学习、思考、沟通和协调的能力。大学生应结合自身的具体情况，依据课后学术研究有选择性地加入研讨沙龙活动，在这个过程中将所看到的各种社会现象和所认识到的社会理念进行有效整合，并从社会学、心理学和道德观念等方面进行思考、分析和沟通，进而认识社会主义核心价值观念，提高自己的政治觉悟和思想水平。

总而言之，辩论点越多，社会主义核心价值观就越清晰。作为一个合乎逻辑的科研管理体系，社会主义核心价值观的光芒在于，大学生必须经过科学研究、讨论甚至辩论才能使真理越辩越明。大学生对社会主义核心价值观的客观认识，是大学生深入学习、正确理解和准确把握社会主义核心价值观的时代特征、内在对应和现实意义的基础，从而根据创新思维能力进行价值选择，因此它是大学生内部认同的起点。

3. 关注志愿者主题活动中的核心概念

志愿者主题活动中核心概念的集中表达是指根据志愿者主题活动践行社会主义核心价值观的大学生的个人行为。从本质上讲，这是大学生实现社会主义核心价值观的主要体现。

在高校，将社会主义核心价值观的内涵与精神融入志愿者主题活动，可以作为践行社会主义核心价值观的重要手段。我们必须在志愿者主题活动中合理地反映社会主义核心价值观，必须清楚志愿者主题活动的起源和发展。自共青团以"奉献，友爱，互助，进步"为核心理念开展志愿者主题活动以来，这项主题活动已成为中国大学生经常参加且参与面最为广泛、参与程度最高的志愿者活动。在北京奥运会、上海世博会上，大学生志愿者用自己的实际行动贯彻"奉献，友爱，互助，进步"的公益精神，显示了其投身公益事业的热情和巨大能量，同时也践行了社会主义核心价值观。志愿者主题活动是大学生贯彻社会主义核心价值观的有效途径，它自始至终都渗透着时代的特征，高举着人性光辉的旗帜，像温暖的春风消除着人与人之间的冷漠与疏离。因此，志愿者主题活动对于高校培育和践行社会主义核心价值观起着至关重要的作用。在投身青年公益活动的过程中，大学生不断深入、广泛地认识和理解社会主义核心价值观的精髓，同时作为传播者，不断彰显社会主义核心价值观的影响力，对社会产生深刻、持久的影响，使其作为一种促进社会和谐、稳定的推动力源源不断地输送到社会中。

4. 建立校内外的实践培训基地

社会实践作为高校人才培养的重要环节，应得到充分重视，既要保证社会实践的有效性，也要尽可能地使社会实践活动多样化。每项社会实践活动内容只有以培养大学生能力为基础，使大学生在实践中再学习并学以致用，才能够达到社会实践的目的，体现社会实践的意义。比如，大一学生的社会实践活动应以校内实践为主；大二学生应倾向社会调查；大三学生应以学科专业性及应用实际能力的社会实践为主；大四学生应以提高专业适应能力、社会适应能力、就业技能和创业能力的社会实践为主。再比如，开展困难生帮扶活动。困难生通常包括经济困难学生、学习困难学生和心理困难学生。对于经济困难学生，可建立资助与育人相结合的助学系统，将国家助学贷款与信用教育相结合、勤工助学能力培训与提供勤工助学岗位相结合，为其提供国家助学贷款，待学生毕业工作若干年后，分期还款；还可以为经济困难学生提供勤工助学岗位，如辽宁一些高校为学生提供了校内管理部门的勤工助学岗位。这既为学生提供了一定的经济来源，又锻炼了学生的实践能力。大学生群体中也不乏学习困难学生，对于这类学生，应在学习上提供应有的帮助，可以将这些学生与老生结成学习帮扶对子，采取"老生带新生""优生带困难生""老师重点指导"等模式，关注学习困难学生的发展，帮助其解决学习障碍，提高学习成绩。随着各种社会压力的不断增大，大学生心理健康问题成为高校学生工作的重点之一，对于有心理困扰的学生，高校可建立心理和突发事件干预机制。大学生心理咨询中心之类的机构应在全面、深入了解在校大学生心理健康状况的基础上，积极开展多种形式的心理辅导活动，如由心理咨询师与学生进行面对面的直接沟通或其他形式的间接沟通，其他岗位的教师也应在教学工作过程中及时发现和捕捉学生的心理异常，并第一时间进行上报与疏导，帮助学生克服并解决心理问题。

5. 建立社会主义核心价值观理论与实践相结合的践行机制

理论研究系统与实践系统共同作用机制是指大学生专注于学习社会主义核心价值观的理论并积极践行核心价值观，将其内化为自身价值理念并加以实施的教育机制。它包括两个级别：价值观的密集型学习和价值观的社会实践。一方面，有必要加强在校大学生社会主义核心价值观的强化学习，使其能够理解什么是价值，什么是社会主义价值，什么是社会主义核心价值观，将社会主义核心价值观的实质与精神理解透彻、掌握牢固，并在感性和理性的认知基础上将其内化为个人的人生观和价值观。高校应给予其具体指导，以规范其个人行为。另一方面，有必要加强对大学生价值观社会实践的文化教育，使其能够在社区实践活动中促进对社会主义核心价值观的客观认识，因此，应将基本理论融入与生活息息相关的实际活动。社会主义核心价值观的根源是服务社会主义实践活动及其实践现状。核心价值观社会实践是指参加具有一定核心价值观内在精神要求的实践活动，如中国传统文学艺术活动、学习雷锋活动、救灾、社会救济或其他慈善活动。大学生在社会实践活动中接受和运用价值观的文化教育理念，做出适当的价值判断，然后基于主题活动促进对社会主义核心价值观的理解和认可。

简言之，在价值观识别和个人行为识别的过程中，价值观强化学习和社会实践活动是紧密相关、相互促进的。只有强化价值观的理论学习和社会实践，并将两者有机结合，才能更有效地增强大学生对社会主义核心价值观的基本认识。在大学生学习与践行社会主义核心价值观的每个阶段，固化系统都是至关重要的，它是前面重要环节的各种制度影响的充分体现和重点反映，因此必须引起重视。否则，它将使社会主义核心价值观念和文化教育的整个过程与整个体系形式化，以致无法实现大学生对社会主义核心价值观念入脑、入心的目标。

大学生对社会主义核心价值观的认识是要在不间断的学习理解及践行过程中沉淀、固化，并依据价值取向具体指导自己的行为，积极按照社会主义核心价值观行事，最终将社会主义核心价值观变成自己的行为习惯，与其融为一体。

（三）充分发挥优秀学生的榜样作用，激发核心价值观的心理认同

1. 创建榜样文化资源的开发和利用机制

（1）建立典型选拔制度

高校应建立筛选教育典型的具体实施制度。选定的典型应具有对社会发展有较强的示范价值，并充分体现核心价值观的本质特征。具体的标准包括：

第一，必须高度重视挑选具有较强象征意义和人类群体代表性的杰出人物或杰出团队，如积极参加国内外志愿者活动并得到大家一致认可的大学生、参加支持山区教育的主题活动的志愿者等。例如"千里背母上学"的"中国好教师"刘秀祥，他从小就担负起家庭重担，在极其艰苦的环境下仍然努力读书，不仅带着自己身患重病的母亲上学，而且在大学期间积极参加学生管理和公益工作，一边打四五份工来维持母子两人的生活，一边资助多名贫困学生。大学毕业后，刘秀祥毅然放弃多家企业提供的待遇优厚的工作岗位，选择回到家乡做一名教师，并积极开展各项助学工作。他说："我能走出去，大家也一定能走出去，不要怕现在条件艰苦，只要有梦想，有行动，未来一定会更加的美好，我们每个人都在努力，为自己，为家乡。"[①]很多大学生听了刘秀祥的事迹后惊叹其思想蕴含的强大力量，有学生表示"他像一束光照亮了我"。这位杰出的青年通过自己的行动实现了社会主义核心价值观的要求，实现了自我价值。社会主义核心价值观与个人价值的统一，这种象征性和突出的典型性是高校的重点规划与宣传目标。

第二，要时刻关注师生身边切实发生的典型人物和事件。身边的典型更具亲和力和吸引力，可以更好地让大学生从心理上认可和接受他们。

第三，选择具有良好群众基础的典型。大家的普遍认可充分说明该典型的优秀品质，可以充分依靠其自身团队的凝聚力和传播力迅速产生模范效果，让大学生真切地感受身边熟悉的人的感人事迹，更深刻地认识到自身的不足，找

---

① 感动中国 2020 候选人物——刘秀祥. https://news.cctv.com/2020/12/25/ARTI7UVGVxlhjkE1lnPSyEZH20122 25.shtml.（2020-12-25）[2021-03-22].

准学习的目标及今后努力的方向，以最大限度地发挥社会主义核心价值观的教育效果。

（2）深入挖掘并且充分利用榜样文化资源

深入挖掘并且充分利用榜样文化资源是实现榜样文化育人功能的前提。高校要实现榜样文化的育人效力，就要建立开发和利用榜样文化资源的长效机制。

第一，高校要把握主流方向。这就要求高校以社会主义核心价值观引领榜样文化的内容建设。榜样文化承载和传播着社会主义核心价值观的主要内容和要求。高校榜样文化建设要用社会主流意识形态凝聚人心、引领大学生的校园学习生活，要自觉将社会主义核心价值观融入榜样文化建设和育人全过程。

第二，高校要强化榜样资源的挖掘和榜样教育内容的选择机制。高校要批判地继承和创新社会涌现的各类文化，要组建专门队伍对有关榜样的内容进行充分的挖掘、研究，要认真地分析和整理相关的榜样素材，使之成为系统化、理论化的文化形态，再将其运用到高校文化育人的过程中，让榜样文化可以进学校、进课堂、进教材、进头脑。高校应聚焦不同时代背景下的英雄人物、先进个体、美好事物，挖掘其背后蕴含的榜样精神和物质文化资源，通过系统的分析、筛选、整合，选择吸引大学生的内容，将其推广、运用到日常的榜样教育过程中。

第三，高校要注重加强学校内部榜样资源的开发和建设机制；要善于发现校园生活周边的榜样人物、榜样现象，讲好身边事，影响身边人；要加大资金投入力度，对身边榜样给予物质奖励的同时，强化榜样周边文化产品的打造以及物态榜样文化的建设，如围绕榜样印刷、发行一些纪念册，制作一些纪念礼品，又如在校园内充实与榜样相关的基础设施，如建造榜样的雕塑、画像、纪念馆等。

2. 典型示范机制

高校应引导大学生积极学习和宣传典型，发挥典型的示范带动作用。这首先需要对典型进行深入研究，充分挖掘其闪光点，采用多样化的方式进行宣传，加大大学生对典型人物、典型事迹的学习力度，以充分发挥其典型示范作用，调动高校师生学习典型的热性，影响师生的行为举止，使典型的积极影响不断扩大，最终形成一股强大的典型示范力量，推动学校整体精神风貌的优化。这样的典型示范机制能够将社会主义核心价值观的精髓内化为行动力量，发挥了思想宣传工作的"传帮带"优势，值得在我国高校中广泛地推广。

3. 完善高校榜样文化的宣传、表彰机制

"榜样和榜样文化是社会化产物，作为社会治理的柔性手段和思想政治教育的基本方法，内在地决定了榜样的功能指向是外向的，其效能辐射是面向大众的。"[①]

（1）榜样宣传机制

高校要想实现榜样文化对人的导向、示范、熏陶、激励和规范功能，就必须依靠卓有成效的传播机制来保障榜样文化育人工作的运行，通过不断的宣传和教育，将榜样事迹与精神及时、准确、全面地传播给广大师生。高校建立和完善榜样文化宣传、教育的长效机制，采取广泛、多元、高效的方式对榜样人物进行宣传和弘扬，有助于榜样以及榜样文化价值的最终实现。完善高校榜样文化的宣传、教育机制，是指高校在面向大学生个体进行榜样文化宣传教育时，要综合分析并深入研究榜样人物的行为、事迹及相关案例，有效地凝练榜样的精神特质和先进表现，继而通过一定的方式，借由一定的载体，在全校范围进行广泛传播。

对榜样的宣传教育是一个长期的过程，需要构建可以长期作用的机制，要坚持一定的原则，切实考量宣传的渠道、方法，要根据国家和社会的宣传形势要求，针对本校榜样宣传的顶层规划、方法设计、渠道搭建、效果评价等多个环节进行科学化、规范化的管理。其一，要把握榜样文化宣传的真实性原则。高校在建设榜样宣传的规则、制度和制定宣传榜样的相关策略时，要严格遵循文化宣传实践的客观规律；在讲述榜样故事、传播榜样声音时，不刻意夸大榜样的形象，不采用夸张的宣传手段，而是尽可能地从师生思想和生活实际出发，客观、真实地宣传榜样的精神及事迹。其二，要加强对多种宣传方法的运用。高校宣传榜样文化要充分利用好多媒体的效用和力量，一方面，要发挥电视、广播、报刊、黑板报、演讲等传统媒介的宣传作用；另一方面，要不断创新宣传方式，充分利用博客、微博、微信、QQ、校园官网、学生自媒体等新型媒体的宣传功能，综合

---

① 张爵宁. 建设以中华优秀传统文化为核心的当代榜样文化. 科教文汇，2016（25）：1-2.

运用各种宣传方式的优势，多措并举、多管齐下地进行榜样宣传。其三，要加强宣传队伍的建设。高校应加大对人才培养的投入和支持力度，培养一批优秀的榜样文化宣传工作者。高校要明确榜样宣传的任务和责任分工，安排专门的宣传工作者去组织、制定宣传策略，研究宣传的内容，做好宣传报道，构建榜样文化的宣传队伍网络，充分发挥专业人员在榜样文化宣传过程中的独特优势。合理的激励机制能够对宣传工作者产生有效的激励作用，给高校榜样文化带来良好的宣传效果。高校要建立健全榜样文化宣传的考评、监督、奖惩等制度，加强对各人员宣传工作方面的相关考核、奖评，在充分调动宣传工作者参与榜样文化宣传积极性的同时，保证榜样文化的宣传工作落到实处，真真正正地将榜样的精神及事迹传达给每一名大学生，实现榜样文化对他们成长与发展的引领、示范、熏陶、激励和规范。

（2）榜样表彰机制

在一些大学生的心目中，似乎只有那些做出了惊天动地事迹或重大贡献的人物才能成为典型和榜样。大学生对榜样的这种认识和理解在一定程度上限制了对自己立志成为典型和榜样的想象。实际上，榜样和典型并非高不可攀，他们可能就是身边的老师和同学，他们在平凡的岗位上做出了不平凡的成绩，这些具有代表性的榜样都值得尊敬和学习，并且这些身边的典型人物和事迹更容易引起师生的共鸣，他们的言行举止更容易被师生学习和效仿。因此，高校建立榜样表扬机制的重点就是对师生认可度较高、在平凡岗位上做出重要贡献、有社会担当的优秀人物进行宣传和表彰，深入挖掘这些人物和事件的闪光点，并将相关人物塑造成为高校培育和践行社会主义核心价值观的典型，在高校中进行推广。同时，高校所建立的榜样表彰机制应对被树立为典型的师生进行充分的关爱，在条件允许的情况下，充分考虑和满足榜样示范典型的合理的个人需求，这样的做法不仅树立了鲜明的价值观导向，而且增强了高校师生以身边示范典型为榜样积极开展工作和学习的决心和信心。

具体而言，建立表彰机制需要注意以下事宜：一是要注意机制的全面性，即按照典型示范的选拔、示范、表彰和宣传这一流程，一并建立选拔机制、示范机制、表彰机制及宣传机制，以保证典型示范能够充分、有效地发挥积极作用。二是应根据教育对象的基本认知特点，增强教育的针对性，以满足不同学生群体的认知需求，还要结合教育对象的差异性进行分层次的典型选择和教育。三是要针对重点环节实施隐性教育。高校通过建立典型示范机制来培育和践行社会主义核心价值观应注重多渠道、多形式，在深入开展显性教育的同时，重视隐形教育的特殊教育功效，如在显性教育过程中注重通过隐形教育来增强师生对典型示范人物的心理认同，并引导师生从典型示范人物及其事件中挖掘与社会主义核心价值观的内涵与精神契合的闪光点，在引起师生产生情感共鸣的同时，加强和深化其对社会主义核心价值观的认同。基于此，高校在设计榜样示范教育方案时应该从师生身边熟悉的群体中选拔，加强宣传，使高校师生从内心深处认同身边优秀师生的言行举止，并愿意以之为榜样，从中获得启示并践行到自己的言行举止中，这就体现了用更贴近大学师生生活实际的方法增强典型教育的实效性。四是进一步加强实践层面的教育，促进大学生形成良好的实践行为。通过反复多次的实践引导使大学生更进一步地加强理论知识的消化和吸收，真正让理论指导实际行动，达到知行统一。

（四）以个体生活亲历，强化核心价值观的心理认同

对于大学生而言，成长成才是他们最现实、最渴望的需求。如果能够以大学生的成长成才需要为切入点开展社会主义核心价值观教育，不仅有利于激发大学生高尚的人生情感，而且对于增强社会主义核心价值观在青年大学生中的心理认同具有重要的价值和意义。

1. 将大学生对核心价值观的认同贯穿其成长成才的全过程

据调查，大学生在校期间最关注的问题是如何将自己培养成为真正的人才和国家的栋梁，这正是高校践行社会主义核心价值观的目标所在。可见，学生的需求和国家的需求是高度一致的。大学生成长成才必须有正确的价值观引导。当今社会思潮纷繁复杂，一些大学生因为没有树立正确的价值观，走入社会后，碌碌无为。在纷繁复杂的社会背景下，青年大学生渴望成长成才的愿望虽然强烈，但

是在实际行动中却容易受到不同程度的影响，有的大学生由于自我约束力和自控力不强，难以持续不断地朝着自己设定的目标拼搏和努力，因此结果往往不尽如人意；有的大学生自身缺乏正确的信仰，被扭曲的价值观影响，在错误的道路上越行越远，与成才的目标背道而驰。

由此可见，大学生要想实现成长成才的目标和理想，首要的关键条件就是要从内心深处对社会主义核心价值观有高度认同。由于大学生群体已经是成年人，已经形成了初步的人生观和价值观，所以这种高度的心理认同不能仅通过理论学习与灌输实现，而应在充分激发和调动大学生学习社会主义核心价值观的热情与积极性的前提下，营造愉悦、快乐、信任与感激的学习氛围，使大学生发自内心地用社会主义核心价值观的精髓指引自己的言行，这正是大学生在情感上对社会主义核心价值观认同的表现。

苏霍姆林斯基曾指出，"没有情感的道德就变成了干枯、苍白的语句，这语句只能培养伪君子……教学法一旦触及学生的情绪和意志领域，触及学生的精神需要，便能发挥其高度有效的作用"①。这不仅是对教育的深刻诠释，还是对教育工作者提出的更高要求。教育面对的是活生生的人，人是有情感的，因此，教育的过程应以师生之间情感的深度交流为纽带。高校教育工作者在育人过程中，应遵循大学生的情感心理发展规律，充分考虑并满足学生的情感需求，把握学生的情感状态与倾向，适时地进行社会主义核心价值观教育，强化社会主义核心价值观的情感认同。

此外，高校教师还应充分考虑大学生的情绪波动大、情绪控制力不强等特点，对社会主义核心价值观在大学生成长成才过程中所起到的作用进行科学的评估，应该认识到大学生在社会主义核心价值观学习中可能出现的抵触心理并不一定是对社会主义核心价值观的认知不到位，而可能是由于自身成长成才的需求暂时得不到满足而出现的情绪抵触。这更说明大学生的情感体验对于社会主义核心价值观的学习及践行也有反作用，所以大学生自身在成长成才过程中也应注意积累积极的情感体验，不断审视并提升自身的政治认知和道德认知，使其符合社会

---

① 苏霍姆林斯基. 给教师的建议（修订本）. 杜殿坤编译. 北京：教育科学出版社，1984：97.

主义核心价值观的要求，最终从内升华到政治信仰和道德信念的高度，在外表现为道德行为和政治行动。

2. 在解决自身的思想冲突中循序渐进地形成对社会主义核心价值观的认同

价值认同是一个动态过程，是主体选定、假设、期待以及追求某一价值目标的过程。从某种意义上说，价值认同也是一种目标，是人类的追求和理想。人们的价值认同并不是一蹴而就的，它往往是一个渐进性的过程。

大学生对社会主义核心价值观的认同是一个动态过程，往往需要经历从利益到价值、从现实目标到理想目标的互相转化与渗透。首先是浅层次的利益层面的认同。大学生思维相对简单，考虑问题相对浅显，他们对社会主义核心价值观的认识更多或者更直接的是停留在较为直观的层面，如党中央所要求学习和践行的社会主义核心价值观在自己的生活和学习中能发挥什么样的作用，能帮助自己解决什么问题等利益层面的问题。依照大学生浅层次利益层面的需求，应从大学生日常生活和学习中入手，让大学生认识到树立社会主义核心价值观能够解决自己生活和学习中遇到的错综复杂的难题，清除自身发展的障碍，充分认识到深刻领会社会主义核心价值观的精髓能够让自己心情愉悦，从而激发更加浓厚的学习兴趣，提高学习成绩，不但能够拿到奖学金，还能够增强自己的自信，为自己树立良好的形象等。在这样的引导下，大学生对社会主义核心价值观的认同会逐渐从利益层面发展到更高层面的认同，即理想信念层面的认同。这一层面的价值观认同则会从考虑个人利益上升到关注国家层面的利益需求。他们在社会主义核心价值观的认同过程中，会对相关问题进行思考，如社会主义核心价值观与国家利益的关系，其在推动我国社会主义现代化建设的进程中发挥着怎样的作用，它对于解决老百姓最关心的实际问题有什么帮助，能否真正实现民族凝聚力和创造力的提升等。大学生已经对社会和国家有了自己的初步认识，他们也在学习和实践中不断地寻找确切的答案，在寻找答案的过程中，高校有责任帮助他们进一步加深对社会主义核心价值观的认同。

大学生对社会主义核心价值观的认同需要一个过程，正是在这样一个思想碰撞和问题交织的过程中，社会主义核心价值观深刻地融入大学生的头脑和心间。

这实际上正是社会主义核心价值观的践行过程，这个过程中大学生对社会主义核心价值观的认同已经历认知和情感的心理认同，走向真正地理解和接受社会主义核心价值观的行动认同，他们会按照社会主义核心价值观的要求，对自己之前的价值观念进行重构，并准备以此来规范自己的言行举止，可谓大学生内化认同社会主义核心价值观的拐点。

3. 在寻找自身发展方向中增强对社会主义核心价值观的心理认同

大学生即将从校园走向社会，越是临近毕业，越关注自己的发展问题，其中最主要的是就业和创业两大问题。这两个问题是困扰大学生的发展难题，大学生应按照社会主义核心价值观的要求，在对自己价值观进行重构的基础上，从社会主义核心价值观的精髓中汲取灵感，为就业和创业难题寻找解决方案。如何破解这两大难题也受到党和政府的高度重视。近年来，几乎每年中共中央、国务院以及地方政府都会认真研究大学生就业难、创业难的解决办法，运用政策手段进行干预和调控，如《关于引导和鼓励高校毕业生面向基层就业的意见》《教育部、公安部、人事部、劳动保障部关于切实做好普通高等学校毕业生就业工作的通知》《国务院办公厅关于加强普通高等学校毕业生就业工作的通知》《国务院办公厅关于加强普通高等学校毕业生就业指导教育工作的通知》等，正是这一系列文件的出台和落实，使大学生感受到党和政府的深切关怀。虽然就业形势依然严峻，但大学生对党和政府充满信心，相信党和政府能够帮助他们破解就业难的问题。高校就业指导工作者开设就业指导课，积极引导高校毕业生到基层就业，到中小企业和非公有制企业就业，鼓励和支持大学毕业生自主创业，并对家庭经济困难的毕业生实施就业帮助。从大学生层面来讲，事关自己的切身利益，大学生更要做出积极努力，应清醒地认识到只有在社会主义核心价值观的指引下，牢固地掌握专业课知识，不断提高自身的综合素质，才能自信地走出校门，找到适合自己的专业发展方向。在就业和创业的过程中，他们难免遭遇挫折或失败，但是应该发扬不怕输、不气馁的精神，勇敢地直面挫折与失败，甚至越挫越勇。这一过程正是大学生在寻求自身发展过程中对社会主义核心价值观心理认同的增强。

在全球经济一体化大背景的影响下，各种思想异常活跃，受各种社会思潮的影响，大学生思想活动出现越来越多的差异，这给高校教育工作者带来了新的挑战，如何准确地把握大学生的思想动态，帮助他们及时、有效地解决学习和生活中的实际困难已成为高校学生工作的重中之重。这要求高校辅导员或专任教师通过各种形式深入到大学生日常学习和生活中，通过社会主义核心价值观教育，让他们从内心感受到社会主义核心价值观就在身边，能帮助他们破解自身发展的难题。在这个过程中，大学生真切地感受到社会主义核心价值观给予自己的力量、精神养分以及由此转化的实实在在的利益：从小的方面来说，提高了自身的幸福指数；从大的方面来讲，共享了社会改革的成果。这些都有助于增强大学生对社会主义核心价值观的心理认同，继而激发他们坚定不移地跟随中国共产党的领导，深刻地践行社会主义核心价值观。

（五）以专题答疑解惑，促进社会主义核心价值观的心理认同

大学生尽管已经成年，但是因为仍缺乏社会经验，心智的发展还不是特别成熟，在面对学习和生活出现的问题和困扰时，如果无法缓解心理压力，长期负面情绪的积压就会导致心理问题凸显，这会影响大学生的健康成长，有些问题处理不好，还可能导致极端事件的发生。大学生的主要心理问题是恋爱问题处理不善、学习和就业压力过大等。这些心理问题导致的悲剧偶有发生，带来了一些负面影响，这就需要高校以社会主义核心价值观为引领，更好地化解大学生的心理困惑，防止甚至杜绝心理问题导致的悲剧事件的发生。高校可以大力加强对大学生的心理辅导，并制定一系列应急措施。

从高校层面来讲，要不断加强和深化大学生对社会主义核心价值观的心理认同，将其作为有效解决心理问题和精神困惑的有效途径。从大学生自我发展层面，大学生应充分重视自身的心理健康问题，可以自觉地选修学校开设的心理健康教育课程，在老师的引导下，多阅读有关心理健康的书籍，储备足够的心理健康知识，了解并掌握各种心理问题出现、发展和变化的规律，及时为自己的心理状况把脉，将自己可能存在的心理问题以及心理困惑多与同学或老师交流，主动释放不良情绪，解开心中的郁结。此外，大学生还应积极参与学校举办的生命与

健康教育讲座，准确理解"生命"和"健康"的真正含义，要学会珍爱自己和他人的生命，树立正确的生命观和健康观。社会主义核心价值观所传递的是积极向上的价值观，大学加强社会主义核心价值观的心理认同与行动践行对于正确的生命观和健康观的树立具有重要意义。首先，大学生应该在社会主义核心价值观的指导下，正视心理问题存在的常态化现象，正确区分心理问题与精神问题，不要过分夸大成长过程中的心理困惑，将其上升到精神疾病的层面，甚至给自己贴标签。但是面对所遇到的心理困惑，大学生也不能置之不理，更不能刻意隐瞒或因此感到自卑，应充分认识到社会各方压力会给每一个人带来不同程度的心理压力，自己的心理困惑是正常的，只要及时地排解出来就可以了。大学生应本着为自己的生命和心理健康负责任的态度，到校心理健康中心或专门的心理咨询机构寻求专业老师的帮助。有些大学生可能会有顾虑，例如不愿将自己的心理困惑与人交流，担心被他人嘲讽，这样的顾虑也有一定的道理。因此，高校应充分尊重学生的想法，尽力消除学生的顾虑，例如尽可能地开展多种形式的心理辅导，可以线上线下相结合，同时签订隐私保密协议，保证学生的个人信息不被泄露等。只有有效地解决学生的心理困惑和心理问题，养成良好的品格和健康的心理，才能使大学生全身心投入到专业学习和能力提升中，逐渐成长为既会做人又能做事的高质量人才，更加坚定地认同社会主义核心价值观。因此，树立和坚持社会主义核心价值观不仅有利于大学生形成优良的思想道德品质、建立健全的人格和养成积极乐观向上的心态，还能够帮助大学生化解内心的焦虑与困惑。

大学生认同社会主义核心价值观的心理调适指大学生按照社会主义核心价值观的要求重新建构价值观，并在此价值观的指导下破解自身发展的难题，化解精神困惑，因此它是大学生内化认同社会主义核心价值观的焦点。

（六）以社会发展需求，深化社会主义核心价值观的心理认同

我国正处于社会转型的重要时期，多样化的经济成分和经济利益、社会生产方式和经济利益、生活方式和社会组织形式、就业方式和分配方式必然产生多样化的价值观。与此同时，各种社会思潮、文化意识、价值观和生活方式的

交织，给大学生的生活造成了重大冲击，部分大学生缺乏对我国现存政治体系的信任与认同。这正是社会主义核心价值观走上历史舞台的时代背景，党中央明确提出将社会主义核心价值观贯穿国民教育的全过程，贯穿社会主义精神文明全过程。

高校作为新思想传播的重要阵地，应成为深刻践行与发扬社会主义核心价值观理论与精神的主战场，为大学生更好地认识社会的复杂性、在纷繁复杂的社会思潮中明确主流价值观认同指明道路。相对于进入社会的其他群体，大学生群体接触的人、经历的事较少，其思想比较单纯，往往自觉地接受学校的理论教育。伴随着网络的普及化，大学生获取信息的渠道越来越便捷，人与人之间的交流与沟通越来越复杂化，大学生可以通过网络接触到形形色色的人，了解到各种社会思潮。有些西方价值观念（如新自由主义、享乐主义等）侵入校园，这对高校教育工作者提出了新的要求，必须高度重视学生的意识形态教育，要高度警惕西方思潮中涌现的意识形态，杜绝大学生被西方思潮侵袭头脑，应充分认识到，许多西方思潮涌入中国，其根本目的是要用文化和价值观等分化中国。大学生一定要擦亮双眼，牢固树立社会主义核心价值观，在坚决抵制西方国家对中国进行的分裂活动和文化侵略的同时，也要在社会主义核心价值观的引领下，扎实地学好专业知识和人文知识，提高自身的综合素质，特别是创新创造能力，为中华民族的伟大复兴做出自己的贡献。

大学生作为国家的未来和希望，对社会主义核心价值观的认同一定要上升到内化认同层面并最终沉淀固化，只有这样，方能坚守住高校这一传播新思潮、新思想的主阵地。沉淀固化是心理内化认同的终点，在社会主义核心价值观的认同过程中，沉淀固化环节是对社会主义核心价值观产生心理深度认同后的阶段。在此阶段，大学生自发地加强研讨学习，用理论指导实践，再用实践进一步印证社会主义核心价值观，在这样的理论与实践交互作用的过程中，逐渐将对社会主义核心价值观的认同固化为自己的价值观。只有社会主义核心价值观进入沉淀固化阶段，才能真正地内化为大学生自身的思想道德品质。当然，这一过程并不一定是一个自然流程，而需要经历外界传授—自学研讨—内化沉淀的过程，这是因为思想转化的过程本身就具有复杂性和反复性，会随着不同时期外部条件和环境的影响而变化，所以即使大学生已经对社会主义核心价值观产生了深度心理认同，还应在不同时期和不同条件下继续通过传授、自学研讨不断地对其进行沉淀固化。因此，大学生对社会主义核心价值观的内化过程其实是自我调节和自我教育机制不断作用的动态过程，随着大学生年龄的增长，其知识结构的逐渐完善以及其阅历经验的积累也会发生变化。大多数大学生会对社会主义核心价值观认识更为深刻，对自我的认识更加清晰，会不自觉地将自身的思想品德现状与社会主义核心价值观的要求进行对比，找出自己存在的差距后重新出发，为自己确立新的学习目标，对比社会主义核心价值观的具体要求，结合自身的能力，及时地调整努力方向，朝新的目标迈进。

三、通过干预和疏导对负面情绪加以引导

对于大学生来说，大学阶段是人生的重要发展阶段，是其世界观、人生观、价值观逐步成熟和稳定的关键时期，在此阶段，其情绪变化也比较明显。正面情绪能给大学生的学习和生活带来积极影响，相反，负面情绪则容易成为大学生学习和生活的障碍，这些情绪带来的往往是痛苦的体验。

当代大学生"今天是桃李芬芳，明天是祖国的栋梁"，如何干预和疏导大学生的负面情绪，使其具备健康的身心状态，尤其是积极进取的心态，是高校培育和践行社会主义核心价值观的重要内容之一。

（一）负面情绪的表现形式及对学生的危害

严格意义上，负面情绪具有消极性的同时，还能够给人带来一些正面价值。比如，具有忌妒情绪的人如果能够进行自我管理，把它转化为动力，就能促进自我发展和自我完善。但是，大学生的心理认知还不够全面，个人意志力还不够坚定，自律能力还有待增强，如果他们产生负面情绪，往往容易受环境影响，无法进行积极的处理，从而产生负面问题，若没有得到及时引导，就可能对身心健康产生不利影响。所以，高校应充分重视大学生存在的情绪问题。

1. 忌妒

这是一种在大学生群体较为常见的负面情绪，主要表现为对忌妒对象羡慕又敌对的复杂情绪。忌妒主要源于忌妒者的内心，看到别人在才能、所拥有的名誉以及社会地位等方面比自己强就心怀怨恨。导致大学生忌妒的外在因素是多方面的，主要有成绩、能力、外表、物质条件、恋人、运气等。忌妒多发生于具有爱慕虚荣、自尊心过强、缺乏自信、自律能力差、认知不足、过于自我等特征的大学生身上。忌妒对大学生健康成长成才不利，一方面影响大学生正常的人际关系，造成他们之间的隔膜甚至敌对；同时忌妒常常让忌妒者自己处于烦躁、痛苦之中，它是一种既损害他人又折磨自己的情绪，危害很大。

2. 焦虑

在经济飞速发展的今天，人们的生活节奏越来越快，所面临的生活压力和工作压力也越来越大，焦虑已经成为一种普遍存在的情绪，影响着人们的工作和生活，并带来一定的负面影响。焦虑这种复杂的复合性负面情绪也普遍存在于大学生群体中，一些大学生对未来缺少客观的评估或存在过多的期待，害怕自己无力解决或难以承受可能出现的结果，以至于产生一种心理上的紧张情绪，常常表现出忧虑和不安、担心和恐慌。具体而言，这种情绪主要表现为对还没有发生的、不明朗的事情投入过多的关注，在这个过程中，无能为力、没有把握、难以克服障碍、有多种潜在威胁等负面想法充斥头脑，担心和紧张随之而来且可能一直伴随。引起大学生焦虑的原因主要来自生活、学习、考试、身体健康等方面。在生活方面，一些大学生会因生活不适应而产生焦虑，主要表现为难以适应生活环境、对不同的生活方式缺乏包容、生活习惯的差异带来的烦恼等，这样的焦虑情绪一般较常见于刚刚步入大学校门的新生。在学习方面，一些大学生因学习不适应而产生焦虑，主要表现在难以在短时间内适应大学的学习特点，找不到适合自己的学习方式和方法，对于学校的硬件、软件学习资源不熟悉、不知道如何有效利用，导致其学习成绩不如意，甚至因此失去对学习的信心，进而为未来的前途担忧。在考试方面，大学生的焦虑情绪更常见。在高校，考试是衡量学生学习成果的重要标准，考试成绩的好坏、排名的高低与奖学金、评优评先等紧密相连，一些大学生往往由于担心考试失败或渴望得到更高的考分而感到忧虑、紧张，这种焦虑情绪在期末时较常见。除此之外，一些大学生还会因过分关注身体健康状况而产生焦虑。大学生活节奏比较快，他们面临学习考试压力以及未来进一步深造的压力，高强度的脑力劳动经常会引起其身体产生相应的反应，如经常性疲倦、由于身体不适造成的注意力难以集中、失眠、健忘、学习效率低下等。这些表现对于那些心理及身体抵抗力差的学生会产生较大影响，由于过分关注自己的健康状况，他们可能产生焦虑情绪。

3. 抱怨

忌妒和焦虑等负面情绪的出现还会引发抱怨，在内心感觉受到伤害时表现更为明显，可以被认为是抱怨情绪产生的起点。大学生的抱怨情绪主要源于他们认为大学学习、生活不尽如人意，如学习压力过大、生活不顺心，对学校教育管理体制不满意，难以达到自己预期的学习目标，丧失对未来就业和发展的自信心等。此外，血气方刚的大学生还对一些社会现象产生抱怨情绪，如不能接受社会腐败、不公正等失范现象，在沟通方面产生人际交往障碍，导致情绪排解渠道不畅通等。这些抱怨情绪的出现是大学生人生态度和价值观念的外在表现，说明其存在压抑、郁闷、空虚、迷茫的心态，且往往将这种情绪归结为外部刺激，如他人、周围环境以及社会等对自己的冒犯、对自身所拥有的正常权利的剥夺。在这种状况下，内心的稳定情绪容易被扰乱，继而产生抱怨。同时，抱怨也并不仅针对外部环境，有时候也会产生自我抱怨，一些大学生有时将这种负面情绪隐藏在心中，有时则通过私下抱怨或向别人倾诉等方式进行情绪发泄。如果抱怨情绪能够得到及时、有效的宣泄，其危害则会降低；如果这种情绪不能得到及时调整，任其发展，则可能不断积压，产生更为严重的负面情绪，如怨恨或自卑。因此，对于抱怨这种负面情绪，应引导大学生以良好的心态取胜，告诉他们，个体既不能摆脱任何事情，也不能远离任何事情，更不能抵制任何事情，倘若每件事情都带来伤害，个体都纠缠不清，那么这样的打击就过于沉重，记忆则像化脓的疮口，所以要主动对负面情绪进行及时和有效的排解。

4. 自卑

自卑是一种常见的负面情绪，其源自个体与别人比较后产生的心理落差。自卑也存在于大学生群体中，自身的生理或心理缺陷、学习成绩的落后、生活条件的差距等都可能导致大学生对自我的评价过低。这在某种程度上就是一种自我否定的负面情绪，带给大学生消极影响，长期下去不利于心理健康。这种负面情绪一般表现为看不起自己，对自我能力持怀疑态度，担心得不到他人的尊重。当然也并不是所有自卑情绪都具有危害性，按照自卑的程度进行划分，较为轻微的自卑源自偶然的受挫经历，持续时间较短，随着挫折感的逐渐淡化，这种自卑情绪也会慢慢消失，不会产生较大的危害。严重的自卑产生的原因可能比较复杂，它可能与人生阅历有关，也可能与个体性格有关。严重自卑的大学生所感知的大多是常态化的不如意和失败感，无论在学习中抑或在生活中，这种负面情绪始终深嵌其中，加之性格本身的影响，他们更容易将暂时的挫折感和失败感放大化和泛化，使经历的所有事情都蒙上这种消极情绪，从而导致长时间萎靡不振，严重时甚至引发自毁行为。这种行为可能表现为不喜与人交谈、时常少言寡语、不愿融入集体、猜忌心强，行动上易退缩、放弃等。

尽管自卑的表现形式不同，但其共性特点却比较突出。一是过低的自我评价。这是大学生产生长期自卑情绪的主要原因，亦可称之为自卑情绪的实质。例如，某大学生认为自己身材矮小、其貌不扬、学习成绩不好、不擅长与人沟通，对自己的整体评价过低，长期缺乏自信心，从而产生自卑。二是将自卑凭空泛化。自卑情绪泛化指将自卑情绪无理由地转移到其他方面或所有方面，不断强化自我否定心理，继而扩大自卑情绪的影响。例如，一名男生由于自己身材矮小深感自卑，认为身边的同学也会议论他的身高，看不起他，这就是自卑情绪泛化的表现。不仅如此，他还可能将这种情绪泛化到其他方面，觉得自己言谈举止不如人、社交能力差、综合能力不行等，可见，这名男生单单由于身材矮小这一事实，就凭空将这种情绪移位到其他方面，觉得自己哪一方面都不如人，产生自卑。三是敏感性特征。自卑的大学生通常比较敏感，比较在意他人的评价，会从他人的言谈举止中寻找和发现自己的不足，这是自我意识发展不健康的表现。随着这种自我意识的发展，外貌、能力、自我价值、个性、外人评价等会日渐成为他们非常关注的问题。在这种观念的潜移默化下，大学生会将自我概念分化为理想自我和现实自我两种形态，很显然这两种形态要想达成完全契合是不可能的，现实情况是"理想很丰满，现实较骨感"。理想的自我是个人设定的，可能还有想象的因素在里面，而现实的自我是真实存在的，与理想自我之间存在较大差距。一些大学生往往因为对现实自我的评价过低，不能达到设定的理想自我状态而产生自卑。这种消极情绪给大学生学习和生活造成很大的消极影响，不利于大学生的成长成才。

5. 抑郁

抑郁是一种较为普遍的负面情绪体验，表现为压抑、忧愁、心情低落等，除此之外，部分抑郁情绪还伴有莫名的复杂的痛苦，羞愧难当、自卑自怜和厌恶等情绪体验。持有抑郁情绪的人占大多数，可以说一生中从没过抑郁情绪体验的人是极少的。抑郁情绪体验在高校大学生群体中也较为常见。对于大多数学生来讲，这种情绪体验相对短暂，随着诱因的消失，抑郁情绪会逐渐淡化，甚至再过一段时间回想起曾经经历这种体验会觉得根本不值得一提，诸如此类的抑郁情绪不会给大学生的学习和生活带来多大影响，属于一种常见的情绪体验。但是，面对严峻的就业环境，大学生的学业压力不断增大，生活和学习中所遭遇的困难往往会引起大学生情绪的低落，产生抑郁情绪，少数大学生由于长期抑郁，同时没有得到有效的干预和疏导，最终可能发展成为抑郁症。抑郁症的主要表现包括：思维迟缓，情绪低落，自卑自责；闷闷不乐，郁郁寡欢，干什么都没精神；回避熟人，不愿意参加社交活动，对生活提不起兴趣，常常伴有失眠和食欲不振等。

如果大学生个体长期处于忧郁情绪状态中，就会严重损害其身心健康而无法有效地学习和生活。目前，大学生抑郁情绪产生的主要原因是就业形势严峻、学业压力大，一些大学生在生活、学习中遇到各种不顺心、不顺利的负面事件，就会引起情绪低落，加上不能正确认识这些负面事件以及对自我价值的不合理评价，这些如果得不到及时的疏导和调适，就可能发展为抑郁症。

6. 愤怒

当自身的主观愿望与客观情况相悖时，人们往往容易产生一种强烈的情绪反应——愤怒。愤怒情绪源于个体的自我保护本能，个体受到威胁、伤害，或当自身的规则受到破坏和挑战、受到不公平待遇时，往往容易产生一系列生理反应，如肌肉紧张、血压升高和心率加快等，这种生理反应会以拒绝、攻击或争辩的方式表现出来。愤怒情绪外在表现的程度存在较大差异，从暴躁到震怒都可以称为愤怒情绪，然而并不是说愤怒情绪的产生仅仅是个体受到了外部环境强烈的刺激，还与个体差异有较大的关系，是在特定环境中内外因素共同作用的结果。例如，有些大学生性格比较急躁，因为简单的排队就可能产生愤怒情绪，但却可以平静地接受辅导员的批评；有些大学生则能够安心排队，却难以接受辅导员的批评，或消极对抗，或强烈反驳。

由此可见，引发愤怒情绪的原因比较复杂，跟个人成长经历以及自身修养都有密切关系。加上大学生处于青春期，情绪容易激动，一旦出现愤怒情绪，比较难控制，容易发展为不良行为。有的大学生时常因为一件不顺心的事情或者一句不中听的话就失控，轻则出口伤人，重则暴跳如雷、大打出手，盛怒之后又时常对自己的所作所为感到羞愧不已。愤怒情绪不利于大学生的身心健康，在愤怒宣泄的过程中，人的思维受到限制，理智水平急剧降低，难以控制自己的行为，甚至可能做出让自己后悔终生的事情；情绪宣泄后则又会陷入长时间的自责之中，产生其他负面情绪，影响正常的学习和生活。

7. 恐惧

恐惧也是一种负面情绪，大致可以分为两种类别，一种是俗称的胆小，即对正常人不会害怕的事物和情景都会感到恐惧；另一种叫作恐惧症，即对事物的应激反应过于激烈，且持续时间较为长久，超出正常人所表现出来的反应范围，呈现一定的病态。大学生群体中较为常见的恐惧症主要集中在社交和人际沟通方面，面对社交需求，患有恐惧症的学生通常表现出焦虑或回避，尤其是与陌生人相处，或面对自己心仪的对象，这种表现会更加突出，可能出现额头冒汗、语塞、语无伦次等情绪反应。

8. 孤独

孤独是一种主观上表现出来的心理不适，是对自身人际关系状态不满意而表现出来的一种负面情绪，主要包括社会孤独和情感孤独。社会孤独主要是指个体在缺乏社会归属感或集体参与感时，表现出烦躁不安、彷徨无助的情绪。情感孤独主要指个体感觉缺乏可以亲密依附的私人关系，表现为寂寞空虚、多疑敏感、焦虑心烦等。因此，无论是社会孤独还是情感孤独，往往伴随着自卑、焦虑、抑郁等负面情绪。

大学生产生孤独多来自两个方面。一是外部环境的影响，如大学生所处的家庭、社会和学校环境的不和谐、封闭等。大一新生更容易产生这种孤独感，入校以后周围的环境发生了巨大改变，这种新的变化所带来的陌生感加上大学生所处的青春期所产生的心理封闭，可能导致他们产生孤独感。家庭教育环境对大学生的长期影响是他们容易产生孤独感的一个重要诱因，如父母关系不和谐、家庭教育方式简单粗暴、亲子关系淡漠等。二是大学生自身的心理条件和人格特性。有些大学生自我评估较高，但所处的外部环境常常与自我感受产生较大落差，大学生又没有充分的思想准备，在遭遇心理落差后，自信心受挫而产生自卑情绪，导致难以较好地参与日后的社会活动，表现出退缩与逃避。部分大学生则在遭遇挫折后选择仍然遵从自己的意愿行事，导致人际关系更为紧张，孤独感会更加强烈。另外，大学校园里充满竞争，尤其是同寝室、同专业的学生在能力和利益上都存在激烈的竞争，这也可能导致他们之间不能很好地相互沟通，进而产生孤独感。孤独感这种负面情绪应引起高校的重视，由此造成的社交障碍可能造成人格失常，严重的还可能诱发抑郁症，使大学生有轻生的倾向或行为。

（二）负面情绪产生的原因

引发大学生产生负面情绪的原因是复杂多样的，主要受外部群体环境（身份、人际关系、校园环境）和个体差异（生理、心理、人格特征、经济状况、能力）的影响。本书综合学术界对负面情绪进行的生理以及心理临床诊断、对个体案例进行的调查、测量和分析等成果，从以下几个方面分析大学生群体负面情绪问题的影响因素。

1. 社会环境的影响

改革开放以前，我国传统价值观念的核心是社会本位或集体主义价值取向，这是那一时期我国主流价值体系的支点。经济全球一体化以来，这种价值体系受到了挑战，表现在大众身上就是关注的视野发生了重大变化，大众对个人生活及个人感受的关注度往往高于对国家大事的关心，在这种大环境下，一些大学生在生活和学习中更注重展示自我，凸显自我价值的实现，对社会本位或集体主义价值取向采取了矫枉过正的态度，高唱"我的地盘我做主"。同时，经济全球化产生的负面效应也开始影响着大学生的价值取向。经济全球一体化创造了人类前所未有的物质文明，同时也加剧了全球固有的社会矛盾，引发了全球性危机。随着改革开放的不断深入，中国的物质文明取得了令人瞩目的成果，中国在全球经济一体化进程中试图通过文化的接触、对话、交流和融合方式，弘扬中国本土文化，抵制伴随着西方工业文明的扩张而来的文化扩张。但是，极端个人主义、利己主义、享乐主义、拜金主义等侵入我国，并在校园开始滋生。受其影响，大学生的价值取向面临挑战，消极因素不可避免地出现，如弃义逐利、个人理想庸俗化等，这些消极因素使得一些大学生一旦遇到挫折就会产生悲观情绪。

2. 家庭环境的影响

家庭环境对大学生的影响主要体现在家庭功能上，家庭功能是影响家庭各个成员情绪状态和心理发展的深层变量。Epstein 等提出的 McMaster 家庭功能模型理论可以更好地帮助我们对家庭环境与人们情绪和心理的关系进行研究。之所以选择这一理论，主要原因是它较为详细和全面地阐述了家庭功能以及这些功能对于个体存在哪些影响以及如何影响。Epstein 等认为，家庭的基本功能为家庭成员的生理、心理、社会等方面的健康发展提供了一定的环境条件，帮助家庭成员养成包括家庭角色分工、问题解决能力、沟通、情感介入程度、情感反应能力、行为控制六个方面的能力。

笔者通过总结前人的研究成果和自己多年教学实践发现，那些有不同程度精神疾病困惑的青少年一般都来自家庭功能较弱的家庭，这样的青少年往往缺乏心理幸福感，更容易出现不良问题和行为。具体而言，家庭环境对大学生的影响可以借用"家庭环境量表"（Family Envioronment Scale，FES）从以下几个方面进行分析。利用FES测试大学生负面情绪问题与家庭情境之间的关系后发现，大学生忌妒、自卑等负面情绪的产生与家庭成员的亲密度、矛盾性等有密切关系。家庭成员之间相互理解、友善、扶持、鼓励，家庭成员独立意识很强，定期参加娱乐活动和社交活动，有明确的道德观，父母对孩子适度要求等良好的家庭情境，使大学生易形成较高的自我认同感以及自我肯定和自我接纳的良好情绪；相反，家庭成员之间缺乏相互理解、支持，父母对子女过于严格，家庭矛盾复杂，子女的一系列矛盾在家庭无法得到化解，甚至习惯以暴力的形式解决父母与子女之间的冲突等不和谐、不稳定的家庭环境，往往导致孩子心理失衡，使孩子容易经常滋生负面情绪，严重者还可能诱发攻击性行为。

家庭成员中的父母（尤其是母亲）的受教育程度和教养方式与青少年的心理健康关系密切。母亲的受教育程度与孩子的教育有着密切的关系，对孩子的影响较大。一般认为，受教育程度较高的母亲更注重家庭中亲子关系的维护，大多选择亲和的方式与孩子进行沟通，慎重或者几乎不用严厉、惩罚等消极方式教育孩子。她们会把孩子当作独立的个体，尊重孩子的想法和意愿，给孩子更多自由的活动空间和思考空间。同时，她们也清楚溺爱的危害，随着孩子年龄的增长，逐渐培养他们独立的生活和学习能力，养成良好的生活和学习习惯。而受教育程度低的母亲则更容易对子女采取过度保护、偏爱、溺爱或过度干涉、惩罚、严厉等消极的教养方式。在这样的教育环境下成长起来的孩子往往感到压抑和无所适从，滋生出较多负面情绪，如自卑、易怒，不擅交际，难以适应社会。受封建思想的影响，还有一些父母信奉"棍棒之下出孝子"的错误教育观念，他们经常使用打骂这种粗暴的惩罚方式教育孩子，让孩子产生恐惧、焦虑、失败甚至敌对的情绪，并且与父母的情感距离越来越远。这样的教育方式极易导致孩子产生异常心理，滋生负面情绪。

3. 学校环境的影响

良好的学校环境能够调动学生学习的积极性和主动性，有利于大学生保持良好的心态和身心健康；不健康的学校环境则会产生消极影响，阻碍大学生健康成长。在大学生涯中，容易引发大学生产生负面情绪的主要因素是学业压力和人际关系。学业压力不仅体现在大一新生对全新学习环境的适应方面，还体现在之后的学习过程中处理各种学习问题方面。一些大学生适应了学习环境和学习方式后，发现还需要一直努力，才能在评奖评优等活动中脱颖而出，英语和计算机能力证书、普通话等级证书、各种社会考核证书，都需要通过自己的努力获得；对于专业有何作用、就业前景如何，也容易引发焦虑；他们还会挑剔学校的学习环境、学习资源、教师的教学方式等，产生负面情绪问题。人际交往是传递信息、沟通思想和交流感情的联系过程，包括人际认知能力、人际情绪控制能力和人际语言沟通能力三个层次，具有浓厚的情感色彩，表现为满意与不满意、相互之间的心理排斥或吸引。大学人际关系较之前学习经历中的人际关系更复杂，不仅包括大学生与辅导员（班主任）、教师、同学、舍友、老乡、异性朋友等之间的现实人际交往关系，还包括网络空间的虚拟人际交往关系等，且这些人际关系的处理在生活中的占比明显增大，这些都对大学生的心理承受能力提出更高的要求。良好的人际关系不但能增强大学生的自信，提高他们对环境的适应力，增强自身的安全感，还能使他们容易找到宣泄和疏通负面情绪的出口，减少压抑、孤独、寂寞和恐惧等不良体验。反之，不良的人际关系则会引起一些大学生心理失衡，增强其挫折感，激发其内心矛盾冲突，导致其出现心理问题。

李宏翰将大学生的人际交往中所存在的问题分为人际相处障碍和人际交往障碍。[①] 大学生的人际相处障碍主要表现为在日常生活中难以与身边的人和谐相处，从而滋生出的负面情绪，按照人际相处障碍的程度划分，有人际紧张、人际僵局、人际争斗，它们对大学生的日常生活造成的影响依次增强。人际交往障碍主要指大学生在现实生活中无法按照自己的意愿与周围的人进行必要的沟通和交流时所产生的负面情绪。人际交往障碍按照程度可分为人际羞怯、人际恐怖和人际逃避。这些人际关系中的障碍都可能成为影响大学生负面情绪问题的生活事件。

---

① 李宏翰. 心理学——原理与应用. 北京：高等教育出版社，2012：178.

4. 自我认知能力的影响

自我认知是个人对自己的生理特征、心理状况、社会属性等所有方面通过自我观察、分析情境、社会比较等方式获得的觉知，它是一个多维度、多层次的有组织的结构。大学生的认知能力相当重要，它包括习得或理解的能力、快速反应能力、环境适应能力、记忆力、运用逻辑推理有效解决问题的能力等。认知能力是大学生完成学业、正常生活需要具备的基本能力，是实现自我价值的前提。人的情绪的生成与多种因素相关，主要有社会期许、角色适应以及自我评价。大学生如果能够进行客观、正确的自我评价，真心地接受并喜欢自己真实的样子，真正做到自尊、自强、自爱，那么即使遇到困难和挫折，也能够直面现实、锐意进取。反之，如果大学生自我认知能力不足，就无法正确认识自己的优点和不足，遇到不如意的事情时难免加剧挫折感，无法进行自我协调或适应环境。

哈德（Harter）早在20世纪80年代就提出了不同年龄人群的自我概念的成分要素也不同的观点。哈德认为大学生自我知觉包括智力、创造性、学术能力、艺术能力、工作能力、身体状况、朋友关系、亲子关系、同伴社会认同、道德、幽默感和一般自我价值。凌苏心和陈卫旗在研究大学生自我概念、生活事件与心理健康的关系时发现，总体自我概念及其各特定方面（包括生理自我、心理自我、道德伦理自我、家庭自我和社会自我等）都与个体心理健康状况呈负相关。[①]具体而言，在自我概念内容维度的五个因子中，自我批评分数越高，自我总分得分越低，大学生心理健康水平就越低。上述研究结果也恰恰证明了大学生良好的自我认知能力对提高大学生心理健康水平的有效性。自我认知能力不但能消解大学生负面情绪的消极影响，也可以通过培养良好的自我概念、提升自我认同、自我满意度获得。

自我认知还包括归因方式和认知倾向。所谓归因（attribution）是指原因的归属，即对他人的行动过程或自己的行为过程所进行的因果解释和推论，有广义和狭义之分。从广义上讲，归因指人们对自然、社会、精神文化等现象做出解释、说明的过程，从这个角度来看，人的所有认识过程都可以看作一种归因过程。狭

---

① 凌苏心，陈卫旗. 广州大学生心理健康状况与教育对策. 心理学报，2000，23（5）：628-629，631.

义意义上的归因则单指心理学意义上的归因。心理学认为归因是指个体根据事件的结果或行为，通过感觉、知觉、理性等内部信息加工来确定造成该结果或行为原因的认知活动。归因方式又称"解释方式"或"归因风格"。有研究发现，归因方式中自身性维度与人际关系、抑郁和心理强迫症三者之间存在显著正相关关系。[①] 这项研究表明，如果大学生总是将消极事件归因为自我因素，则较大程度上存在抑郁、敏感、患强迫症等风险，这就是消极归因导致的结果。所以，归因并不是一味地将问题的原因一股脑地推到自己身上，而应该探寻积极的归因方式，这样不仅能够减小甚至消除各种负面情绪问题给大学生身心带来的危害，更有利于提高其心理健康水平。认知倾向指个体对事件结果的消极或积极期望，它包括悲观和乐观两种截然不同的倾向，认知倾向离不开个体的心理调适过程。有学者通过回归分析发现，认知倾向在压力与负面情绪问题的关系中发挥了重要的中介作用或显著的调节作用；在较小压力情境下，认知倾向在负面情绪问题的性别差异中起重要的调节作用。大学生个体的认知倾向不同，在负面情绪问题体验上就存在明显的差异，悲观认知倾向者负面情绪问题体验较多，而乐观认知倾向者负面情绪问题体验则较少。[②]

（三）多方面干预和疏导学生负面情绪

如前所述，大学生负面情绪的产生是内外因素共同作用的结果，而个体内在因素起决定性作用。所以，要想及时、有效地对大学生负面情绪进行干预与疏导，最核心的路径就是从大学生的内在因素入手，培养他们形成良好的归因方式和认知倾向，以乐观的心态面对挫折，适应环境，协调各方，解决问题。

1. 落实咨询机构的基本建设

各有关部门要高度重视、大力扶持心理咨询工作，使其朝着进一步规范化的方向发展。各级各类高校应明确将学校心理咨询机构置于学生教育和管理的重要

---

① 甘雅琴. 大学生生命意义感、无聊倾向性与自杀意念的关系及干预研究. 南京师范大学硕士学位论文，2019.

② 许有云. 个体特质与环境因素的交互作用影响青少年内化问题行为的机制. 东南大学博士学位论文，2018.

位置，尽可能地使其成为学校的正式机构，与其他院系处于同一级别。在心理咨询机构的人员的配备上，在保证专业对口的基础上，将年龄结构、职称结构以及学历结构等因素都考虑在内，本着长期建设心理咨询机构的发展目标，精心地储备人才，为他们提供事业编制，保证他们与其他专业教师拥有同等的工资福利待遇，使心理咨询教师队伍不断壮大，更好地为高校人才培养工作服务。在硬件设施配备上，学校应组建设备齐全的咨询室、测验室以及档案资料室等。此外，高校心理咨询机构应高度重视学生心理档案的建设工作，只有对学生的心理状况进行全面、准确、客观、尽可能详尽了解的基础上，才能有效地开展工作。在这一方面，院系学生管理工作者（如团委书记和辅导员）应与学校心理辅导机构紧密配合，全面地掌握学生的心理现状，及时地干预、疏导学生的负面情绪，从心理层面指导学生更好地做人和成长成才。

2. 做好新生心理普查

在每年的开学季，对大一新生进行心理状况普查，并将其作为开学工作的重点，各院系要给予全力配合，通过心理普查全面了解大学生入学时心理状况，及时排查有心理问题的同学，再对他们的心理状况进行重点评估，依据评估结果对大学生心理健康状况进行记录、整理、分析，并建立不同类别的学生心理档案，尽可能地兼顾新生心理普查工作的全面性和重点性。有效的新生心理普查一方面能够为学校制定有关教育管理政策提供参考，另一方面能及时地发现有心理问题的学生，对其进行重点关注，为其提供及时的帮助和必要的治疗，在加强大学生心理健康意识的同时，也让大学生感受到学校的关爱，为其顺利适应新的学习环境提供帮助。高校心理咨询机构在新生心理普查后，应鼓励和引导新生主动预约心理咨询，进行自我诊断，及早发现心理问题，及时排解负面情绪；要帮助他们扫清开启大学生活和学习的心理障碍。

3. 建立心理咨询工作网

随着网络的发展，高校纷纷建立了自己的校园网站。上网已经成为大学生生活中不可或缺的一部分，利用网络开展高校思想政治教育、心理健康教育的必要性越来越突出。尤其是网络具有一定的隐蔽性，高校可以利用网络创造平等、信任和理解的环境，拉近与大学生之间的距离，这样既便于开展有效的心理沟通，又可以很好地保护学生的隐私，使大学生在倾诉心理烦恼时免去后顾之忧。因此，高校心理咨询工作可以采取线上线下相结合的方式，在校园网上专门设置心理咨询平台，宣传心理健康知识，同时开设心理咨询通道，就大学生普遍关注和存在的心理问题提供免费的心理咨询。高校还可以建立与国内外知名的心理咨询专业网站的链接，帮助学生拥有更多维护、救助身心健康的途径。

4. 对心理问题较为严重的学生进行重点关注

通过大学新生心理排查，高校应为存在较为严重的心理问题或有精神异常的学生建立个案档案，对其进行重点关注并提供心理干预。从专业的心理治疗角度来看，可以综合运用精神分析疗法和认知行为疗法，分析其心理、情绪产生异常的真实原因，进行系统评估与剖析，鉴别、诊断其心理和行为问题，与其探讨心理康复的有效方法并提出相关建议。

精神分析疗法有助于患者将内心的负面情绪宣泄出来，使心理问题得到有效的缓解。如前所述，大学生在遭遇挫折后容易产生负面情绪，如果这些情绪长期积压，找不到疏通渠道，就可能会转化为心理疾病，阻碍其成长成才和塑造健全的人格。基于此，针对大学生所遇到的困惑与苦恼，心理辅导老师以及负责学生管理工作的老师应及时帮助其找到有效的不良情绪的宣泄渠道，使他们将这些不良情绪宣泄出来。第一，心理咨询老师和负责学生管理工作的老师在学生情绪宣泄的过程中要注意倾听，与学生产生情感共鸣，这能够对学生情绪宣泄起到鼓励作用。第二，教师还可以采用角色扮演法，为学生设定情境，让学生融入某一特定角色中，借助角色的扮演采用吼叫、质问等方式，将心中的压抑，对自己、他人与社会的不满释放出来。第三，待学生情绪稳定后，教师再结合自身或他人的真实经历，告诉大学生存在心理问题的普遍性、心理健康的重要性以及应对心理的问题的方式方法等，启发他们正确地看待自己的负面情绪，增强他们走出心理困境的信心，启发他们寻找面对心理挫折的解决办法。

认知行为疗法能够起到心理调适的作用。运用这种方法大致需要三个步骤。

第一，教师就心理问题产生的原因与大学生进行交流与探讨，让学生充分认识到这是在人生转折期长期处于精神压力和负性情感体验引起的心理危机的表现，最深层次的原因是自身个性中某些脆弱因素，如情绪波动大、易恼怒、敏感多疑、适应性差等。第二，鼓励学生与教师共同寻找解决目前心理困境的方法，可以是一些建设性的建议，如对于面临就业压力的大学生，可以帮助其结合所学专业分析就业面临的环境，找到适切的就业期望，规划自己的职业发展，乃至学会合理规划自己的职业生涯；对于经常有自卑情绪的大学生，教师要帮助其深刻剖析和正确评价自己，让他们认识到世界上没有完美的人，每个人都是优缺点并存的个体，重要的是学会扬长避短，要有意识地寻找成功的因素，增强成功的体验与喜悦感，勇敢地面对困难和失败，将困难和失败视为帮助自己快速成长的"苦口良药"。第三，引导学生充分认识到日常生活中拥有积极的心态的重要性，应尽量使自己的生活和学习保持有规律的状态，学会积极的心理暗示，善于欣赏自己，接受自己的不完美，并将这种积极乐观态度延展到一生的工作和学习中。

四、案例

（一）北京大学"教授茶座"搭建师生对话平台

北京大学在信息爆炸、价值多元、纷繁复杂的社会背景下，积极引导学生辨析价值、把握自我，努力做到勤学、修德、明辨、笃实，树立与祖国和人民共奋进的人生志向和价值追求，自觉践行社会主义核心价值观。北京大学紧紧围绕立德树人的核心使命，充分发挥名师云集、学者荟萃的优势，探索和创新在学生中开展社会主义核心价值观教育的方法方式，搭建了教授与学生直接对话的平台——教授茶座，便于教授和学生一起分享成长经历，共话科学精神和人文素养。一是面对面地问与答，搭建师生交流平台，采取小范围、师生围坐的方式开展活动，将学生迫切希望解答的问题及时发给教授，使教授能够提前思考，做足准备。在两小时左右的茶座时间里，教授专注地倾听学生的心声及成长的困惑，与学生进行深入的互动，引导学生走出迷茫、获取思想成长的正能量。二是运用新媒体让更多学生关注价值观教育。每期的"教授茶座"活动，北京大学学生工作部都会全程拍摄，并在活动结束后，编写当期活动新闻稿和教授"微语录"，通过"燕园学子微助手"、微信平台、学校新闻网等途径进行宣传。教授"微语录"定位于学生视角，行文风格凝练平实，文章短小精悍，适合网络时代的"碎片化"阅读习惯，也适合网络传播扩散，每期发布后都会获得大量的点赞和评论转发。

（二）四川工程职业技术学院实施班级导师制，做学生成功的守望者

四川工程职业技术学院注重通识教育工作，致力于培养高素质、高技能人才，关注每个学生的成长与可持续发展，同时注重完善育人过程中的管理制度，扎扎实实地把育人放到首位，把学生的利益放到首位，让班级导师成为学生成长的引路人，成为学生未来发展道路的激励者。一是加强制度保障。学院重视调研工作，发现学生在求学、生活、情感、求职等方面面临的诸多实际问题的积累最终将成为核心价值观虚无化的诱因。为此，学校认真地分析当下学生思想政治工作中存在的问题，有针对性地制定相关的制度，重在解决问题，全力构建全员育人体系，沉下身去培养技术人才，形成教书育人、服务育人的良好氛围。二是明确职责分工。学校修订了《班级导师主要工作职责》和《辅导员工作职责》，分别以思想政治教育和行为习惯培养为工作重点，明确了二者的行动指南，要求二者在实际工作中互相补充，不断提高教师、科研能手等对育人工作的重视度，培养一批专家化的班级导师队伍，保持班级导师制度的持久活力和质量。

第五章
师生激励惩处机制

立 德 树 人

一、激励教师内在自觉性的奖惩机制

"教师是人类灵魂的工程师，是人类文明的传承者，承载着传播知识、传播思想、传播真理，塑造灵魂、塑造生命、塑造新人的时代重任。"[①] 教师作为组织、规范、管理、引导大学生日常生活与学习的"第二家长"，本身就是行走的价值观榜样范本，蕴含丰富、宝贵的价值观教育资源，散发着强大、深刻的价值观感染力量。为此，要高度重视并切实发挥教师队伍在大学生价值观引导中的关键作用，通过规划、确立与提升高校教师队伍的培育保障机制，以高校辅导员、思想政治理论课教师为重点对象，不断提高教师队伍的责任意识、专业水准与道德素养，为大学生价值取向引导工程打造数量充足、业务过硬、作风扎实、素质优良的专业服务团队。

（一）加强师资队伍的建设

大学生价值取向引导工程的教师队伍是多层次、多要素的动态组合体，既包括辅导员、思想政治课教师、学校领导干部、后勤服务人员、校外兼职教师等人员，也涉及其具体年龄、学历、职务、专业等因素。因此，整合教师团队师资力量，完善培育引导结构保障，是确保人尽其才、发挥实效的前提与基础。

1. 整合教师队伍，加强社会主义核心价值观培育引导的师资力量

（1）注重教师队伍格局的优化

要基于办学方向、教学服务、学生数量等实际条件，科学地促进教师队伍的优化配置，形成专职为主、兼职为辅、专兼结合、功能互补的教师队伍格局，在兼顾性别合理、成员适当原则的同时，重点突出青年教师的骨干力量，激发他们释放热情、吸引共识、提升效率，鼓励他们在服务中进行管理，在管理中落实教育，积极参与到大学生价值取向引导的过程中。

（2）注重教师队伍结构的协调

要统筹校内外师资力量与资源，组建以高校党政干部、辅导人员、思想政治

---

① 黄蓉生. 新时代加强教师队伍的关键所在. 光明日报，2019-06-11（006）.

课教师为中坚力量，以社会学者、教育家、优秀企业家、先进典型模范、离退休专家为补充的系统组合。

（3）注重教师队伍工作的分流

通过结合教师的工作需要与自身愿景，妥善安排教师的轮岗工作，确保教师队伍保持活力，并结合教师在价值取向引导工作中的业绩，在职称评定、职务晋级、岗位津贴、进修政策、生活补助、福利分配等方面适度倾斜，从而调动教师在大学生价值取向引导工作中的积极性与主动性。

2. 加强师德师风责任意识，提升教师队伍理论修养

教育大计，教师为本；教师教育，师德为魂。师德师风是社会道德的标杆，是新时代造就专业化教师团队的关键，直接影响着人才教育及培养的质量，因此，中国共产党第十九次全国代表大会报告强调，"要加强师德师风建设，培养高素质教师队伍，倡导全社会尊师重教"[①]。作为大学生价值取向的直接引导者，高校教师要坚决树立责任意识，时刻牢记对党和国家、对教学质量、对学生的使命和责任。

（1）建立教师政治理论培养中心

要建立以学校党委为核心，以马克思主义学院、高等教育研究所、学科发展规划处等为依托的"教师政治理论培养中心"。通过岗前培训、短期进修、定期辅导、经验交流等有效形式，完善教师队伍思想政治教育培训体系，引领教师队伍深入学习马克思主义经典理论与中国特色社会主义先进思想，督导教师严守政治方向、掌握政治理念、关注国家动态，积极自主地提升自我理论修养，从而在引导大学生学习与理解社会主义核心价值观的同时，能够深刻阐释其社会主义意识形态本质，科学地传授大学生社会主义核心价值体系的相关知识，督导大学生形成对社会主流价值观念的认同感与践行习惯。

（2）构建与完善系统的师德教育培养制度

不仅要设置以教师思想品德素质为核心指标的招聘、考核制度，严格把握职

---

① 习近平在中国共产党第十九次全国代表大会上的报告. http://cpc.people.com.cn/n1/2017/1028/c64094-2961 3660.html.（2017-10-28）[2021-03-22].

业入口关，还要将师德培育融入教师队伍的日常管理，通过师德沙龙、志愿服务、发展论坛、业务竞赛等多元模式，对在岗教师或后备教师展开全过程、分阶段、划层次的师德师风培优工作。

（3）制定明确清晰的责任意识培育计划和方案

要把职业道德、法治素养、责任规范纳入教师培训内容，通过有意识、有组织、有计划地宣扬黄大年、李保国、钟扬等鲜活、具体的优秀教师典型，以榜样激励的方式激起教师队伍责任意识的情感共鸣，使他们肩负起立德树人教育学生、春风细雨感染学生、身体力行打动学生、尊重互助引导学生的育人职责。

3. 鼓励思维观念与时俱进，夯实教师队伍综合素养

教师团队是否具有高尚师德、扎实学识、精湛能力、创新水平等综合素质，是影响大学生价值取向引导工作效果与成败的关键。特别是在新时代，伴随着价值观培育工作环境与任务的深刻变化，教师队伍面临更为艰巨的教育任务、更为严苛的教学要求，因此，高校必须积极投入必要的人力、物力、财力、精力，搭建全面夯实教师队伍综合素质的培优机制。

（1）通过教师培育方针的制定，引导教师队伍树立学无止境、教学相长的成长意识

高校在创造条件推动教师在积累人文、专业知识储备的同时，应培养教师的自我反思能力、教育把握能力、敏锐观察能力、沟通协调能力、组织动员能力，使其能够灵活、自主、高效地将大学生价值取向的引导工作融入大学生日常生活与学习中，并以身作则、带动知行，自觉做"经师"，主动为"人师"，更好地演绎大学生价值取向"领航人"的角色。要积极开展针对两课教师与辅导员为主要对象的网络新媒体技术知识培训，通过邀请专家、参与会议、调研学习等方式，充分发挥青年教师队伍的优势，鼓励他们更新思维观念、活用网络媒介、创新教育方法，并在相互学习、取长补短、开阔眼界的过程中共同进步，从而促使他们成为有理想信念、有道德情操、有仁爱之心、有深厚学识、有工作水平、有创新精神的"六有"教师。

（2）要合理制定培育方针，激励教师团队不断推进自我继续教育

在高校内部树立践行社会主义核心价值观的榜样，对于激励大学生思想品德

教育具有重要作用。大学生可以将从榜样身上观察到的行为、感觉和思想方式溢于他的角色之中，教师的职业地位使其成为大学生最值得关注的榜样。其中，师德是教师的根本。因此，合理制定培育方针，发挥教师践行社会主义核心价值观的榜样示范作用，打造师德高尚、业务精湛的高素质教师队伍，是高校培育和践行社会主义核心价值观的有效路径。具体而言，高校必须坚持以师德师风为上，严格师德师风管理，将高校教师师德师风的综合行为表现（尤其是其践行社会主义核心价值观的情况）作为教师聘任、考核与评价的首要内容，以健全高校教师任职资格准入制度和考核制度。同时，高校还要不断完善教师职业道德规范，以促进教师不断自我提升，并加大对违反师德师风行为的惩治力度，以形成师德师风建设的长效机制。

（3）建立专门制度对践行社会主义核心价值观的模范教师进行宣传和奖励

高校对大学生价值观形成有着深刻而全面的影响。正如英克尔斯所言："在大规模的复杂社会中，没有任何一种个人属性能比他所受到的教育更能一贯地、强有力地预言他的态度、价值和行为。"[①]大学阶段是一个非常重要的阶段，对大学生价值观的形成具有最强有力的影响，因此，高校作为培育大学生社会主义核心价值观的主要阵地，应重视树立高校社会主义核心价值观践行的先进典型，建立专项制度对模范典型教师进行宣传并合理表彰，用这种方法将这些优秀教师爱岗敬业的先进事迹与精神在全体教师中进行宣传，用身边的实际案例向教师诠释"敬业"的价值观，以鼓励教师争相向他们学习，不断提升自身素养，做到以理服人、以身作则，不断增强高校教师的榜样示范作用，人人学习模范，人人争当模范，为学生营造践行社会主义核心价值观的浓厚氛围。

在新时代的伟大进程中，高校教师肩负着立德树人、引领大学生价值取向的根本任务，其使命光荣、责任重大，这对广大高校教师尤其是青年教师提出了更高的要求，即朝着政治素质强、育人情怀深、教育思维新、专业视野广、组织纪律严、为人师表正的标准努力。具体而言，高校教师队伍培育保障机制的建设要紧紧围绕习近平提出的"六要"标准，这既是教师整体队伍建设的重要依据，也是帮助广大教师提升专业素质和综合水平的指南。高校教师要在大是大非面前保

---

① 阿历克斯·英克尔斯. 人的现代化素质探索. 曹中德等译. 天津：天津社会科学院出版社，1995：37.

持政治清醒，在党和人民的伟大实践中关注时代与社会的变革与发展，以科学的思维、宽广的视野将道理悟透彻，给学生讲明白、讲清楚，做到言行一致，言传和身教一致，做学生的道德榜样，在学生成长成才的道路上起到先锋模范作用，做学生真心喜爱的人，更好地肩负起培育社会主义接班人、引领当代大学生价值取向的现实重任。

（二）探索并建立教师道德行为评价机制

大学生价值取向评估机制是涵括评估思想、评估指标、评估方案、评估组织、评估后续等的一项完整、严密的系统工程，其中，评估方法的选取与评估范围的界定既是保障各项评估程序顺利开展的前提与基础，也是决定评估机制能否实现科学性、可操作性和可持续性的关键。

1. 要清晰和全面地界定价值取向引导工作的评估范围

应划定以学生为"一体"，以相关教师团队、教育引导工作为"两翼"的对象体系，将学生的品德修养、学习状况、心理健康、日常行为、价值取向现状，教师团队的师德师风、教学水平、政治意识、能力拓展、综合素质，引导工作配套的组织领导、校园建设、培训支持、纪律监管、业绩考评等综合内容纳入评估指标，从而实现立体、全面和系统的考量。

2. 要推进价值取向引导工作评估组织的全力协作

在细化、量化工作指标之后，要协调教学部门（评估教师授课、备课、课后答疑等）、教务部门（评估课程人数、课时分配、教材规范等）、党群组织（评估引导工作中的文化活动、志愿服务等）、财务部门（评估引导教育中专项经费的划拨、投入与使用等）、后勤部分（评估引导工作配套硬件设备与基础设施等）综合发力，通过科学统筹评估层次来保障引导工作评估的高效性和严谨性。

3. 要灵活、多元地运用动态评估方法

要善于从学生、教师、工作等评估对象的特点着手，通过构建调查评估法、定性评估法、定量评估法、自我评估法、他人评估法、媒介评估法等六位一体的

综合评估模式，切实提升大学生价值取向引导评估的科学性与有效性。

（三）完善物质精神双向激励，打造辩证奖惩激励体系

科学完善的激励机制是有效提升教师团队价值观培育热情，保障大学生价值取向引导工作获取不竭动力的关键。一方面，要注重激励内容的物质性与精神性相结合；另一方面，要兼顾严厉惩戒与温和修复相统一。

1. 注重缓解教师经济压力与科研负担

针对家庭生活条件存在困难或新入职价值观培育工作的青年教师，在工资、津贴、补助、福利（如提供住房或给予购房补贴）等方面要给予适当照顾，以减轻他们的经济压力。针对那些物质条件较好、业务扎实、尽心尽力、工作成效明显的教师，在职称评定、职位晋级、职薪优待等方面要通盘考虑，不能因为学术论文、国家课题、基金项目的科研成果而盲目地"一刀切"，要激发其工作热情，使其能够安心投身于大学生价值取向引导工作中。

2. 给予教师充分尊重与精神鼓励

对于那些德才兼备、广受欢迎、具有积极影响效应的教师，要给予必要的尊重、荣誉、表彰和宣传，从而调动其积极性，吸引、鼓励其他教师效仿、学习，使更多的教师自觉地主动投身于大学生价值取向引导工作中。比如近年来，清华大学举办的"良师益友"评选、武汉大学开展的"师德标兵"表彰、中国地质大学（武汉）设立的"三育人标兵"投票、中南民族大学组织的"最受学生欢迎的老师与辅导员"选拔等，都是精神激励的典范模式。

3. 通过严厉惩戒约束教师不良言行

正面的物质奖励和精神鼓励固然重要，但也要兼顾正面鼓励与负面惩戒，切实打造奖惩结合的长效激惩体系。对那些在大学生价值观培育工作中不思进取、态度散漫、效率低下的教师要给予适当警示；对那些政治态度暧昧、观念立场摇摆的教师要给予必要的提醒和批评；对那些师风败坏、信仰歪曲、宣传负面价值信息与错误价值意识、阻碍社会主义核心价值观培育的教师要给予相应的惩戒，

如果影响恶劣或存在涉嫌违法乱纪的情况，则要坚决移送司法机关。

4. 通过温和修复，激励教师严格律己

惩戒虽然方式强硬，但效果明显，在使用过程中，高校领导也要树立底线思维与全局意识，注重在应对问题时留有余地，通过有效方式进行合理"修复"，给予犯错的老师充分的关怀与机会，使其可以及时调整、反思不足，最终实现由"他律"转向"自律"，锻造自我高尚品德，形成良好的示范效应。高校应激励价值观培育教师在大学生价值取向引导工作中奉献自我、发光发热。

（四）健全和完善现行监督机制

要确保绩效考评合理、公平，就必须健全绩效考评监督机制和考评监督反馈机制。高校要实行党务公开和校务公开，纪委和监察部门全程参与，工会和教职工代表大会民主管理和协调督查，以确保教师思想政治教育绩效考评公平、有效。建立考评责任追究机制，为教师开通申诉渠道，追究考评责任，防止与杜绝在教师思想政治教育绩效考评中的权力滥用，以确保每次绩效考评结果都能达到客观、公正，为教师思想政治教育的健康开展提供制度保障，营造良好的制度环境。同时，相关部门应对每位教师的考评结果进行及时反馈，帮助教师积极进行整改，以实现正向强化的效果。高校要与教师进行绩效反馈面谈，使其了解学校的期望和自己的绩效，认识到自己有待改进的地方，这有利于教师的职业生涯规划。学校还可以根据每位教师的特点及岗位需求，将合适的人才安排到适合的岗位，实现教师和高校的共同发展。

二、提升学生综合素质的奖惩机制

美国心理学家斯金纳的操作条件反射实验认为强化分为正强化和负强化。正强化主要指那些能促使主体期望值增加的外部刺激物；反之，那些使主观期望值降低或消除的外部刺激物则被称作负强化。这一实验表明强化对于增强学习起积极的促进作用。在当今信息化时代，大学生的生活环境中存在多元化思想，各种

价值观交错激荡，在这样的大背景下，尽管一部分大学生认同社会主义核心价值观体系，但却不知道自己的行为是否适当、合理，甚至有的大学生在错综复杂的环境中迷失了方向。因此，要使大学生真正认同社会主义核心价值观体系，并将其内化为科学的思想和外化为正确的行为，还需对其思想和行为进行有效评价。大学生社会主义核心价值观体系评价制度的制定应有明确的目标，应该让大学生明确几个问题，即大学生应坚持什么，反对什么，倡导什么，抵制什么，在明晰这些问题的过程中逐渐形成正确的价值观。在制定评价制度时，首先，应明确人的思想是多种因素共同作用的结果，是需要长期形成的，不是一蹴而就的。要求评价是多维的，而不是内容的简单堆砌，应充分考虑大学生的各方面情况，并且贯穿整个过程。其次，应明确核心价值体系作为一种思想，应更加注重对大学生思想素质的评价，以使大学生反观自身，提高思想观念，纠正不良行为。最后，在评价主体确定上，应坚持范围广和多元化原则，除了与大学生接触较为紧密的老师、辅导员、同学外，包括学生的父母以及社会各界人士在内的社会性评价主体也应囊括其中。具体做法及要求如下。

（一）道德档案规范化

大学思想素质状况只有尽量做到有据可依，有迹可循，方能准确掌握大学生思想的发展，这要求高校做好大学生道德档案规范化建设，做到翔实记载、科学保存和方便查找。要达到这一目的，就需要从三个方面入手：一是使大学生道德档案建设团队正规化。大学辅导员应作为学生道德档案管理的第一责任人，在日常的学生管理工作中，利用职务的优势对大学生思想道德情况进行详细的记录，并将这项工作常态化，必要的时候可以请学生干部加入管理团队，对档案数据进行维护和及时更新，以确保道德档案的全面性和时效性。二是确定大学生道德档案的核心维度。应以社会主义核心价值观为指导，建立几个重点模块，例如包括大学生助人为乐、诚信行为、志愿者活动等资料。上述相关数据的获取可以结合志愿者服务登记制度、班级诚信簿、精神文明活动通报等。三是将道德档案与大学生评价紧密相连，作为开展大学生教育评价、入党及推荐就业的参考依据，强化大学生在价值观方面的自律意识，规范学生的行为。

（二）评价方案科学化

评价方案的制定要科学化，只有这样，才能起到有效检验高校社会主义核心价值观培育的作用，才能对大学生核心价值观教育课程的设置进行有效调整，同时真正促进学生思想道德的良好发展，增强社会核心价值观课程的实际效果。基于此，在设计评价方案时需要遵循一定的原则，设计合理的评价体系标准，科学选择评价指标，综合选定评价方法。

1. 评价体系设计的原则

评价在各级各类教育过程中都是非常重要的环节，也是最难的一个环节，评价体系的建设是一个复杂系统的工程，既要确保评价体系的科学性和可行性，又要确保其有用性，因此在进行评价体系建设时，就必须遵循价值目标的导向一致性原则、实践性原则、系统性原则和可操作性原则。

（1）导向一致性原则

导向一致性原则即在设计评价体系时，必须坚持依据大学生社会主义核心价值观教育的总目标制定对应的子目标，层层分解细化为具体的评价指标，以确保每项指标都符合大学生社会主义核心价值观教育总目标和总方向。

（2）实践性原则

高校社会主义核心价值观培育具有实践性特点，这是因为一方面大学生对社会主义核心价值观的心理认同需要在实践中反复摸索，从理论到实践，再从实践到理论，如此反复循环，大学生在强化理论学习的同时，也提高了对社会主义核心价值观的认同感；另一方面，社会的不断变化和发展对大学生社会主义核心价值观教育活动的调整与创新提出了新的要求。因此，高校需要在实践中依据教育活动的变化，不断地修正、调整和完善大学生社会主义核心价值观教育评价指标，使其更加科学化。同时，高校应对评价手段和评价方法提出动态化要求，使它们依据教育活动的发展而不断变化。综上所述，要将大学生社会主义核心价值观教育置于实践中进行动态评价，这也与教育的过程性评价理念高度契合。

（3）系统性原则

构建大学生社会主义核心价值观教育模式需要借助系统论的原理，因为这是一个系统工程，具有系统的完整性特点。一是要重视评价体系的整体性、层次性及其之间的关系；二是大学生社会主义核心价值观教育的内部各要素、依存条件要形成系统，缺一不可，只有如此，才能对大学生社会主义核心价值观教育模式的实效做出符合实际的客观评价。

（4）可操作性原则

评价体系的构建需要借助大学生社会主义核心价值观教育活动的各项指标，通过对它们进行定性研究和定量分析来实现。大学生社会主义核心价值观教育的主体是人，且最终的教育目标是培养大学生正确的价值观。由于人和价值本身的特殊性，对显性的要素进行评价相对容易，但对隐性的价值观念却很难进行量化指标的评定，这就要求在定性研究和定量分析之间寻找适切的融合点，有效地结合这两种方法，尽可能地使评价指标趋于客观、科学和可测。只有这样，方能将此运用到大学生社会主义核心价值观教育的有效评价中，这是构建评价体系必须充分考虑和研究的问题。

2. 评价体系标准

可以从宏观和微观两个方面来考虑大学生社会主义核心价值观教育的评价标准。宏观方面主要是指从国家和社会层面出发，对大学生社会主义核心价值观教育在一定时期国家和社会发展进程中所占据的重要位置及其所发挥的价值和功能进行评估。具体到一所高校，这个评价标准主要是社会对大学生核心价值观教育成效的认可度。微观方面则主要结合大学生的思想状况、价值观等进行评价，一般会转化为对大学生个体的评估，如理论考试、推选先进分子及入党积极分子等。

3. 评价体系的指标

评价体系的指标主要是依据评价体系的范围和标准，将社会主义核心价值观教育目标进行分解，形成较为具体的指标。这些指标往往具有较强的可操作性，方便对大学生社会主义核心价值观教育效果进行量化评价。总的来说，这些评价指标可以从微观方面和宏观方面进行分类。

（1）微观方面的指标

微观方面的指标的选择主要从大学生社会主义核心价值观教育能否激发大学生的爱国热情、对提升大学生思想政治理论水平是否有帮助等方面来衡量。微观指标还可以继续分解，具体有4项二级指标：第一项考察大学生对党的路线、方针、政策的理解力；第二项考察大学生对各种思想与思潮的分析力；第三项考察大学生对是非问题的辨别力；第四项考察大学生对错误观点的抵制力等，主要包括接受社会主义核心价值观教育的大学生是否具备抑制某种消极思想和行为滋长与蔓延的能力，是否真正认同社会主义核心价值观，是否真正树立了社会主义核心价值观，身心是否健康发展等。

（2）宏观方面的指标

宏观方面的指标则主要对大学生社会主义核心价值观教育环境是否得到优化进行考察。具体而言，一是考察当前社会环境和条件是否有助于充分发挥大学生学习的积极性，以确保大学生社会主义核心价值观教育顺利完成；二是考察社会舆论和文化环境是否有助于大学生坚持发扬良好的社会风尚、坚决抵制不良社会风气、增强同歪风邪气和违法乱纪作斗争的勇气和决心、热衷公益事业、富有奉献精神，高校的育人环境和校园文化是否良好等。

4. 评价方法

对大学生社会主义核心价值观教育的评价可以从定性、定量的需求出发，采用系统分析法、模糊综合评判法等方法进行。这是对大学生社会主义核心价值观教育效果进行评价和检验的重要程序、途径和方法。

（1）系统分析法

系统分析法基于系统理论，将大学生社会主义核心价值观教育看作一个系统，根据设定好的评价标准及指标对大学生社会主义核心价值观教育的质量和效果进行分析、评价。这是因为，首先对大学生社会主义核心价值观教育的评价是全方位的，包括社会要求、教育者面貌、大学生的人格特征等，不能将这几个要素割裂开来，而要将其作为一个有机整体进行分析，方能对大学生社会主义核心价值观教育的效果做出客观、科学的认识和评价。其次，系统内部各要素是相互关联、相互影响、相互制约的。因此，在进行评价时，要把各要素联系起来，分析它们之间的相互影响以及各自发挥的作用、状态等，从不同角度、不同层次进行分析评价，得出正确的效果评价。

（2）模糊综合评判法

模糊综合评判法是模糊数学提供的为解决模糊现象的评估问题而采用的一种综合性的数学方法，或者说是一种数学模型。它在解决多因素、多指标的教育教学评价问题中有广泛的应用前景。[①] 之所以将模糊综合评判法应用到大学生社会主义核心价值观教育效果的评价中，主要是因为对教育效果的影响因素是复杂和多方面的，它不但受教育评价主体个人思想、价值观基础以及对各项评价指标的理解与认可度的影响，而且受社会主义核心价值观教育的许多概念及外延的不明晰性的干扰。因此，大学生社会主义核心价值观教育效果具有"亦此亦彼"的模糊性，选择模糊综合评判法对其进行评估是适切的。具体过程是通过对指标体系中的各项指标进行测定取得相应数值，对各项指标确定权重，再将各指标测得数值与权重一起进行计算得出更为精确的指标得分，以确定大学生社会主义核心价值观教育效果的真实性。

需要强调的是，大学生在评价过程中不是被动的客体，在评价时不能忽视其主体地位。应鼓励大学生参与到评价过程中，在理智、客观剖析自身思想道德状况的基础上，按照评价体系的各指标为自己打分。这样做一方面能够帮助大学生自查自省，另一方面也便于他们理清价值观念，以社会主义核心价值观为指导树立正确的价值观念。此外，在评价时应突出正强化，这有助于巩固和发展已有的优良思想品德行为。

（三）激励约束机制多样化

心理学研究发现，人的一切行为都是受到刺激而产生的，每个人不仅需要自

---

① 刘睿. 模糊综合评价法在教学质量评价中的应用研究. 中国管理信息化，2019，22（14）：190-192.

我激励，而且需要外部因素（如社会组织和群体）的激励。所谓激励，就是借助外部因素的影响、激发人的动机、引起人的行为的一种刺激。激励能够不断激发、鼓励、推动人的行为，进而充分调动人的积极性。激励在高校社会主义核心价值观的培育中具有重要作用。通过对大学生在思想、道德品质以及行为中的优良表现进行肯定与褒奖，能够满足他们在物质层面和精神层面的双重需求，强化他们对社会主义核心价值观的心理认同，能够使他们更加坚定地践行社会主义核心价值观。激励机制主要分为物质奖励和精神奖励。

1. 物质奖励

物质奖励是一种外在刺激。物质对人的刺激最为直接，因为人的生存与发展需要建立在坚实的物质基础上，良好的衣食住行条件是人们追求更高层次需求的前提，这是人的趋利性特征的表现。物质激励正是利用了人们的这种趋利倾向，通过为那些在社会主义核心价值观培育过程中具有良好表现的学生赠送社会主义核心价值观的相关书籍、颁发奖金等方式，鼓励大学生群体以更大的热情和更强的主动性投身到社会主义核心价值观的理论学习与社会实践中。

2. 精神奖励

精神奖励带给人们更多的是精神层面的需求得到满足的愉悦感，或通过各种形式（口头表扬、正式表彰）的褒奖，或借助舆论宣传等方式，对奖励对象进行精神鼓励，满足他们精神层面的需求，起到激励作用。在高校中，精神奖励的主要形式是个人表彰和树立先进典型。一方面，通过在重要场合在广大师生面前为社会主义核心价值观践行的积极分子颁发荣誉证书、奖杯、奖牌等方式，给予他们精神上的肯定，鼓励他们激发更多大学生坚定不移地践行社会主义核心价值观；另一方面，通过树立大学生先进典型，宣扬典型人物和事迹，利用他们的先锋模范作用和力量，激励其他大学生向榜样学习，以榜样为前进目标，积极践行社会主义核心价值观。

激励机制应是精神激励和物质激励的有机结合，一般来讲，要以精神激励为主、物质奖励为辅，共同促进高校社会主义核心价值观培育工作的顺利开展。在注重奖励的同时，适当的惩罚也是必要的。惩罚的目的不在于追究事件本身的错误，而在于一方面使大学生从事件出发，进一步认识社会主体核心价值体系的重要性，增强行为的自觉性；另一方面，让高校更加重视社会主义核心价值体系教育工作。奖惩还应参照一定的评判标准，以解决大学生践行社会主义核心价值观中的实际问题为目的，通过说服、疏导、教育、鼓励等方式开展。例如，在进行大学生社会主义核心价值观教育效果评价时，应以鼓励性的语言为主，如表扬、称赞、奖赏等。奖励可以使大学生明确认识和肯定自己品德中的优点，并在产生愉快的情绪体验中，巩固和发展这些优良品德。

三、对辅导员队伍的培育与建设机制

高校辅导员作为高校思想政治教育工作的重要力量，必须深刻领会和把握社会主义核心价值观的内涵，不断加强对社会主义核心价值观的理解，成为社会主义核心价值观的模范示范者、引领者。这不仅是高校辅导员积极响应全社会积极培育和践行社会主义核心价值观的必然要求，也是助力高校辅导员引导大学生树立正确世界观、人生观、价值观的有效路径。这就对高校辅导员树立社会主义核心价值观提出了更高的要求。因此，必须建立高校辅导员树立社会主义核心价值观的多重路径。

（一）完善辅导员培训制度

社会主义核心价值观的培育需要制度规范，通过制度规范推动高校辅导员培育社会主义核心价值观制度化、规范化、系统化，以提高高校辅导员对社会主义核心价值观的认同度。高校辅导员队伍的社会主义核心价值观建设是一个潜移默化、坚持不懈的过程，需要构建富有效力的制度体系来支持、配合辅导员核心价值观培育。

为此，高校需要在建立与完善学校培训制度的基础上，对辅导员（尤其是新进青年辅导员）通过教育—培训—再培训的模式，持续加大培训教育力度。这种专业化的培训模式能够帮助辅导员在社会主义核心价值观的学习教育中，形成对社会主义核心价值观的心理认同，并树立正确的价值观，以应对社会发展和学生素质变化带来的挑战。

高校还应以我国教育部门下发的文件要求为导向，熟知国家发展政策，深入了解我国社会主义核心价值观对高校发展提出的工作要求，结合高校的实际以及辅导员的工作需求和发展需要，利用多种有效渠道针对辅导员的社会主义核心价值观培育工作展开多方调研，并将调研结果与社会主义核心价值观的思想政治理论相联系，践行在辅导员的实际工作要求中。

1. 建立辅导员队伍社会主义核心价值观教育工作小组

由专业小组成员在社会主义核心价值观政治理论引导的前提下，联系社会及校园的实际情况，编写高校辅导员学习社会主义核心价值观的专用教材，为辅导员队伍的培育工作提供条件。编写的相关教材之中除必须具备社会主义核心价值观的思想来源、理论基础、内涵、必要性等理论知识外，还必须列举社会先进思想杰出代表人物、优秀辅导员事迹等内容以及理论联系实际的内容，用充实、丰富的理论知识武装辅导员头脑，推进社会主义核心价值观的建设工作。为了科学地培训辅导员队伍，应建立岗前职业宣誓制度，让辅导员将社会主义核心价值观深记于心，严肃的氛围有利于辅导员从内心正视社会主义核心价值观，避免出现轻视、忽视的态度问题。通过职业宣誓制度，帮助辅导员建立职业归属感、自豪感，认知自身工作角色的重要性。同时，制定签订辅导员社会主义核心价值观培训同意书制度，将培训内容、课时、考核要求以及奖惩措施等内容详细地写录在培训同意书中，辅导员详细阅读同意书内容并自愿签订同意书后，就可以参与针对辅导员开展的社会主义核心价值观教育培训。

2. 建立辅导员社会主义核心价值观教育培训工作人员管理制度

培训辅导员的教师首先完成自主报名—学院审查—学院推荐—学校复核—确定名单五个步骤。在参与教育培训辅导员社会主义核心价值观的过程中，在保证工作质量的前提下，对其实行严格管理，对其思想、行为规范、语言等方面进行全面监督，切实保证工作管理人员队伍的思想及文化水平。针对辅导员的社会主义核心价值观的教育培训，应逐渐地、适当地加大培训力度，结合当今国家发展要求以及教育方面所面临的实际情况，合理、科学地扩大培训内容的覆盖面，将国家发展政策、高校教育要求与高校教学实际三者有效结合，在坚持育人为本、德育为先的前提条件下，将社会主义核心价值观纳入我国高校日常工作，落实到高校的日常教育教学任务以及工作管理层面的各个环节，促进高校辅导员社会主义核心价值观的队伍建设。

（二）完善辅导员考核机制

高校辅导员是带领大学生践行社会主义核心价值观的前沿力量，高校党政领导必须严格对其工作的实际成效进行管理监督，成为高校辅导员学习社会主义核心价值观的首要负责人，带动高校辅导员的社会主义核心价值观建设工作，明确专人负责高校辅导员队伍的思想道德建设，切实监督管理社会主义核心价值观的建设工作，并结合高校实际建立健全教育培训考核办法及考核指标，按照考核标准对辅导员进行严格管理，保证辅导员的质量。

1. 建立高校辅导员理论素养考评机制

此考评机制的重要观测点是高校辅导员的基础理论素养，扎实的理论知识是高校辅导员开展工作的基础，更是其树立社会主义核心价值观的重要支撑。考核标准必须在社会主义核心价值观的思想水平层次上紧密联系个人实际，不得出现模糊不清等行为。理论知识考核达到合格及以上指标则被视为理论考核通过。

2. 建立高校辅导员工作绩效考核机制

高校辅导员工作绩效考核不能仅停留在其常规工作内容方面，更要考核其在大学生思想政治教育工作中所起到的作用。针对辅导员所在学院、年级等开展工作的能力、实绩进行调查，调查方式包括不记名访问、档案记录、工作成果等，调查对象均不记录姓名，将辅导员的调查资料进行详细的数据分析，在细节处理、工作态度、时间观念、行为举止等方面开展调查，并将调查结果分出等级，出现结果不合格的则被视为培训失败。通过考核能够体现高校辅导员在践行社会主义核心价值观方面的实际效果。

（三）完善辅导员相关激励机制

辅导员作为高校学生管理工作的主力军，肩负着学生思想政治教育的重要任务，是学生思想政治进步的第一责任人，因此辅导员队伍的社会主义核心价值观教育至关重要。由于辅导员自身的努力、高校相关机制和制度的完善与健全程度、高校自上而下对社会主义核心价值观的认知度等多因素的影响，辅导员队伍的社会主义核心价值观建设需要经历漫长、曲折的过程，且呈现渐进性。因此，高校应在管理层面上为辅导员提供有力的制度保障和有效的奖惩措施，采用科学的方法不断完善相关的激励机制，切实将社会主义核心价值观的培训成果落到实处，充分发挥教育培训的作用。

当前，很多因素影响辅导员工作发展。一是工作对象产生的影响。高校辅导员面对的大学生群体正处于强烈的自我意识和反抗性阶段，目前，高校辅导员不仅负责思想政治教育工作，还承担了大量的日常管理事务，手机一天二十四小时开机，随时准备处理学生问题，以至于辅导员在一些学生眼里就是尽职尽责的"保姆"。学生违反了校规校纪、出了安全事故等，第一时间就是请辅导员处理。由于学生的这些表现直接与辅导员的考核挂钩，辅导员对学生上述问题的关注已经成为其工作的重点甚至核心。一些大学生也会利用辅导员的这种心理，违反校规校纪，或出了安全事故后与辅导员老师讨价还价，影响了辅导员正常工作的开展。二是工作内容与薪酬产生的影响。由于辅导员管理的学生普遍较多，事务又复杂，使得辅导员工作量大、工作强度高。辅导员处理学生事务往往不分上下班，不分节假日，而其工资待遇与其付出又不成正比，这影响了部分辅导员的工作积极性。三是晋升空间的限制产生的影响。受辅导员工作性质的制约，辅导员无论是干行政还是干专业，经常出现出路窄、职称晋升空间小的尴尬，特别是在晋升高级职称时，种种条件的限制使得没有科研成果、不授课的辅导员往往很难有发展机会和发展空间。四是缺乏专业培训产生的影响。由于工作性质，通常辅导员除入职时接受相对系统的培训外，其余大量的时间和精力用于学生管理工作，使得部分辅导员难以在理论层面得到提升，只能依靠以往的经验开展工作，致使其大学生思想政治教育工作不能与时俱进和缺乏针对性。五是社会对职业的认同度产生的影响。在社会上，辅导员的工作往往被认为晋升难、薪酬低。上述问题在高校辅导员队伍建设中普遍存在，尽管国家、各级政府以及高校不断地通过政策、措施等关注和加强辅导员队伍的建设和发展，旨在提高其社会地位和社会认可度，但是实际上收效却不尽如人意，社会、高校、家长和学生对辅导员的认知度还有待提高。

基于上述分析，应以辅导员队伍建设为抓手，助力高校社会主义核心价值观的培育与践行。高校应肯定辅导员的工作，采取物质激励和精神激励相结合的方式对其进行多举措的奖励和激励，加大对辅导员队伍培育社会主义核心价值观的力度，这能在很大程度上提高辅导员的职业认同度，激发辅导员积极开展思想政治教育工作的热情。具体而言，应从多方面完善高校辅导员的激励机制。

1. 物质激励

一方面，应高度重视辅导员工资待遇问题，将其工资待遇与高校专职任课教师进行横向对比时，尽可能考虑辅导员经常牺牲假期和休息时间处理学生问题这一事实，正确认识辅导员工作的特殊性，重视辅导员的合法利益。不能将此视为辅导员理所应当的职责所在，应制定合理的工资福利制度，适当提高其工资待遇。另一方面，充分重视辅导员职称晋升的尴尬与困难，从薪酬待遇等方面给予其一定的补偿。具体做法是将辅导员的工作年限和工作绩效与薪酬制度挂钩，本着多劳多得、不劳不得的薪酬分配原则，弱化或缩小专职辅导员与学工书记、高职称辅导员之间的薪酬差距，以这种直接的物质激励方式帮助他们增强工作动力。

2. 精神激励

依据马斯洛的需求层次理论，辅导员在工作过程中得到的职业认同感是实现个人价值、获得尊重的需要得到满足的具体体现。相较于物质需求，这属于更高层次的精神需求。精神层次的需求较难得到满足，一旦得到满足就能够增强人的成就感。高校应充分认识到辅导员精神层次的需求，营造重视辅导员工作的氛围，以稳固辅导员工作的信心和积极性；关注辅导员的身心健康，及时帮助辅导员解决工作和生活中的问题与困难，疏解其由于职业倦怠或工作压力产生的负面情绪；通过口头表扬和正式场合的表彰等方式对其进行精神激励，让他们感受到自己工作的重要性以及学校对其工作的认可与支持。

3. 提高辅导员教师的社会地位

高校中，辅导员的地位没有明确的界定，尽管学生管理工作非常重要，辅导员也因此承担了大量工作任务，但其往往被学生和其他教师忽视，导致一些辅导员产生自卑心理。因此，有效提高辅导员教师的社会地位是当务之急。

第一，畅通辅导员晋升路径，从职称晋升和职务晋升两个方面为辅导员的职业发展铺平道路。一方面，结合辅导员的工作性质，重新确定职称评定标准。例如，辅导员主要从事大学生思想政治教育工作，针对辅导员在课程、科研方面的不足，可以考虑以高校辅导员工作年限和工作实绩为评定标准；另一方面，辅导员岗位也应设定薪级制，依据工作年限、工作业绩考核等级，使辅导员享受相应行政级别的薪资待遇，从而提升其岗位优越感，间接地为辅导员工作指明努力方向，激发辅导员的工作热情。事实证明，只有真正处理好辅导员在工作中的需求问题，制定合适的激励机制，才能够巩固和强化高校辅导员队伍的建设。

第二，采用科学的方法激励辅导员自觉培育和践行社会主义核心价值观，最大限度地保障社会主义核心价值观能够存在于辅导员的意识之中，为以后的工作开展奠定思想基础。要完善奖励机制，就要健全正反激励相互结合的措施。在辅导员思想政治建设中，可以结合辅导员培育社会主义核心价值观的考核结果，实事求是地建立评选先进思想代表、树立优秀工作代表、淘汰退出相结合的制度，将奖惩的正反激励导向作用最大化，使辅导员在接受社会主义核心价值观培育过程中既能深刻体会到身为其中一员的荣誉感、成就感与归属感，又能在工作、生活过程中始终坚持社会主义核心价值观，严格按照社会主义核心价值观的要求，保证自己思想的正确性，在正确的发展道路上坚持到底。

四、案例

（一）复旦大学设立"光华自立奖"引领校园新风尚

复旦大学"光华自立奖"由复旦大学勤工助学中心于1985年设立，以在校勤工助学经营实体的利润设奖，30多年来，其始终秉承"开拓、创新、实践"的宗旨，奖励每年在社会实践、理论探索、科研成果、校园风尚以及勤工俭学助学领域中有独创成绩的复旦学子，截至2021年，"光华自立奖"已成功举办27届，成为复旦学生评优体系中一道独具特色的风景。这一奖项的可贵之处在于，它完全是由学生群体自主完成的，真实地体现了学生群体内在的榜样标准和模范行为。随着时代的发展，这个奖项的设置也在调整。它所追求的不仅有功成名就者，更有一群用自己的青春探寻着大学的理想和憧憬的探路人，它所推崇的是一路攀登的自强不息，更是一种追求卓越的精神。

（二）中山大学深化推动青年马克思主义者培养工程，培育和践行社会主义核心价值观

中山大学于2008年5月启动"青年马克思主义者培养工程"，10多年来，培养了一批批"政治坚定、素质全面、模范表率、堪当重任"的学生骨干，在培育和践行社会主义核心价值观的过程中，致力于把中山大学青年培养成中国特色社会主义事业的可靠接班人。一是立足学校人才培养目标，在青年马克思主义者培养工程开展过程中，以学校"人心向学"的理念为导向，着重培养学生的专业素养、人文情怀、领袖气质和国际视野，构建以"思想教育、学术科技、公益实践和文娱体艺"四大领域为基础的全面育人体系，培养和践行社会主义核心价值观。二是构建全方位立体化培养平台，如"青马学堂"理论学习平台、"青马读书"推荐书单、"青马服务"学习平台、"青马论坛"交流平台等。

第六章
推进理论研究机制

一、建立实体化的研究组织

（一）利用自身优势，深入挖掘社会主义核心价值观理论要义

以高校课程为载体，以中国特色社会主义实践为桥梁，制定科学、系统的规划方案，将社会主义核心价值观深刻融入思想政治理论课中，实现思想政治课程和课程思想政治"两轮驱动"的同行态势。为此，就要做到精准有效、精准发力、精确指导。

一方面，在遵循科学系统原则制订融入方案的基础上，深入挖掘中国特色社会主义实践，充分展现社会主义核心价值观的中国风格、中国气派、中国特色。要通过把握富强、民主、文明、和谐的国家"价值目标"，阐释中国道路；把握自由、平等、公正、法治的社会"价值取向"，解读中国制度；把握爱国、敬业、诚信、友善的公民"价值准则"，讲好中国故事。将社会主义核心价值观打造成具有中国图式的话语体系，社会主义核心价值观课堂就会更有成效。例如，在《中国近现代史纲要》第十章"改革开放与现代化建设新时期"融入"富强"这一国家层面的价值目标时，不仅要列举当前国家经济发展的各项数据，还要从中国特色社会主义实践的视角重点论述富强的内涵；应回顾历史上中国的四大发明、唐朝的开元盛世、明朝的永乐盛世、清朝的太平盛世和近代国弱民贫之殇，强调国富民强是中华儿女的梦想，最终这一伟大梦想在中国共产党的领导下逐步实现。中国共产党抓住机遇自主探索，领导人民进行艰苦卓绝的斗争，在血与火的革命征途中，在近百年波澜壮阔的历史进程中，探索出一条走向新生、走向胜利、走向富强的社会主义革命和建设道路。通过这样的思路，激发大学生对富强的期盼，并对自己的人生规划展开思考和讨论，如何历练才有足够的能力肩负时代赋予的历史使命，在百舸争流中劈波斩浪，在千帆竞发中勇立潮头，使祖国更强大。

另一方面，社会主义核心价值观融入专业课要做到和谐自然，生硬的嫁接不可取，要深入挖掘中国特色社会主义实践等思想政治元素，实现"于无声处听惊雷"的价值传递与接力。

以建筑学专业课程之一的建筑历史课为例，这是一门介绍中国建筑历史概况、引导学生理解建筑学对人类生活的渗透与改变、教授学生运用辩证思维去鉴赏建筑的课程。教师在这门课的讲授过程中，应在把握课程主要内容的基础上，从不同时期的政治、经济、社会等元素与建筑的关系入手，深入挖掘中国特色社会主义实践等思想政治元素，把社会主义核心价值观渗透到建筑历史课程中，促使学生树立正确的历史观和价值观。具体做法包括以下三个方面。

第一，通过课程经典案例的讲解，将建筑物与历史人物或历史事件联系起来，利用以人知事、以物见史的方法，深入挖掘建筑历史中蕴含的社会主义核心价值观元素，例如可以利用重庆市渣滓洞、白公馆等蕴含红色基因的著名建筑，以独特的方式诉说感人的历史英雄故事。教师在为学生讲解这一时期建筑历史时，可以声情并茂地讲述革命先烈江姐的英雄事迹，让学生在脑海中还原当时的情境，使学生深切感知革命先烈百折不挠、宁死不屈的革命精神，激发学生的爱国情怀，进而对社会主义核心价值观的内涵进行深度思考。

第二，通过知名建筑物感知等活动，再现这些古老建筑所在地的历史画卷，潜移默化地实现社会主义核心价值观教育。例如，可以组织学生到三峡博物馆研学，通过对三峡博物馆内壮丽三峡、远古巴渝、城市之路、川军抗战、汉代雕塑、西南民俗等内容进行讲解，让学生感知先辈在进行川军抗战、三峡大移民时，不怕流血牺牲的精神、舍家卫国的精神，感受他们的爱国情怀。

第三，通过组织学生参加古建筑探寻等活动，让学生近距离接触古建筑，在对古建筑的学习、测量等行为过程中，引导学生自发地对古建筑的历史发展脉络进行梳理与回顾，深刻了解与古建筑相关的历史事件，达到自我教育、自我升华的目的。例如，对北京圆明园遗址进行探寻，引导学生对火烧前圆明园的繁荣景象和火烧后的残骸遗迹进行对比和思考，再现中华民族曾经遭受的屈辱经历与中华儿女百折不挠的爱国情怀，鼓励学生从对古建筑物的生命内涵探索中寻找爱国主义的真谛。

（二）组建研究中心，形成实体化的组织建制

理论研究主要是通过理论论证、列举材料、总结分析等方法对大学生社会主

义核心价值观教育机制创新的内在联系及其规律提出见解。高校宣传社会主义核心价值观，首先要对这一理论有深刻的理性认识，在此基础之上运用适当的手段和方法进行宣传推广。加深对社会主义核心价值观的认识，就要从高校和大学生自身出发，明确提出研究假设，拓宽资料收集渠道，切实深入分析研究，形成最终研究成果，从而健全理论研究机制，为高校社会主义核心价值观宣传实践提供学理支持。

1. 明确提出研究假设

研究假设是根据经验事实或科学理论对研究对象所做的推测性判断或假定性设想。社会主义核心价值观的宣传应该是一个科学、系统的体系，要在原有理论和实践经验的基础上，用创造性思维建立理论研究假设。这一过程或者是实践经验的升华和概括，或者是原有理论的联系或推论，或者是对大学生社会主义核心价值观教育提出研究假设。研究假设既是一种方向性的、有待验证的论断和解释，也能够确定研究的途径和手段，具有科学性和可检验性；关注大学生在成长过程中亟待解决的问题，运用社会学、心理学中的问卷法、访谈法等实证方法进行调研，对大学生的价值取向进行深入了解，全面了解大学生未来职业生涯规划和人际交往活动等基本情况，帮助大学生养成健全人格、提升内在气质以及增强自身修养等。以此为出发点，社会主义核心价值观教育就不会陷入盲目、抽象的泥沼，而是凸显针对性和实用价值。

2. 拓宽资料收集渠道

资料收集是研究者通过不同方法从研究对象处获得资料的过程。真实、准确、完整的研究资料是研究结果科学性的基础。高校校园媒体宣传要通过查阅相关资料、进行实地调查和参加社会实践等形式与手段，尽可能全面、丰富地检索、收集关于社会主义核心价值观宣传的相关数据等研究资料，并对所获取的资料进行进一步加工和整理，从中发现和运用规律，以鲜活生动的事例打动大学生，提升大学生对其中蕴含的社会主义核心价值观的理解和把握。

3. 切实深入分析研究

要认识大学生社会主义核心价值观教育机制创新的本质和规律，就要在资料搜集的基础上进行细致深入的分析思考和推理判断。分析研究主要由研究准备、撰拟提纲、形成初稿、修改定稿等步骤组成，力图以文字的形式充分概括和准确表述大学生社会主义核心价值观教育机制创新这一选题所预期的研究成果，产生创新性的理性认识，进一步得出科学结论，同时要进行高校社会主义核心价值观教育机制的创新，促使相关研究工作能够在更加严谨、规范的氛围中开展。

4. 形成最终研究成果

研究成果一般以研究报告和学术论文的形式呈现。研究报告是用事实和数据来说明、解释和描述研究工作的结果或进展所形成的书面报告。学术论文是研究者对理论和文献进行新论证、产生新发现和获得新成果的一种理论性文章。健全理论研究机制，需要及时总结、推广社会主义核心价值观宣传优秀成果，形成研究报告或发表学术论文，并对大学生社会主义核心价值观宣传的成功经验进行系统的分析、归纳、总结，实现理论创新与实践创新的良性互动。

由此可知，完善与健全理论研究机制要多管齐下方能见效。一要提出明确的研究假设，拓展资料收集的广度，深化研究深度，形成最终的研究成果；二要将社会主义核心价值观理论与实践紧密结合，以理论指导实践，摒弃单一的逻辑论证，用具体事例和具有感染力的艺术形式进行宣传，用生动形象的思想内容贴近大学生的日常生活；三要贴近时代、贴近实际、贴近学生的要求，以多种手段营造舆论氛围，应注重以新颖的视觉文化和听觉文化吸引大学生，让他们将自己的兴趣爱好与国家、民族、社会的实际发展需要相结合，确立自己的理想信念。

（三）依托学术组织，开展相关主题教研活动

高校行为文化是指高校人在校园内日常从事的、具有自身特点的教学、科研、学习、体育、娱乐及生活等行为活动及其所体现的精神状态、操守和文化品位等。社会主义核心价值观融入高校行为文化建设，必须开展丰富多彩、喜闻乐见的校园文化活动，在内容的生动性、形式的灵活性、学生的主动性、师生的互动性上下功夫，通过营造良好的文化环境和精神氛围，促进师生形成积极向上的文化意识和价值观念。

1. 加强教学研讨

教学研讨是促进教师发展，提升教学质量的重要手段。当前，教学研讨仍存在内容单一、缺乏主题、讨论肤浅等问题，一些教师的参与积极性不高，一些教学研讨活动效果不好。教学研讨更要有计划、有准备、有总结、有评比，这样才能实现教师交流讨论、展现学识才华的功能。加强教学研讨，使教师在交流中互相学习、互相借鉴，并产生观点的碰撞，提升混合式、翻转课堂、任务驱动、项目学习、纯在线等多种教学场景的教学水平，善于采用互动启发式、问题研讨式、开放合作式、情境体验式等方法，提高教学效率，辅助教学改革，激发教学创新，从而实现不同教学方法的综合运用。

2. 在开展学术活动中融入社会主义核心价值观教育

科学研究是高等教育的主要功能之一，学术活动是科学研究的重要组成部分，其学术水平和学术氛围从内容和形式上在高校行为文化中都有所体现，且对广大师生产生重要影响。因此，高校社会主义核心价值观教育融入学术活动应成为社会主义核心价值观融入高校行为文化建设的第一步。只有这样，社会主义核心价值观教育才能发挥"融入工作"的最大效能。

（1）应积极营造良好的学术环境

要树立尊重知识、尊重人才、尊重创造的学术价值观，通过培养学术模范典型，表彰学术先进师生等形式，激励广大师生热衷科研活动，积极投身科研活动，在高校内部营造尊重学术、积极创新、求真务实、追求卓越和公平公正的学术氛围。在学生培养上要注重大学生的专业学习，在学生综合测评、评奖评优、推优入党、学生干部培养使用等方面，强化和突出学习成绩的重要性；在教师的评价上，要把学术研究水平作为重要的评价内容；在干部的使用上，要把有一定学术能力和管理能力的干部作为优先培养和使用的对象。通过上述渠道营造求真务实、协同创新、追求卓越和公平公正的学术环境。

（2）要积极开展活跃的学术活动

高校要积极响应习近平总书记于2016年5月17日召开的哲学社会科学工作座谈会精神，鼓励和促进不同学科学术观点的交叉融合，不断进行理论创新和知识创新。首先，有针对性地开展有助于学生成长成才、与社会主义核心价值观相关的哲学社会科学学术活动。其次，鼓励学术争鸣，要求校科研中心、各级学院积极定期举办高层次学术活动，聘请国内外知名专家、学者来校开展学术活动；同时，鼓励并支持教师参加国内外学术组织和学术会议，开展学术交流，并给予一定的资金支持，报销路费及会务费等。最后，进行相关制度的完善与创新，如完善校内有关知识创新、科技创新的学术报告制度，完善成果转化奖励制度等，以提高师生参与学术活动的积极性，实现学术活动常态化的目标，并逐渐形成长效机制。

3. 要培育健康的学术活动品牌

要进一步做强名师名课报告会、学术报告会、创业论坛等现有学术品牌，要支持博士沙龙、名师工作坊、教师研习室等学术活动形式，对优秀学术活动形式给予扶持和奖励；鼓励教师深入学生一线开展互动活动，鼓励教师积极指导和参与大学生课外学术科技竞赛活动，提高大学生学术活动质量。"教授茶座"是北京大学多年来创办与培育的校园文化品牌项目，通过邀请知名教授与青年学生座谈这一形式，面向全校大学生，"分享成长经历、共话科学精神和人文素养"，从而达到"启迪社会主义核心价值观"的目的。"稷下大讲堂"是山东理工大学打造的名人报告品牌，学校利用其所在地山东淄博市是齐鲁文化发祥地的地理与文化优势，邀请王蒙、陈平原、孔庆东、阎崇年、金一南等文化名人，为广大师生呈现一场场文化盛宴的同时，也拓宽了他们的文化视野。值得称赞的是，在山东理工大学全体师生的共同努力下，这一品牌文化活动已经进行了十几年，成为该校一道亮丽的文化风景线。同样位于齐鲁大地的山东大学，紧紧围绕社会主义核心价值观，依托"形势政策"这一思想政治课程，打造互动课堂，使师生课前、课上、课后的全方位互动得以实现。"思想·理论·人生100讲"系列讲座是吉林大学的一个独具特色的思想政治理论教育精品项目，这个项目已经形成既有"学术味"又有"口语化"、既讲"大道理"又讲"小道理"、既有"高度"又有"温度"的特点。

（四）形成校际研究协会，广泛开展学术交流

社会主义核心价值观是社会主义核心价值体系的内核，体现了社会主义核心价值体系的根本性质和基本特征，反映了社会主义核心价值体系的丰富内涵和实践要求，是社会主义核心价值体系的高度凝练和集中表达。为了更好地对社会主义核心价值观进行深入研究，高校之间可以在建立校内研究机构的同时，成立专门的社会主义核心价值观研究协会，通过开展形式多样的实践活动，加强校际合作与交流。

1. 通过高校志愿者服务活动开展校际交流与合作

志愿者精神意指一种互助、不求回报的精神，它提倡互相帮助、助人自助、无私奉献、不求回报。志愿服务对社会主义核心价值观的培育及践行有着重要的价值和意义。高校志愿者大都是大学生，他们热情四溢，投身志愿活动的意愿强烈，尤其是近年来，大学生志愿者活动开展得越来越频繁，活动质量也越来越高，更有不少高校已经把在节假日开展志愿活动作为一项常规工作。但是，由于志愿者在大学生中的比例仍然较小，所开展活动的规模与层次受到一定限制，长此以往，一些志愿者的服务热情可能有所消退。因此，处于同一所城市的高校可以联合起来成立校际志愿者服务协会，定期开展合作与交流，建立与完善志愿者招募、培训、评价、保障等机制，通过合理、正确的方式对大学生进行引导和相关的教育宣传，这不仅对大学生社会责任意识的形成有重要影响，还能够让更多的大学生了解"自愿精神与奉献精神"，积极地投身于志愿者活动中，使志愿者队伍不断壮大。

2. 以高校学科专业协会为依托，设立相关专业课程思想政治协会进行学术交流

高校思想政治教育的开展是践行社会主义核心价值观的重要途径。除了高校开展的思想政治公共课外，与学科和专业紧密结合的课程思想政治也成为社会主义核心价值观教育的重要形式。2020年，教育部印发《高等学校课程思想政治建设指导纲要》，明确了课程思想政治建设的目标要求和内容重点，并对专业课、

公共课、实践课的育人内容都做出了具体安排，要求各类院校结合专业分类和课程设置情况，落实好分类推进相关要求。在教育部的指导下，高校要积极行动起来，切实做好课程思想政治改革，对照教育部的要求，结合自身的实际情况，扎实地开展课程思想政治改革。

课程思想政治是高校落实立德树人根本任务、推进三全育人纵深发展的关键环节，所以必须以教师为突破口，实现思想政治改革，切实提高教师的思想政治意识、思想政治素养、思想政治情怀；切实改革教学评价机制、晋升激励机制、课程协同机制；切实提升教学内容思想政治元素的科学性、思想政治意识融入的有机性、思想政治体系的系统性，着力实现育人与成才的统一性。然而，课程思想政治与思想政治课程不同，由于教授专业的教师没有接受过系统的思想政治学习，即使他们在国家政策要求下积极接受不同程度的培训，也仍然存在一些问题。例如，一些教师不能在专业课教学中自然地融入思想政治元素，存在专业知识教育与思想政治教育衔接不够紧密等问题。

为此，有必要以学科和专业协会为依托，成立课程思想政治协会。为同一学科的相同或相近专业的教师就思想政治课程的顺利开展提供广泛学术交流的平台，同时也进一步加强高校之间培育和践行社会主义核心价值观的交流与合作。

二、深化理论体系研究

人才培养是高校的核心功能，为社会经济的发展提供了重要智库，是国家软实力建设的主阵地。大学生对当代中国主流意识形态理论的深刻理解和掌握是高校意识形态话语机制构建的重要人力支撑。高校培育和践行社会主义核心价值观对高校的建设与发展具有重要的价值和意义，同时这也是高校必须承担的社会责任和使命。因此，高校应在重视理论学习的同时，坚持创新发展，构建理论机制，在发挥人才培养、科学研究、社会服务和文化传承创新四大功能的过程中，实现社会主义核心价值观的培育和践行。

（一）育人为本，高校要成为用社会主义核心价值观武装青年的重要思想阵地

高校是传授知识、培养人才的教育机构，培养人才是高等教育的使命。从未来发展来看，高校培养理、工、农、商、医、军、文、史、哲等各方面的人才，他们走入社会逐步成为各行各业的精英，成为社会发展的主力军。可见，高校不仅影响到个人的世界观、人生观、价值观，还会影响社会的风尚、思潮和发展方向，也会影响国家富强、民主、文明、和谐发展的趋势和进程，所以，高校人才培养直接决定着国家的未来发展，承载着民族的希望。正如习近平总书记所说，"青年最富有朝气、最富有梦想……青年兴则国家兴，青年强则国家强"[1]，"青年一代有理想、有担当，国家就有前途，民族就有希望"[2]。培养合格人才是高校最基本的使命，而合格的人才所应该具备的绝对不是死记硬背的专业知识，或者仅仅拥有一定的技能。

大学生正处于世界观、人生观、价值观形成的关键时期，他们活力四射、充满激情、心怀家国理想。他们接受新鲜事物的能力很强，但鉴别力尚有待提高，他们的思想观念趋于成型，但仍具有较大的可塑性。将人类社会在一定的历史环境和社会条件下形成的价值追求和行为准则传授给年轻一代，培养大学生鉴别真与伪、善与恶的能力，帮助他们形成正确的人生观、价值观和世界观，是高校的重要使命。

为此，高校要用正确的思想引导大学生，使其具备高尚的道德与文化，高校应成为培养"真善美"人才的圣洁之地，成为正确价值观的源地，成为社会伦理和道德的高地，成为社会行为的示范基地，成为先进生产力和文化的辐射源。在社会主义核心价值观教育中，高校应该扮演好"主阵地"和"先行军"的角色，培养中国特色社会主义事业的建设者和接班人。正如习近平总书记在第二十次全

---

[1]　习近平寄语青年. http://cpc.people.com.cn/big5/n1/2017/0503/c64094-29249852.html.（2017-05-03）[2021-04-25].

[2]　习近平寄语青年. http://cpc.people.com.cn/big5/n1/2017/0503/c64094-29249852.html.（2017-05-03）[2021-04-25].

国高等学校党的建设工作会议上指出的，"高校是教育培养青年人才的重要园地，也是用社会主义核心价值体系武装青年的重要思想阵地"①。通过对大学生进行国家价值、社会价值和个体道德价值的教育，形成他们的国家认同、社会认同和身份认同。通过对大学生进行社会主义核心价值观理论教育，引导青年学生信奉和持守富强、民主、文明、和谐的国家价值观念，信奉和坚守自由、平等、公正、法治的社会价值观念，信奉和坚守爱国、敬业、诚信、友善的个人道德价值观念，确立对于中国特色社会主义的道路自信、理论自信、制度自信、文化自信。通过对社会主义核心价值观的身体力行，引导大学生将其作为人生导向，将个人的幸福和发展与国家经济社会的发展和民族复兴的伟业紧密结合，强化他们作为中国人的自信、自豪、尊严和责任意识。

高校进行社会主义核心价值观教育有自己独特的优势。第一，高校社会主义核心价值观教育拥有完整的理论体系。社会主义核心价值观教育首先是一种理论教育，通过系统的理论教育，可以让学生形成一种理性心理认识。在这种持续不断的学理化处理与宣讲的过程中，学生对社会主义核心价值观从心理认识逐渐转化为心理认同。高校思想政治理论课为社会主义核心价值观的理论教育提供了主要渠道，相关课程体系较为完整，覆盖范围较广，借助思想政治理论课的大平台，社会主义核心价值观的理论教学水到渠成，同时也提升了大学生认识和理解社会主义核心价值观的高度。

第二，高校进行社会主义核心价值观教育拥有良好的实践平台。实践是高校进行社会主义核心价值观教育的重要环节，在用社会主义核心价值观的理论教育武装学生的头脑后，就需要借助高校社会实践平台将其落到实处，以指导学生的学习和生活。在这一过程中，大学生对社会主义核心价值观的认同感得到增强。高校是多位一体的育人机构，拥有课堂教学、社会实践和校园文化等多种育人途径，学科建设、教材编写、课堂教学、课题研究、成果评价等环节都可以作为社会主义核心价值观实践教学的渠道。校园广播、学生社团、学术期刊、网络媒体

---

① 习近平：高校是教育培养青年人才的重要园地. http://news.youth.cn/gn/201201/t20120105_1907753.htm. （2012-01-05）〔2021-03-31〕.

成为社会主义核心价值观践行的重要载体和阵地。

第三，高校为社会主义核心价值观教育提供了优质的教师队伍。高校是高级人才的聚集地，拥有众多优秀的理论人才和专职教育人员，他们是高校教书育人的中坚力量，不但掌握了科学的育人理念，还拥有深厚的理论基础、丰富的育人经验以及过硬的教学技能。深处文化底蕴深厚的大学校园，他们早已将自己与学生联系在一起，通过关心学生学习和生活中的点点滴滴，影响学生的人生价值，在追寻真、传播善、创造美、践行爱的过程中实现自我价值。这是高校进行社会主义核心价值观教育具备的核心软实力。

（二）深化研究，高校要为社会主义核心价值观提供学理支撑

一种价值观要想成为主流价值观，必须经过科学论证其存在的合理性与正当性，必须深刻揭示其科学内涵和重大意义，正如马克思主义所昭示的，没有抽象的人，没有价值中立的德。人是社会关系的总和，德是社会对个体的要求，人的本质和德的标准从来都是超越个体而来自社会和历史的。社会主义核心价值观关系到社会风尚的清洁纯正，关系到国家意识形态的安全和民族文化发展的命脉，关系到社会经济发展的健康与否，影响着中华民族伟大复兴的进程，因此，必须有理论的论证和学理的支撑。

高校具有进行社会主义核心价值观研究的天然优势。高校是我国社会科学研究的重镇，汇聚了多个领域的专业人才，尤其是汇聚了哲学社会科学方面的理论专家。科学研究是高校最为重要的职能之一，现代社会科学研究是为国家和民族利益而开展的科学研究，因此，社会主义核心价值观研究应该成为高校研究的重要任务。高校的研究人员特别是社会科学研究人员应成为社会主义核心价值观践行路径探索的"智囊团"，成为深化社会主义核心价值观研究的主力军。高校不仅是社会主义核心价值观传播和教育的主阵地，也是研究社会主义核心价值观的重要阵地，应按照《关于培育和践行社会主义核心价值观的意见》的要求，深入研究社会主义核心价值观的理论和实际问题，深刻解读社会主义核心价值观的丰富内涵和实践要求，为实践发展提供学理支撑。

1. 高校要发挥"思想库"和"智囊团"作用

高校进行社会主义核心价值观的研究应紧密围绕重大理论和实践问题展开，重点应该包括社会主义核心价值观的时代背景及重大意义、基本内涵与理论框架等。研究主题可以是中国经济社会发展的人为特性和精神生活的超越本性共同支撑着培育与践行社会主义核心价值观的正当性，研究国外核心价值观建设的有益经验、中华传统文化的积极因素和各地推进社会主义核心价值观建设的实践经验等。此外，还要对社会主义核心价值观融入经济社会发展各方面的路径进行探索和研究，使其不断融入发展社会主义市场经济、民主政治、先进文化和为实现中国高梦而奋斗的过程中。

2. 高校要在传统文化中汲取有益养分研究社会主义核心价值观

社会价值观与传统文化和民族历史相结合，更能显示其生命力。"中华文化源远流长，积淀着中华民族最深层的精神追求，代表着中华民族独特的精神标识，为中华民族生生不息、发展壮大提供了丰厚滋养。中华传统美德是中华文化精髓，蕴含着丰富的思想道德资源。"[①] 高校"研究社会主义核心价值观，就要从中华优秀传统文化中充分汲取思想道德营养，结合时代要求加以延伸阐发"[②]，融入传统文化的精髓元素，创造新的文化内涵，更好地引领国家软实力建设，传播社会主义核心价值观和正能量。

3. 高校要在对各种思潮的反思批判中研究社会主义核心价值观

高校往往是各种思潮的汇集地。随着社会转型、经济全球化和各种思想文化的相互激荡，多元化思潮格局出现在当代高校中。高校思潮同时也是社会思潮的缩影，先进的思想文化应该占领高校这一育人主阵地，无论是在讲台、论坛、第二课堂还是在科学研究的各种场合、渠道和载体，都应宣传先进的思想文化，否则大学生就可能被各种错误思想侵袭。社会主义核心价值观是中国共产党和中国人民的伟大创造，从产生的那天起，就面临着来自各种立场、各种思潮或善意或恶意的质疑、批判和攻击。这虽然在某种程度上动摇了一些人对社会主义核心价

---

① 习近平. 习近平谈治国理政（第1卷）. 2版. 北京：外文出版社，2018：164.
② 邱仁富. 社会主义核心价值观的传统文化根基研究. 上海：上海大学出版社，2018：80.

值观的信念，但也可以转化为社会主义核心价值观自我建构、自我完善的外在动力。正如毛泽东所说："马克思主义必须在斗争中才能发展，不但过去是这样，现在是这样，将来也必然还是这样。正确的东西总是在同错误的东西作斗争的过程中发展起来的。真的、善的、美的东西总是在同假的、恶的、丑的东西相比较而存在，相斗争而发展的。"①

社会主义核心价值观在高校中也会受到质疑和攻击，有些声音可能还比较尖锐、深刻、激烈，然而这正是高校社会主义核心价值观研究的现实背景。在这一背景下，高校社会主义核心价值观研究，一方面是对社会主义核心价值观理论的丰富和完善，将各种社会思潮中的优秀因素吸收进来，丰富社会主义核心价值观的内涵，增强社会主义核心价值观教育的生命力；另一方面又要回应种种质疑和攻击，对善意的批评做出令人信服的解释和说明，对恶意的攻击则给予坚决的批判，引导大学生正确地鉴别和吸收优秀文化成果，摒弃文化垃圾，坚决抵制不良思想文化的侵袭。同时，高校也要及时、准确地把握各种社会思潮的动态，对其中的热点、难点问题进行剖析和正面引导，本着求同存异的原则，不断扩大社会主义核心价值观的社会认同。高校要把研究成果运用到教学实践和社会建设中，培养理想坚定、品格崇高、有思想深度和文化厚度的杰出人才；推进优秀文化教育资源普及和共享，创新社会管理和建设，为丰富群众文化生活、提升国民素质做出新贡献。需要强调的是，高校科学研究与社会主义核心价值观不是单向的，而是双向互动的。高校科研要为社会主义核心价值观提供学理支撑，同时要用社会主义核心价值观引领高校学术，为中国高校的学术发展提供精神动力和价值导向，把社会主义核心价值观融入人文社会科学研究，聚焦中国问题，建构中国的学术话语体系。

（三）加强主流意识形态的理论学术研究

"宣传思想领域的阵地，我们不去占领，人家就会去占领。"② 一些国家对我国进行意识形态渗透的手段相当隐蔽，其中通过学术话语权消解思想话语权是其

① 毛泽东. 毛泽东选集（第 4 卷）. 2 版. 北京：人民出版社，1991：211.
② 中共中央文献研究室. 习近平关于社会主义文化建设论述摘编. 北京：中央文献出版社，2017：30.

常用的伎俩，企图达到制造意识形态和学术割裂的险恶目的。例如，近年来历史虚无主义、宪政民主、新自由主义等带有严重西方意识形态色彩的思潮打着学术研究的幌子传入我国，以"揭露真相"及所谓的"民主、法治、自由"等为由歪曲事实、抹黑党的历史、攻击马克思主义理论等，并不断侵入我国学术研究领域，企图造成我国意识形态领域与学术领域的混乱。因此，高校必须将对马克思学术研究提上高度，并将其作为构建意识话语权的重要环节。这对高校思想政治课教师提出了更高的要求，这个群体的专业背景和工作环境决定了他们应成为马克思主义理论研究与宣传的排头兵。新时代，在复杂多变的国际形势下，思想政治课教师应增强危机意识，自觉提高自身理论修养，随时准备应对各种错误思潮对马克思主义基本原理与方法发起的攻击，具备揭露这些错误思潮的理论缺陷与险恶用心的能力，致力于推进马克思主义中国化进程。

（四）坚持理论与实际相结合

马克思主义理论一定要随着实践的发展而发展，只有与具体实践相结合，才能保持蓬勃发展。为此，高校各级领导、各职能部门、专任教师以及辅导员老师都应确立理论与实践相结合的意识，在理论机制的构建过程中，注重结合生活和学习进行理论创新。一方面，理论创新与师生生活相联系。高校各级领导首先应解放思想，坚决与故步自封的行为做斗争，不断依据时代需要进行更新和调试，完善主流意识形态工作的话语内容，并使其贴近师生生活。各职能部门要加强与师生群体的交流，了解他们的真实想法和实际状况，站在师生群体角度思考问题，让理论贴近生活、走向大众，实现马克思主义大众化的发展。坚持"从群众中来、到群众中去"的工作作风，主动深入一线了解教职工和学生的心声，倾听他们对高校思想政治工作的看法，将他们的意见和建议作为制定宣传手段与理论教育方式的重要参考。同时，充分发挥教师队伍、思想政治课教师以及辅导员老师在思想引领工作中的作用，他们政治觉悟较高、政治立场坚定，要引导他们立足中国特色的话语资源及文化传统，遵循新时代的发展，不断推进马克思主义理论的发展创新与普及。另一方面，将理论创新与学习活动相联系。除系统性的思想政治理论课学习外，主流意识形态的教育也已渗入其他相关课程教学，体现在学生社团活动中。高校各级领导、各职能部门和教师及辅导员是主流意识形态教育贯彻落实的主体，要增强自信心，创造条件，抓住时机，切实承担起意识形态教育的责任，积极进行宣传教育，引导学生关注社会热点和新闻等，并运用马克思主义方法、原则对其进行剖析与评论，逐步培养学生对马克思主义理论学习与研究的兴趣。

三、案例

（一）北京大学坚持价值引领与学术导向，依托专业研究机构，强化育人效果

北京大学突出价值引领和学术导向，长期坚持"三实"和"三专"的做法和举措，每年组织300余支大学生团队开展社会实践和志愿服务，不断丰富培育和践行社会主义核心价值观的实践载体，使学生健康成长成才有了坚实的实践平台。一是突出价值引领，重在抓牢"三实"，通过年度主题"实"，与时俱进、弘扬主旋律；通过实践选题"实"，贴近实际倡导下基层；通过价值塑造"实"，注重体验，树立远大志向。二是突出学术导向，重在体现"三专"：学术支持"专"，即专业教师和研究机构倾心指导；团队组建"专"，使本研结合和学科交叉常态化；实践成果"专"，充分体现学科优势和专业特长。学校始终倡导学以致用、知行合一，鼓励学生运用专业知识研究实践问题、在研究实践问题中促进专业学习。例如，参加青海实践团的环境科学专业学生在青藏高原上观测草场生物多样化、高度和盖度，研究草原牧区草场流转对草原生态和牧民升级的影响，形成高水平的研究报告。

（二）华东政法大学组织校际学生党员发展论坛，推动社会主义核心价值观融入党建工作

华东政法大学通过组织松江大学园区八大高校开展学校党员发展论坛等主题实践活动，进一步发挥党员的示范引领作用，逐步完善校际联动、资源共享的党员教育协同创新机制。一是开展社会主义核心价值观主题征文活动，组织学生党员结合当前特点事件及主流评论发表自己的理解和认知，并将征文稿件择优结集

出版；二是组织线上论坛，在线探讨服务型学生党员的标准，提出建设服务型学生党组织的困惑，并邀请著名教师进行线上互动；三是组织线下论坛，邀请学生党员代表、学生群众代表、部分专家学者围绕议题进行深入讨论交流，取得了良好的成效。大学生党员群体是高校优秀学生的代表，如何做好大学生党员的核心价值观教育工作、充分发挥学生党员的先锋模范作用和价值导向作用，是大学生思想政治教育工作的重要方面。华东政法大学组织松江大学园区八大高校开展学生党员发展论坛，增强了大学园区高校间的协同创新，将大学生社会主义核心价值观教育与大学生党建工作紧密结合，具有典型的示范意义。

总之，价值观塑造具有长期性、动态性和系统性的特点。在世界文化相互交融与碰撞的今天，大学生社会主义核心价值观的培育与践行应与时代背景紧密结合，采取灵活多样的形式，通过多种渠道调动一切可以调动的力量，加强对大学生社会主义核心价值观的宣传教育，在发挥校园文化、传统文化等先进文化的熏陶作用的同时，积极挖掘大学生身边的社会主义核心价值观践行榜样，以发挥榜样的示范作用，并通过建立健全相关机制，推动大学生反复践行社会主义核心价值观。其中，关键在于践行，在于促进涵养社会主义核心价值观的大学生社会实践活动常态化，因为"社会实践对于促进大学生了解社会、了解国情，增长才干、奉献社会，锻炼毅力、培养品格，增强社会责任感具有不可替代的作用"[①]。换言之，只有社会实践活动才能锻炼和增强大学生的价值判断能力，促进大学生在纷繁复杂的社会环境中对各种社会现象和行为做出正确的价值判断，进而更好地坚持正确的理想信念，积极践行社会主义核心价值观。

因此，无论是为实现富强、民主、文明、和谐的国家层面的价值目标，或为自由、平等、公正、法治的社会层面的价值取向，还是为爱国、敬业、诚信、友善的个人层面的价值准则，都只有在与大学生喜闻乐见的校内外实践活动相融合的过程中，更好地被其感悟、践行、运用并反复实践，才能被其深刻地理解和把握，从而形成良好的道德行为习惯，最终使社会主义核心价值观成为实现中华民族伟大复兴中国梦的巨大推动力。

———

① 中共中央国务院发出《关于进一步加强和改进大学生思想政治教育的意见》. http://www.moe.gov.cn/s78/A12/szs_lef/moe_1407/moe_1408/tnull_20566. html.（2004-04-15）[2021-08-27]

参考文献

著作类

阿什比. 1983. 科技发达时代的大学教育. 滕大春，滕大生，译. 北京：人民教育出版社.

北京大学哲学系外国哲学史教研室. 1982. 西方哲学原著选读（下卷）. 北京：商务印书馆.

本书编写组. 2007. 社会主义核心价值体系学习读本. 北京：中共党史出版社.

伯顿·克拉克. 2001. 高等教育新论. 王承绪等，译. 杭州：浙江教育出版社.

陈秉公. 2006. 思想政治教育学原理. 北京：高等教育出版社.

陈德述. 2008. 儒家管理思想论. 北京：中国国际广播出版社.

陈青之. 1936. 中国教育史. 北京：商务印书馆.

成中英. 1998. 中国文化的现代化与世界化. 北京：中国和平出版社.

程伟礼，杨晓伟. 2012. 中国特色社会主义核心价值观的历史形成. 上海：复旦大学出版社.

辞海编辑委员会. 1979. 辞海（1979年版）. 上海：上海辞书出版社.

邓洪波. 2006. 中国书院史. 2版. 上海：中国东方出版中心.

邓小平. 1994. 邓小平文选（第2卷）. 2版. 北京：人民出版社.

费孝通. 2019. 费孝通晚年谈话录（1981—2000）. 张冠生记录整理. 北京：生活·读书·新知三联书店.

费正清，费维恺. 1993. 剑桥中华民国史 1912—1949（下卷）. 刘敬坤，叶宗敩，曾景忠等，译. 北京：中国社会科学出版社.

冯颜利，廖小明. 2014. 问题·旨趣·路径——社会主义核心价值观新探究. 北京：人民出版社.

顾明远. 1998. 教育大辞典. 增订合编本. 上海：上海教育出版社.

[晋]郭象注. 2011. 庄子注疏. 北京：中华书局.

哈贝马斯. 1989. 交往与社会进化. 张博树，译. 重庆：重庆出版社.

韩震. 2006. 思考的痕迹：文化碰撞中的思想生成. 北京：北京师范大学出版社.

韩震. 2007. 社会主义核心价值体系研究. 北京：人民出版社.

郝克明，汪永铨. 1987. 中国高等教育结构研究. 北京：人民教育出版社.

胡鞍钢. 2007. 中国政治经济史论（1949—1976）. 北京：清华大学出版.

江泽民. 2006. 江泽民文选（第1卷）. 北京：人民出版社.

姜义华. 2012. 中华文明的根柢：民族复兴的核心价值. 上海：上海人民出版社.

教育部高等学校社会科学发展研究中心. 2012. 社会主义核心价值体系研究述评. 北京：教育科学出版社.

教育部教育年鉴编纂委员会. 1948. 第二次中国教育年鉴. 北京：商务印书馆.

教育部中国教育年鉴编审委员会. 1934. 第一次中国教育年鉴. 上海：开明书店.

金以林. 2000. 近代中国大学研究：1895—1949. 北京：中央文献出版社.

孔祥云，刘敬东. 2009. 中国特色社会主义新编. 北京：清华大学出版社.

李申申. 2020. 高校培育和践行社会主义核心价值观理论研究与实践探索. 北京：社会科学文献出版社.

李申申，李志刚，陈永强等. 2018. 河南省高校思想政治教育工作实证研究（2017—2018）. 北京：社会科学文献出版社.

李向国，李晓红. 2013. 主流意识形态建设新论——中国特色社会主义理论体系指导地位研究. 北京：人民出版社.

李志刚，万淼，陈永强等. 2020. 高校培育和践行社会主义核心价值观实证研究. 北京：社会科学文献出版社.

理查德·怀斯曼. 2012. 正能量. 李磊，译. 长沙：湖南文艺出版社.

梁漱溟. 1935. 东西文化及其哲学. 3版. 北京：商务印书馆.

林孟平. 1992. 辅导与心理治疗. 香港：商务印书馆.

刘泽文等. 2009. 胜任力建模：人才选拔与考核实例分析. 北京：科学出版社.

马丁·塞利格曼. 2012. 持续的幸福. 赵昱鲲, 译. 杭州：浙江人民出版社.

马凤岐. 2002. 教育政治学. 北京：人民教育出版社.

马克锋. 2004. 文化思潮与近代中国. 北京：光明日报出版社.

马克思. 1975. 马克思资本论（第1卷）. 中共中央马克思恩格斯列宁斯大林著作编译局, 编译. 北京：人民出版社.

马克思, 恩格斯. 1961. 马克思恩格斯德意志意识形态. 中共中央马克思恩格斯列宁斯大林著作编译局, 译. 北京：人民出版社.

毛礼锐, 沈灌群. 1988. 中国教育通史（第5卷）. 济南：山东教育出版社.

南京政治学院上海校区. 2014. 社会主义核心价值观培育：维度与领域的拓展. 北京：时事出版社.

宁先圣, 石新宇. 2011. 社会主义核心价值体系与当代社会思潮. 北京：社会科学文献出版社.

农华西等. 2007. 意识形态与核心价值体系的建设. 长沙：湖南人民出版社.

欧阳康等. 2013. 中国道路：思想前提价值意蕴与方法论反思. 北京：中国社会科学出版社.

潘懋元, 刘海峰. 2007. 中国近代教育史资料汇编·高等教育. 上海：上海世纪出版股份有限公司, 上海教育出版社.

皮埃尔·勒鲁. 1988. 论平等. 王允道, 译. 北京：商务印书馆.

邱仁富. 2018. 社会主义核心价值观的传统文化根基研究. 上海：上海大学出版社.

塞缪斯·亨廷顿. 2010. 文明的冲突与世界秩序的重建. 修订版. 周琪等, 译. 北京：新华出版社.

沈千帆. 2011. 弘扬传统文化与建设首善之区. 北京：北京大学出版社.

沈壮海. 2013. 兴国之魂：社会主义核心价值体系释讲. 武汉：湖北教育出版社.

石云涛. 2009. 中国传统文化概论. 北京：学苑出版社.

舒新城. 1981. 中国近代教育史料（上册）. 北京：人民教育出版社.

宋振文. 2013. 社会主义核心价值大众化传播研究. 长沙：湖南人民出版社.

万光侠等. 2006. 思想政治教育的人学基础. 北京：人民出版社.

王炳照, 李国均, 阎国华. 2013. 中国教育通史：中华人民共和国卷（下）. 北京：北京师范大学出版社.

韦政通. 2008. 中国文化概论. 长春：吉林出版社.

肖玉梅. 2006. 高等教育行政管理学. 北京：中国人民大学出版社.

许美德. 2000. 中国大学1895—1995：一个文化冲突的世纪. 许洁英, 主译. 北京：教育科学出版社.

许倬云. 2008. 观世变. 桂林：广西师范大学出版社.

袁贵仁. 2006. 价值观的理论与实践. 北京：北京师范大学出版社.

张岱年. 2004. 文化与价值. 北京：新华出版社.

章文君. 2012. 中国文化的当代意义与世界走向. 北京：中国社会科学出版社.

赵铁生. 2010. 传统文化精解. 北京：知识出版社

郑师渠. 1990. 中国传统文化漫谈. 北京：北京师范大学出版社.

中共中央文献研究室. 1996. 社会主义精神文明建设文献选编. 北京：中央文献出版社.

《中国高等学校简介》编审委员会. 1982. 中国高等学校简介. 北京：教育科学出版社.

中国社会科学院语言研究所词典编辑室. 1996. 现代汉语词典（修订本）. 3版. 北京：商务印书馆.

中华人民共和国教育部计划财务司. 1984. 中国教育成就统计资料（1949—1983）. 北京：人民
    教育出版社.

中华文化学院. 2011. 中华文化与社会主义核心价值体系. 北京：知识产权出版社.

中央教育科学研究所. 1984. 中华人民共和国教育大事记1949—1982. 北京：教育科学出版社.

周向军，高奇. 2013 核心价值体系：铸造当代中国文化建设的灵魂. 济南：济南出版社.

周雪光. 2003. 组织社会学十讲. 北京：社会科学文献出版社.

周予同. 2007. 中国现代教育史. 福州：福建教育出版社.

论文类

陈来. 2016. 守望传统的价值. 社会主义核心价值观的研究，（4）：5-10.

董泽芳，牛君霞. 2018. 回归大学之道——对我国大学发展现状的思考与建议. 高等教育研究，
    39（10）：9-14，20.

杜飞进. 2012. 论社会主义核心价值观. 哈尔滨工业大学学报（社会科学版），（5）：7-20.

费小冬. 2008. 扎根理论研究方法论：要素、研究程序和评判标准. 公共行政评论，1（3）：23-
    43.

冯刚，本刊记者. 2015. 坚持立德树人，强化思想引领，不断提升高校思想政治教育工作质量
    ——访教育部思想政治工作司司长冯刚. 思想理论教育导刊，（2）：8-12.

冯留建. 2013. 社会主义核心价值观培育的路径探析. 北京师范大学学报（社会科学版），（2）：13-18.

高明章. 2013. 认真学习贯彻十八大精神，努力办好人民满意的高等教育. 西安建筑科技大学学报（社会科学版），32（1）：1-5.

顾建民，刘爱生. 2011. 世界一流大学的价值追求. 教育发展研究，（17）：54-57.

韩锦标. 2008. 社会主义核心价值体系研究述评. 理论与改革，（3）：157-160.

黄桥法. 2008. 论社会主义核心价值体系对中国传统文化的继承与超越. 华南理工大学学报（社会科学版），10（4）：10-14.

刘燕. 2011. 新中国成立后50年大学生的行为变迁及其特征. 国家教育行政学院学报，（11）：67-71.

刘云山. 2014. 着力培育和践行社会主义核心价值观. 求是，（2）：3-6.

毛淑芳，李伟健. 2011. "参与-体验式"中小学心理健康教师培训模式的实践与研究. 中国电力教育，（10）：29-30.

眭依凡. 2017. 关于"双一流建设"的理性思考. 高等教育研究，38（9）：1-8.

孙晓娥. 2011. 扎根理论在深度访谈研究中的实例探析. 西安交通大学学报（社会科学版），31（6）：87-92.

王秀锦. 2013. 论社会主义核心价值体系与中国传统文化的关系. 长春理工大学学报（社会科学版），26（3）：16-17.

吴潜涛，冯秀军. 2006. 弘扬和培育中华民族精神的基本途径. 北京大学学报（哲学社会科学版），43（5）：15-21.

吴毅，吴刚，马颂歌. 2016. 扎根理论的起源、流派与应用方法述评——基于工作场所学习的案例分析. 远程教育杂志，35（3）：32-41.

肖季文，欧凯. 2012. 中国传统文化与社会主义核心价值体系. 文化杂志，（3）：4-6.

闫莹雪. 2009. 中国传统文化与社会主义核心价值体系的内在关系. 厦门特区党校学报，（3）：52-55.

阎光才. 2018. 回归一流大学建设与治理的常识. 探索与争鸣，（6）：41-43.

叶祖淼. 2008. 传统社会核心价值观的现代性. 福建师范大学学报（哲学社会科学版），（2）：143-146，152.

赵新燕. 2009. 浅析高校思想政治教育中社会资源的整合. 消费导刊，（15）：181-182.

邹娜. 2011. 博雅教育理念下的优质高等教育资源探讨. 煤炭高等教育，29（1）：21-23.

学位论文类

陈鸿雁. 2011. 高校思想政治理论课教师胜任力研究. 河北工业大学博士学位论文.

陈新星. 2016. 高校辅导员开展大学生心理健康教育研究. 福建师范大学博士学位论文.

代渝渝. 2014. 心理辅导：德育人文关怀的实践途径. 浙江大学硕士学位论文.

何育静. 2015. 社会主义核心价值观融入大学生思想政治教育研究. 广东财经大学硕士学位论文.

黄书新. 2017. 大学生思想道德水平与心理健康水平相关性研究——以西华大学为例. 西华大学硕士学位论文.

彭文涛. 2010. 高校辅导员心理辅导能力结构研究. 兰州大学硕士学位论文.

孙建青. 2014. 当代中国大学生核心价值观教育问题研究. 山东大学博士学位论文.

唐梦盈. 2013. "倾听"在高校思想政治教育中的运用研究. 南京师范大学硕士学位论文.

王静. 2015. 当代西方社会思潮对大学生价值观的影响及对策研究. 河北师范大学博士学位论文.

张卫平. 2015. 大学生心理健康教育德育功能研究. 辽宁大学博士学位论文.